지역사회 청소년 보호체계 모형개발

지역사회

청소년 보호체계 모형개발

최종혁·이연 공저

KSI 한국학술정보㈜

목 차

I. 서 론

청소년보호는 우리나라뿐 아니라 모든 국가에서 중요한 사회적 과제가 되고 있다(김주일, 2004: 105). 특히 우리나라의 경우 최근 들어 청소년보호를 위한 사회적 노력의 필요성이 강조되고 있는데 그 배경에는 비행, 범죄, 약물중독, 폭력, 가출, 자살, 음란사이트 접속, 인터넷 중독 등 위험수위를 넘어 심각한 사회문제화되어 가고 있는 청소년문제가 자리잡고 있다. 문제는 이와 같은 현상이 특정의 비행청소년에 국한된 문제가 아니라 일반청소년들 역시 유해한 지역사회 환경의 영향으로 문제상황에 무방비적으로 노출되어 있다는 점이다.

그동안 우리나라는 국가적 차원에서 청소년보호의 필요성을 인식하고 청소년보호 전담기구인 청소년보호위원회의 설치(1998)를 비롯하여 청소년보호법(1997), 청소년성보호에관한법률(2000), 학교폭력예방및대책에관한법률(2004)의 제정, 지역사회 위기청소년통합지원체계의 구축(2006) 등 청소년보호를 위한 제도적 장치의 마련에 노력해왔다. 이와 더불어 행정, 사법, 민간차원에서 다양한 대책의 수립과 직접적인 청소년보호활동을 전개해왔다. 그러나 이와 같은 노력에도 불구하고 청소년문제가 더욱 심각해지고 있음은 그러한 노력의 한계와 더불어 청소년보호를 위한 접근패러다임의 전환과 이에 입각한 보호방안의 강구가 매우 시급한 과제임을 말해준다.

청소년을 보호하기 위한 방안은 여러 가지가 있을 수 있다. 그러나 청소년보호는 특성상 예방적이며 포괄적인 접근을 필요로 한다. 또한 청소년문제는 지역사회에서 발생할 뿐 아니라 청소년들이 위험요소인 지역사회의 유해환경에 광범위하게 노출되어 있으므로 청소년보호를 위한 노력 역시 지역사회 내에서 모든 청소년관련 주체의 협력하에 지속적이고 상시적으로 이루어져야 한다. 오늘날 청소년보호와 관련하여 예방, 지역사회중심, 파트너십이라는 패러다임에 입각해서 네트워크 접근이 강조되고 있음(박상주, 2001)은 바로 그러한 맥락에서이다. 즉 지역사회를 중심으로 행정, 사법, 교육, 전문가집단, 지역주민의 참여와 협조에 토대한 포괄적 청소년보호전략이 강구되어야 한다는 것이다(이장현, 2004, 이성식, 2002, 최해경, 2001, 박상주, 2001, Delgado, 2000, Morley et. al., 2000, Richman, et. al., 1998, Barton et. al., 1997, Spergel & Grossman, 1997, Elliott et. al., 1989, Zabin et. al., 1986).

청소년보호에 있어 이러한 변화는 청소년의 문제행동 교정에 초점을 두어왔던 기존의 접근에서 모든 청소년들의 건강한 발달을 도모할 수 있도록 지역사회의 능력을 강화시키는 방향으로 접근패러다임이 전환(Pittman & Cahill, 1991, Barton et. al., 1997)되고 있음을 의미한다. 이는 청소년문제의 원인이 될 수 있는 지역사회의 위험요소를 감소시키고 보호적 요소를 강화하기 위한 접근이 문제 자체를 해결하기 위한 프로그램보다 효과적(Barton et. al., 1997, Small & Memmo, 2004)이라는 경험적 인식에 토대하고 있다. 그동안 청소년보호와 관련한 많은 연구들이 청소년보호를 위해서는 관련주체가 하나의 독립된 개체로 접근하는 것보다 지역사회를 기반으로 행정, 사법, 학교, 지역사회조직, 지역주민 등 공식적·비공식적 관련주체 모두가 참여하는 네트워크를 통한 총체적이고 장기적인 노력이 이루어질 때 긍정적인 효과를 거둘 수 있음을 입증하였다(OJJDP, 1998, Kelling et. al., 1997, Howell, 1995, Perry et. al., 1996, Hawkins & Katalano, 1992, Jonson et. al., 1990, Pentz et. al., 1989). OECD(1996)가 기존의 개별적 문제해결중심 청소년문제 해결모형의 문제점들을 해결하기 위한 대안으로 지역사회의 청소년문제 해결노력의 네트워킹과 통합을 제시하고 있는 것도 그러한 이유에서이다.

  이러한 측면에서 우리나라 지역사회 청소년보호체계를 살펴보면 청소년보호활동이 개별 기관이나 단체별로 산발적이고 단속적으로 이루어지고 있어 실질적인 성과를 보이지 못하고 있다. 이는 청소년보호조직들 간에 유기적인 협조체계가 형성되어 있지 못하기 때문 (최해경, 2001: 34)이라 할 수 있다. 또한 지역사회의 청소년보호를 위한 사회적 자본이 취약하고 인식수준도 낮아 주민참여가 이루어지지 못하고 있는 점도 문제로 지적된다. 청소년보호는 지역사회 수준에서의 직접적 활동과 청소년보호자원의 조직화가 핵심적인 관건으로 전 지역사회가 참여하는 협동적 노력을 필요로 한다. 따라서 단편적이고 산발적인 청소년보호활동의 조직화와 지역주민들의 참여 필요성이 제기되고 있다. 즉 지역사회의 물적·인적 자원, 제도와 조직 등 모든 자원이 청소년보호를 위해 참여하도록 동기부여되고 네트워킹을 통하여 효율적으로 관리되어야 하는 것이다. 이와 더불어 청소년을 참여주체가 아닌 보호객체로서만 상정하고 있는 점도 청소년보호를 위한 접근에서 지적되어야 할 한계점이다.

  그런 점에서 볼 때 효과적인 청소년보호를 위한 가장 기본적인 전제는 지역사회를 중심으로 상시적이고 체계적인 보호가 가능한 체제의 형성이라 할 수 있다. 이러한 체제는 민관 파트너십, 지역사회 내의 다양한 청소년관련 자원의 네트워킹은 물론 보호대상인 청소년과 지역주민들의 참여와 조직화를 기반으로 한다. 이와 같은 지역사회중심 포괄적 청소년보호체계는 지역사회에서 조직적이고 지속적인 청소년보호활동을 가능하게 함으로써 지역사회 내의 위험요소의 영향을 완화하여 문제발생의 예방은 물론 신속하고 체계적인 사후보호 등 청소년보호의 실질적인 효과를 담보할 수 있는 방안이 될 것이다. 나아가서 지역사회의 청소년보호를 위한 사회적 자본과 보호기능을 강화하고 청소년의 유해환경 대처능력을 향상시키는 시너지효과를 높일 수 있을 것이다.

그러나 우리의 경우 지역사회 수준에서 청소년보호를 위해 주민참여에 의한 네트워크 접근은 별로 보이지 않고 있다. 특히 사회복지 분야에서는 아직 청소년보호라는 개념조차 정착되어 있지 못한 상황으로, 지역사회중심의 포괄적인 접근이나 청소년보호체계 구축에 대한 이론적 또는 경험적 연구도 매우 미흡한 실정이다. 따라서 이에 대한 이론체계는 물론 지역사회에 기반을 둔 청소년보호 접근방안이나 구체적인 실천의 준거틀이 마련되어 있지 못하다. 그 이유는 그동안 청소년보호와 관련한 연구가 주로 청소년보호 관련법과 제도의 문제점이나 가출, 폭력, 약물남용, 범죄, 성문제, 인터넷 중독 등 구체적이고 직접적인 문제행동을 중심으로 문제의 실태 및 원인의 분석이나 서비스와 프로그램 개발, 청소년유해환경 실태파악 및 정화방안 등에 초점을 두어왔기 때문이라 할 수 있다. 이와 같이 개별적이고 특정한 문제에 초점을 맞추어 그 해결방안이나 프로그램에 관한 단편적이고 임상적인 연구로는 청소년보호를 위한 효과적인 방안이 마련될 수 없음은 자명하다. 그러므로 청소년유해환경의 만연과 청소년문제의 심각성 등으로 청소년보호가 긴요한 사회적 과제가 되고 있는 현 시점에서 지역사회 단위로 지속적이고 상시적인 청소년 보호활동이 가능하도록 지역사회 내의 청소년관련 다양한 자원들의 조직화가 이루어져야 할 것이다.

이러한 필요성에 따라 본서에서는 지역주민을 포함한 포괄적 청소년보호체계 형성의 가능성을 탐색하고 효과적인 접근방안을 제시하고자 하였다. 이를 위해 네트워크이론과 지역사회조직화이론을 통합한 이론적 틀에 입각해서 지역사회 청소년보호체계 구축 모형을 개발하고 모형에 따라 청소년보호체계 구축을 위한 실천적 개입과정에서 나타나는 다양한 현상들을 분석하였다. 청소년보호체계의 구축 및 활동과정에서 참여자들의 인식과 반응, 상호작용의 내용과 변화양상 등을 분석하기 위해서는 문화기술지적 연구조사(ethnographic research)방법론에 기초한 질적 연구방법을 활용하였다. 그리고 분석결과를 토대로 지역사회 청소년보호체계 구축을 위한 효과적인 접근전략을 제시하였다.

청소년보호와 관련하여 이러한 연구가 부족한 상황에서 본서는 학계는 물론 청소년대상 사회복지 실천현장의 청소년보호에 대한 기존의 제한적인 시각의 전환과 지역사회중심 포괄적 접근방안 모색의 필요성에 대한 인식을 강화시키는 계기가 될 것이라 보여진다. 이에 따라 다양하고 폭넓은 연구와 실천적 접근이 이루어짐으로써 청소년보호를 위해 지역사회를 중심으로 지역주민의 참여와 다양한 청소년 관련 자원의 네트워크 접근을 위한 이론체계의 구축과 실천의 준거 틀이 마련되고 실현가능한 대안들이 개발되어 청소년보호의 실질적인 효과를 기대할 수 있을 것이다.

Ⅱ. 청소년보호체계의 구조와 한계

제1절 청소년보호의 개념에 대한 논의

우리나라에서 청소년보호의 개념은 청소년정책의 두 기둥이라 할수 있는 청소년보호정책과 청소년육성정책과의 관계와 영역구분의 모호성, 청소년보호와 육성이라는 이분법적 사고로 인해 매우 제한적이고 협의적인 개념으로 사용되어 왔다. 청소년보호의 개념에는 유해환경으로부터의 보호, 청소년문제의 예방과 치료, 건강권, 일할 권리, 청소년의 인권과 참여, 복지권 등 다양한 의미의 영역이 포함되어 있기 때문에 청소년보호에 대한 개념정의가 매우 어려운 것이 사실이다. 그럼에도 청소년보호의 개념을 명확하게 하는 것은 그동안 청소년보호를 위한 활동영역의 제한성과 실천활동의 미약성, 체계적이고 종합적인 접근의 부재 등의 비판을 받아온 청소년보호분야의 정체성을 확립하여 실질적인 청소년보호의 효과를 낼 수 있도록 한다는 의미에서 매우 중요한 일이다.

그러나 지금까지 청소년보호의 개념을 다룬 선행연구가 전무한 실정으로 학문적 논의를 통한 개념정의는 이루어지지 않고 있다. 이는 그동안 청소년보호 관련 연구들의 대부분이 좁은 범위에서 청소년비행, 범죄, 가출, 성매매, 학교폭력, 흡연·음주, 약물남용 등 문제영역별로 그 원인이나 해결방안 등을 제시하는 수준에서 이루어져 왔기 때문이다.

본서에서는 청소년보호에 대한 개념을 규명함에 있어 보호의 목적은 무엇인가, 무엇으로부터 어떻게 보호할 것인가, 보호의 주체는 누구인가를 분석의 초점으로 삼고자 한다. 여기에서 '어떻게'는 보호의 방법 내지는 보호의 내용을 말한다.

청소년보호정책과 활동의 근거가 되는 청소년보호법은 제1조에서 청소년보호의 목적을 '청소년에게 유해한 매체물과 약물 등이 청소년에게 유통되는 것과 청소년이 유해한 업소에 출입하는 것 등을 규제하고 청소년을 청소년폭력·학대 등 청소년유해행위를 포함한 각종 유해한 환경으로부터 보호·구제함으로써 청소년이 건전한 인격체로 성장할 수 있도록 하는 것'으로 규정하고 있다. 또한 청소년성보호에관한법률은 '……청소년을 보호·구제하여 이들의 인권을 보장하고 건전한 사회구성원으로 성장할 수 있도록 하는 것'이라 하여 인권의 보장을 목적에 포함시키고 있다.

이상의 법적 정의에 입각해서 청소년보호의 개념을 규정하면 첫째, 목적은 청소년의 인권보장과 청소년이 건전한 인격체로 성장할 수 있도록 지원하는 것이다.

둘째, 무엇으로부터 보호할 것인가와 관련해서는 청소년의 건전성장에 유해한 물질·물건·장소·행위 등 유해환경으로부터의 보호이다. 이는 청소년을 둘러싼 사회환경 전반을 포함하는 것으로 보아야 한다.

셋째, 보호의 방법 또는 내용에 있어서는 유해환경 및 청소년의 유해환경 접근에 대한 규제와 청소년의 보호·구제를 통한 보호이다. 이로 미루어 볼 때 청소년보호의 내용은 유해환경의 규제뿐 아니라 청소년문제의 예방을 위한 교육, 상담, 정보제공 등 제반 서비스와 더불어 유해환경의 피해자인 청소년의 치료와 재활을 위한 복지서비스가 포함되어야 한다.

한편 청소년기본법은 제7조3항에서 모든 국민은 청소년에게 유해한 환경을 정화하고 유익한 환경이 조성되도록 노력하여야 한다고 규정하고 있다. 이는 청소년보호가 소극적 차원의 청소년유해환경 규제를 넘어서 청소년에게 유익하고 바람직한 발달환경의 조성을 통한 청소년보호라는 적극적인 개념으로 확장되어야 함을 의미한다.

보호주체와 관련해서는 청소년보호법 제4조1항의 '누구든지 청소년이 청소년유해환경에 접할 수 없도록 하거나 출입을 못하도록 노력하여야 하고……'에서 알 수 있는 바와 같이 모든 국민이 보호주체가 된다. 여기에는 보호대상으로서의 청소년도 포함되는 것으로 보아야 한다.

청소년보호의 개념은 청소년보호 정책과제의 변화 속에서도 유추해볼 수 있다. 우리나라의 청소년보호정책 초기에는 청소년에게 유해한 업소, 유해매체, 약물, 행위, 지역사회환경 등 유해환경에 대한 규제가 강조되어 왔지만 최근에 들어와서는 성매매, 가출, 폭력 등 문제행동의 예방과 치료·재활이 강조되는 경향을 보이고 있다(윤철경 외, 2005: 16). 또한 청소년 아르바이트 등 청소년의 일할 권리 및 노동보호와 더불어 청소년보호활동에의 청소년참여가 새로운 정책과제로 등장하고 있다. 청소년보호를 위한 지역사회의 역할과 역량의 강화가 강조되고 있는(Small et. al., 2004, Barton et. al., 1997, Pittman & Cahill, 1991) 점도 청소년보호에 있어서 주목해야 할 사항이다.

이상에서 알 수 있듯이 청소년보호의 개념에는 일차적으로 예방의 개념이 포함되어 있다. 이러한 개념에는 유해환경 그 자체에 대한 규제와 청소년의 유해환경 접촉을 사전에 차단하는 방책으로서의 법적 보호, 사회구조적인 차원에서 청소년의 건강한 발달을 촉진하는 삶의 조건과 생활환경을 조성하는 방안이 포함된다. 여기에는 청소년보호를 위한 지역사회의 역할과 역량강화라는 의미가 내포되어 있다.

둘째는 청소년 스스로 유해환경의 부정적 영향을 극복할 수 있도록 지원한다. 이는 청소년의 유해환경에 대한 대처능력을 강화시키는 교육적 차원에서의 보호와 복지를 포함한 개념이다. 청소년의 참여기회 제공은 물론 유해환경에 접한 청소년에게 상담, 보호시설, 치료, 교육, 복지서비스, 정보 등을 제공하여 그 환경과 행위로부터 벗어날 수 있도록 돕는다.

셋째는 청소년의 인권과 보호권, 건강한 발달권이라는 권리개념으로서의 청소년보호 개념이다.[1) 유해환경으로부터의 보호와 건강한 성장은 청소년의 당연한 권리로서 사회의 모든 체계와 구성원은 청소년의 보호와 건강한 성장을 도모하여야 할 의무와 책임을 지닌다.

이러한 내용을 종합하여 본서에서는 청소년보호를 청소년들이 일상생활에서 만날 수 있는 다양한 위험과 위험가능성들을 예방·해결하여 청소년의 건강한 사회인으로 성장할 권리를 보장하고 유해환경의 영향을 스스로 통제할 수 있는 능력을 강화시킴으로써 주체적인 삶을 살도록 지원하는 일체의 사회적 노력으로 규정하고자 한다.

---

1) 청소년의 권리에 대해서 유엔아동권리협약(UN Convention on the Rights of the Child)은 생존권, 발달권, 참여권, 보호권으로 범주화하고 있다.

1. 청소년보호 법체계

우리나라의 청소년보호와 관련된 법률은 입법주체, 입법취지, 적용 대상에 따라 부분적이고 단편적으로 제정·시행되어 옴으로써 매우 다양한 양상을 보이고 있다. 청소년보호관련 법률은 청소년기본법, 청소년보호법, 청소년성보호에관한법률, 학교폭력예방및대책에관한법률 등 직접적으로 청소년대상의 보호·선도·육성 등을 취지로 한 독립법과 일부 청소년보호관련 조항을 포함하는 법률로 대별되며 각 법률마다 소관부처를 달리한다.

〈표 Ⅱ-1〉 청소년보호관련 법률 소관부처

구 분	법 률	소관부처
직접적 보 호 (규제)	청소년기본법, 청소년보호법 청소년성보호에관한법률	청소년위원회
	학교폭력예방및대책에관한법률	교육과학기술부
	소년원법	법무부
간접적 보 호 (규제)	청소년복지지원법	청소년위원회
	음반·비디오물및게임물에관한법률 방송법, 출판및인쇄진흥법 풍속영업의규제에관한법률	문화체육관광부

구 분	법 률	소관부처
간접적 보 호 (규제)	성매매알선등행위의처벌에관한법률 성매매방지및피해자보호등에관한법률 가정폭력범죄의처벌등에관한특례법	여성부
	아동복지법, 모·부자복지법, 공중위생관리법 실종아동등의보호및지원에관한법률	보건복지가족부
	근로기준법	노동부
	전기통신사업법	지식경제부

이와 같이 청소년보호관련 법체계가 통일된 체계를 갖추지 못한 것은 행정체계의 변화와 사회적으로 표출된 문제사안에 따라 임기응변식으로 대응해왔기 때문이라 할 수 있다.

청소년보호관련 법률 중 가장 직접적이고 구체적인 내용을 담고 있는 법은 청소년보호법이다. 동법의 청소년보호방식은 유해매체물과 약물의 청소년대상 유통 규제, 청소년의 유해업소 출입 규제, 폭력·학대 등 유해행위로부터 청소년보호·구제 등 유해환경을 규제하여 청소년을 보호한다는 접근방식을 취하고 있다(윤철경 외, 2005: 59). 즉 청소년에게 유해한 영향을 미치는 환경에 대한 규제라는 수단을 통해 간접적으로 청소년을 보호한다는 관점이다. 동법에는 직접적으로 피해를 입은 청소년에 대한 보호규정, 적극적으로 청소년에게 바람직한 환경의 조성을 위한 사회적 책임에 대한 규정, 유해환경으로부터 스스로를 보호할 수 있는 능력배양을 위한 청소년의 참여에 대한 규정이 없다. 그런 점에서 청소년보호법은 청소년보호에 있어서 소극적인 관점을 취하고 있다. 동법이 지니고 있는 이러한 한계는 청소년보호를 위한 다양한 정책수단의 활용을 제한함으로써 그동안 청소년보호정책에 있어서 환경규제방식의 소극적 보호정책으로 일관하게 하는 요인으로 작용하였다.

그런데 문제는 청소년보호법에서 규제의 대상으로 삼고 있는 유해환경에 대한 규제가 〈표 Ⅱ-2〉에서와 같이 다른 법률에도 분산되어 규정되어 있을 뿐만 아니라 각 법마다 소관부처를 달리하고 있어 청소년보호업무의 효율성과 실질적인 효과성을 담보하기가 어렵다는 점이다.

동일 규제대상에 대하여 이와 같이 여러 법에서 분산적으로 규정하고 있는 청소년보호 법체계와 소관부처의 난립현상은 부처 간 합의와 조정·협조를 위한 정책네트워크를 어렵게 하고 부처 간 경쟁을 야기시키는 요인으로 작용하고 있다. 이로 인하여 청소년보호정책이 통합성과 일관성을 상실하고 청소년보호행정의 원활성이 확보되지 못하고 있는 것이다. 따라서 여러 부처별로 분산되어 규정되어 있는 법률을 어떻게 통합 혹은 조정하여 일관성 있는 청소년보호정책을 담보할 것인가가 주요한 과제로 대두되고 있다.

〈표 Ⅱ-2〉 청소년유해환경 규제대상에 따른 적용법률

규제대상		관련법률
유해매체물		음반·비디오물및게임물에관한법률 방송법, 출판및인쇄진흥법, 전기통신사업법
유해업소		풍속영업의규제에관한법률, 공중위생관리법
유해 행위	청소년(학교)폭력	학교폭력예방및대책에관한법률
	성폭력	청소년성보호에관한법률 성매매알선등행위의처벌에관한법률 성매매방지및피해자보호등에관한법률
	가정폭력	가정폭력범죄의처벌등에관한특례법
	아동학대	아동복지법
	청소년노동	근로기준법

2. 공공 청소년보호체계

청소년보호 관련 업무를 담당하고 있는 전담행정기구로는 중앙에 국가청소년위원회가 위치하여 있으며 시·도 청소년과와 시·군·구 청소년과로 행정체계가 갖추어져 있다. 청소년보호정책 전담기구는 국가청소년위원회나 행정안전부의 행정조직체계를 통하여 집행된다.

중앙에서는 청소년위원회 외에도 각 정부부처별로 관련 청소년보호 업무를 추진하고 있으며 지방자치단체에서도 검찰청, 경찰서 등 사법기관에서 청소년보호 관련 업무를 관장하고 있다.

1) 중앙의 청소년보호 행정체계

청소년보호는 정책대상과 수단, 정책과제가 상당히 다르기 때문에 정책내용에 따라 추진체계 또한 매우 다양하고 복잡하다. 현재 청소년보호 행정체계에서 보이고 있는 가장 큰 특징은 〈표 Ⅱ-3〉에서 보는 바와 같이 청소년보호업무와 기능이 다양한 정부부처에 분산되어 있다는 점이다. 국가청소년위원회를 비롯하여 교육과학기술부, 문화체육관광부, 여성부, 보건복지가족부, 법무부, 지식경제부, 노동부, 대검찰청, 경찰청 등이 각 부처의 고유기능에 따라 청소년보호 관련 업무를 수행하고 있다. 청소년 관련 업무를 중심으로 본다면 명확하게 청소년보호 관련 업무는 아니더라도 정부의 모든 부처에서 청소년 관련 업무기능을 수행하고 있다.

중앙의 청소년보호업무 관련 행정구조는 청소년보호업무 전담부처와 청소년보호업무 연계·협력부처로 구분할 수 있다. 전담부처는 해당부처의 설치 자체 및 고유업무로 청소년보호정책을 담당하도록 되어 있는 부처로서 국가청소년위원회가 있다. 연계·협력부처는 청소년보호정책 자체가 목표나 고유업무는 아니나 부처의 특성상 청소년보호업무를 수행하는 부처로서 보건복지가족부, 교육과학기술부, 법무부, 문화체육관광부 등이 이에 속한다.

〈표 II - 3〉 청소년보호업무 유관부처 및 업무내용

구분	부처명	업무내용	담당부서
전담부처	국가청소년위원회	청소년정책에 관한 계획 수립, 청소년참여 활성화, 청소년국제교류사업, 청소년 복지증진 및 자립지원활동, 청소년수련활동, 청소년 유해매체·업소·약물·물건 등 청소년유해환경으로부터 청소년보호·구제	
연계·협력부처	교육과학기술부	체험, 교류·교환학습, 학교 성교육 활성화, 학교폭력예방 등	학교정책과
	문화체육관광부	유해매체 관리·규제, 문화예술교육활동, 예술영재교육, 청소년체육활동 등	문화예술교육과
	법무부	비행청소년 선도 및 재범방지, 소년원생 교육·훈련 등	보호과
	지식경제부	정보통신망을 통한 불건전정보 유통 방지, 건전한 정보문화 확산 등	정보이용보호과
	보건복지가족부	소년소녀가장, 시설보호아동, 보호를 필요로 하는 아동지원 등에 관한 청소년보호업무, 저소득층 보육료 지원	가정아동복지과
	노동부	청소년직장체험, 비진학청소년 직업능력 개발	장애인고용과
	여성부	여학생 과학친화프로그램 시범교육, 성매매청소년 선도·보호 및 예방교육 등	권익기획과
	대검찰청	학교폭력범죄 예방·단속, 청소년선도활동, 자녀안심하고학교보내기운동 등	강력과
	경찰청	청소년교실 운영, 학교폭력대책 등	여성청소년과

출처: 청소년위원회(2005), p.8의 내용을 중심으로 재구성하였음.

청소년보호업무 추진과 관련하여 중앙차원의 문제는 잦은 조직개편과 분산된 청소년정책 추진주체 간의 유기적 연계·협력 및 체계적 정책수립 능력의 미흡을 들 수 있다(이민희 외, 2005: 40). 각 부처 간의 청소년보호 업무와 관련한 조정과 협력을 위한 협의구조가 부재한 채 청소년보호의 정책비전과 목표 등이 각 부처별로 설정되고 각각 정책과제를 수행함으로써 청소년보호정책의 통일성과 일관성의 결여를 초래하고 있는 것이다.

청소년보호업무와 기능의 분산에 따른 관할권은 경우에 따라서는 부처의 조직 설치근거와도 연계되므로 사안에 따라 청소년중심의 보호행정이 아니라 부처의 조직논리 중심의 행정으로 변질된 가능성을 내포하고 있다(최충옥 외, 2003: 112).

결국 현재의 중앙 청소년보호체계는 부처이기주의, 상호간의 견제와 비협조 등을 초래하여 청소년보호의 정책적 위상과 시책의 추진에 심각한 결손을 초래할 요소를 그 자체 내에 안고 있다.

이는 각 부처 간 업무경계의 모호성으로 인한 업무누락뿐 아니라 〈표 Ⅱ-4〉에서 보는 바와 같이 업무 중복, 경쟁과 서비스 중복 등 소모적 양태로 나타나고 있어 청소년보호정책의 비효율성과 예산의 낭비를 초래하고 있다.

<표 II-4> 정부부처별 청소년보호 사업영역

사업영역	소관부처
청소년성매매	여성부, 청소년위원회
PC방	문화체육관광부
유해매체	청소년위원회, 지식경제부, 여성부(사이버성폭력)
가출청소년	청소년위원회, 여성부 , 행정안전부
학교폭력	교육과학기술부, 대검찰청, 경찰청

그런 점에서 현재의 청소년보호 행정체계는 청소년중심의 행정서비스를 제공하기 위한 체계라기보다는 제공자중심의 행정서비스체계라고 할 수 있다. 이는 청소년을 위한 긴급전화 운영현황을 보더라도 알 수 있다.

<표 II-5> 정부부처별 긴급전화 운영현황

부처명	긴급전화번호
국가청소년위원회	청소년보호긴급전화 1388
교육과학기술부	집단따돌림 등 신고·상담전화 1588-7179
보건복지가족부	아동학대긴급전화 1391
여성부	가출 및 유해업소 피고용여성청소년을 위한 1366 여성상담전화
경찰청	가출청소년신고전화 182신고센터

긴급전화가 실제 이를 이용해야 하는 청소년의 입장에서 편리성을 고려하기보다는 각 부처별로 사안에 따라 번호를 달리하여 운영되고 있어 이용자인 청소년으로서는 혼란을 느낄 수밖에 없는 상황이다.

이와 같이 부처 간 업무의 중복에 대해 관련 부처에서는 각 부처별로 중점과제가 다르다는 점을 들어 사업의 타당성을 제시하고 있다(청소년보호위원회, 2002: 145). 그러나 청소년보호행정은 부처의 조직논리나 조직유지를 위한 행정이 아니라 청소년들의 입장에서 청소년보호업무를 계획하고 추진하는 청소년중심의 행정이 되어야 한다. 각 부처별로 추진되는 사업이나 서비스프로그램이 각 부처의 청소년보호기능의 수행에 반드시 필요한 것으로서 통합할 수 없다면 각 부처의 고유기능에 따라 청소년보호업무를 수행하되 각 부처별 업무특성을 구분하고 이에 따른 업무조정과 사업의 연계·협력방안의 모색 등을 통하여 청소년보호의 시너지효과를 높이기 위한 노력이 이루어져야 할 것이다. 이러한 노력이야말로 청소년보호정책과 사업에 대한 소관부처의 책임성을 보여주는 것이며 청소년보호정책과 행정에 대한 청소년과 사회의 신뢰와 협조를 얻을 수 있게 할 것이다.

2) 지방자치단체의 청소년보호체계 구조와 문제점

(1) 청소년보호행정체계

중앙의 청소년보호정책은 시·도 청소년과(계 / 팀 / 담당 / 업무)에서 시·군·구 청소년과(계 / 팀 / 담당 / 업무)를 거쳐 지역사회에 전달된다. 시·도 청소년과는 중앙과 연계체제를 갖추고 청소년보호업무와 청소년육성업무를 광역자치단체 차원에서 총괄적으로 조정하여 시·군·구 청소년과로 전달한다. 중요한 기능은 기초자치단체에서 효율적으로 청소년보호업무가 이루어질 수 있도록 광역자치단체 수준에서 지역별 청소년대책협의회, 청소년육성위원회를 통해 청소년보호와 육성을 위한 업무수준과 전문성을 조율하는 것이다(우정자 외, 2003: 19). 중앙의 청소년보호시책이 직접적으로 지역사회에 전달되는 것은 시·군·구의 청소년과를 통해서이다. 시·군·구의 청소년과는 시·군·구 단위의 청소년보호업무를 통괄·조정하여 지역사회에 전달하고 민간의 청소년보호활동을 지원한다.

지방자치제하에서 지방의 청소년보호 행정체계는 자치단체장 및 지역의 관심여하에 따라 청소년보호 담당 행정조직의 수준과 기능이 결정될 수밖에 없다. 현실적인 여건상 지방자치단체에서 청소년보호에 특별한 관심을 갖지 않는 이상 전담부서의 설치와 적절한 기능수행을 위한 인력배치에는 제한이 따르게 된다. 광역자치단체의 경우 청소년 전담부서가 설치되어 있는 경우는 서울특별시뿐이며 12개의 시·도가 체육청소년과 체제로 편제되어 있다. 인천은 가정청소년과, 경기도는 보육청소년과, 제주도는 스포츠산업과에서 청소년업무를 담당한다. 이와 같이 청소년 관련 업무만을 전담하는 과단위 부서조차 설치되어 있지 않아 청소년보호업무를 한 사람의 담당이 전담하고 있거나 아예 담당조차 없는 경우도 있다. 이러한 현상은 시·군·구 단위에서도 마찬가지이다. 전국의 기초자치단체 중에서도 독립부서로 청소년과를 설치한 경우도 있으나 대부분 계단위에 청소년담당을 설치하고 있다. 일부 시·군·구는 아동 또는 여성, 복지, 노인업무의 일부로 청소년업무를 담당하는 경우도 있다(김정주 외, 2004: 62). 2003년 1월 기준 전국 232개 기초자치단체 중 청소년업무 담당부서가 설치되어 있는 곳은 92개 지역에 불과(이경상 외, 2004: 19－20)하다는 사실은 청소년보호업무의 효율성과 전문성을 기대하기가 사실상 불가능하다는 것을 말해준다.

지방자치단체의 청소년보호 행정체계에서 지적되고 있는 문제점은 이와 같은 청소년보호업무 전담부서 미비뿐 아니라 중앙차원의 잦은 조직개편에 따른 지방의 집행체계의 불일치(이민희 외, 2005: 40·42)로 인한 업무수행의 비효율성과 전문성 부족, 지역사회의 청소년보호 관련 자원과의 연계 부족으로 요약된다. 그동안 청소년정책을 집행하는 정부기구는 국무총리 소속의 청소년보호위원회와 문화관광체육부 소속의 청소년국으로 이원화되어 정책집행에 혼란을 야기해 왔다. 이는 2005년 청소년위원회로 통합됨으로써 해결되었다고 할 수 있으나 여전히 보건복지가족부의 청소년복지업무를 비롯하여 청소년 관련 업무가 여러 부처에 분산되어 집행되고 있다. 이러한 중앙부처의 다원적인 조직과 기능은 중앙의 청소년보호업무의 혼란뿐 아니라 지방자치단체의 청소년보호 행정체계에도 혼란을 야기하고 있다. 부처마다 서로 다른 업무지침이 하달되고 담당부서도 달라 지방자치단체의 청소년보호행정의 일관성과 통일성의 확보를 어렵게 하고 있다. 또한 청소년보호업무는 중요성과 우선순위에서 항상 후순위에 있어(김정주 외, 2004: 118) 예산확보가 어려울 뿐 아니라 담당공무원의 잦은 인사이동도 업무의 연속성과 전문성 확보의 장애요인으로 작용하고 있다. 청소년보호업무는 그 특성상 청소년에 대해 전문적 지식을 지니고 있는 유자격자가 담당해야 하지만 대부분 일반행정직 공무원들이 순환보직 형태로 담당하고 있어 청소년보호업무의 전문성 향상이 이루어지지 못하고 있는 실정이다.

  지방자치단체의 청소년보호 행정체계가 갖는 이와 같은 한계를 극복하는 방안이 민관의 파트너십에 토대한 협력이다. 그러나 민간과 공공의 유기적인 연계와 협력의 미흡 역시 언제나 지적되고 있는 한계이다. 지방자치단체의 청소년보호 행정기능을 강화하기 위해서는 거버넌스(governance) 개념의 도입이 필요하다(김정주 외, 2004: 66 - 67). 지역사회의 다양한 자원과의 적극적인 네트워크 구축과 파트너십의 형성은 지방자치단체의 취약한 청소년보호예산을 효율적으로 집행하는 수단이 될 수 있다. 또한 민과 관의 동반자적 관계에서의 역할분담을 통해 민간의 직접적인 청소년보호활동에 대한 행정의 지원을 가능하게 함으로써 청소년보호의 시혜지효과를 극대화할 수 있는 가장 효과적인 방안이다. 따라서 행정은 기존의 행정중심의 시혜적인 행정에서 탈피하여 민관파트너십의 토대 위에서 지역사회 청소년 관련 조직 및 인력의 참여와 연계협력을 바탕으로 청소년보호행정을 집행하는 구조를 만들어가는 것이 필요하다. 이를 위해서는 민간의 청소년 관련 자원들이 청소년보호라는 목적의 공유하에 협력할 수 있는 기반이 갖추어져야 한다. 이 역시 행정이 해야 할 역할이다. 현재 지역사회에서 청소년보호 관련 조직 간의 연계가 잘 이루어지고 있는 곳에서는 공무원의 적극적인 노력과 정책적 지원이 이루어지고 있음을 알 수 있다(김현원, 2006: 18). 이는 청소년보호를 위한 민간의 역량강화에 있어서도 행정의 역할이 중요함을 보여주는 것이다. 따라서 행정은 지역사회의 각 민간자원들이 청소년보호를 위해 네트워크를 형성하고 역할을 분담하면서 협력을 강화해나갈 수 있는 체제를 갖추도록 적극적인 지원을 해야 할 것이다.

(2) 청소년보호사법체계

검찰과 경찰조직에서도 청소년보호와 관련하여 지역사회를 단위로 유해환경에 대한 사법적 단속과 청소년선도활동을 전개하고 있다.

검찰은 보호관찰제도, 학교전담검사제도, 학원폭력실무전담반 운영과 함께 범죄없는마을운동, 재범방지활동, 자녀안심하고학교보내기운동 등을 통해 성인범죄로부터의 청소년보호, 청소년범죄와 학교폭력 예방 및 청소년선도활동을 전개하고 있다. 범죄없는마을운동이나 재범방지활동, 자녀안심하고학교보내기운동 등은 검찰청 산하 민간인으로 구성된 범죄예방위원회를 중심으로 이루어지고 있다는 점에서 검찰과 민간의 협력네트워크 활동이라 할 수 있다. 그러나 이러한 활동이 범죄예방위원회의 개별적인 활동으로 이루어지고 있을 뿐 지역사회의 여타 청소년보호조직들과의 연대·협력은 이루어지지 않고 있어 실제 청소년보호의 효과는 그리 크지 않다.

경찰은 유해환경 단속과 더불어 순찰활동과 지하철 경찰방범수사대 활동, 청소년고충상담실, 사랑의교실 운영 등을 통하여 청소년보호·선도활동을 전개하고 있다. 청소년보호를 위한 경찰활동의 핵심은 유해환경 단속으로 해병전우회, 민간기동순찰대, 자율방범대, 유해환경 감시단 등 지역사회자치조직 등과 연계하여 활동하고 있다. 이 외에도 청소년상담센터, 복지관, 학교, 청소년수련관, 보호관찰소 등과 연계하여 청소년의 보호·선도를 하고 있다. 그러나 경찰의 청소년보호 활동에서 나타나고 있는 문제점은 지나치게 형식적 혹은 실적 위주의 단속활동이라는 점이다. 즉 유해업소 단속에 초점을 두고 있어 유해환경에 접하는 청소년에 대한 여타의 서비스 자원 제공이나 알선이 효율적으로 연계되지 못하고 있다(조흥식 외, 2000: 50)는 한계를 지니고 있다. 치안연구소의 청소년비행 통제를 위한 소년경찰대책보고서에서 경찰과 유관기관들과의 협조체제 실태가 매우 미흡한 수준에 그치고 있어 청소년보호활동의 커다란 문제점으로 나타나고 있다는 지적(이종복, 2001: 55)은 경찰의 청소년보호활동의 방향에 시사하는 바가 크다.

3) 중앙과 지방의 공공 청소년보호체계의 연계성

청소년보호정책의 효율적인 집행을 위해서는 중앙정부와 지방자치단체 간의 유기적인 협조체계를 통한 일관성이 무엇보다 중요하다. 그러나 중앙과 지방의 청소년보호업무의 연계에 있어서도 원활성을 보여주지 못하고 있는 실정이다. 그 이유의 하나는 중앙의 청소년보호정책이 부처별로 수립·시행됨으로써 일관성을 결여하여 지방자치단체의 청소년보호행정의 혼란을 초래하고 있기 때문이다. 이와 더불어 지방자치단체의 행정조직에서 청소년보호분야가 독자적으로 정비되어 있지 못한 실정도 효율적인 정책집행을 어렵게 하고 있다(권일남, 2004: 27). 특히 복지영역에 청소년보호업무가 포함된 곳이 다수를 차지하고 있어 청소년보호업무를 중심으로 한 중앙과 지방 간의 업무 연계성에 문제가 발생할 가능성이 상존하고 있다. 실제로 청소년보호업무가 사회복지영역에서 이루어지는 경우 사회복지전담공무원들이 이를 담당하게 되지만 그들의 업무내용에는 청소년보호업무가 포함되어 있지 않아 업무 자체의 혼동이 발생할 가능성이 존재한다.

청소년유해환경의 단속은 기본적으로 지방자치단체와 경찰이 담당해야 할 업무이다. 그러나 지방자치단체나 경찰에서는 청소년업무가 전부가 아니기 때문에 그 중요성에도 불구하고 우선순위에서 하위에 머무르고 있어 지속적인 단속이 어렵고 청소년문제가 사회적으로 큰 이슈가 되었을 때 일회성 또는 단속적 규제를 실시하는 경향을 보이고 있다. 이러한 상황에서 중앙행정체계인 청소년위원회가 산하의 중앙점검단을 통한 행정적 단속기능을 가동, 중앙공무원을 파견하여 청소년유해업소, 청소년성착취업소 등에 대한 단속을 전개하고 있는 실정이다. 이는 중앙과 지방자치단체 사이에 명확하고 체계적인 역할과 기능이 분화되지 못한 채 필요에 따라 청소년보호업무를 추진하고 있기 때문에 나타나는 현상으로 볼 수 있다. 청소년보호라는 사회적 공통가치를 효율적으로 실현하기 위해서는 청소년보호정책과 실질적인 집행 사이에 적절한 역할의 분담과 조정을 가능하게 하는 중앙과 지방자치단체 간의 유기적인 연계체제가 정비되어야 할 것이다.

제3절 지역사회 청소년보호체계 사례분석

본절에서는 지역사회를 단위로 해서 직접적으로 청소년보호서비스의 제공과 실질적인 청소년보호활동을 전개하는 핵심적인 청소년보호 인프라인 지역사회 청소년보호체계의 구조와 활동을 분석한다.

분석의 초점은 각 보호체계 간에 청소년보호를 위한 연계·협력이 어떻게 이루어지고 있는가이다.

1. 지역사회 위기청소년통합지원체계

위기청소년통합지원체계(CYS-Net: Community Youth Safty-net)
는 시·군·구 등 일정한 행정구역 내에 있는 청소년상담지원센터,
청소년쉼터 등 청소년 관련 기관 및 시설들이 각자 운영하고 있는
다양한 전문서비스, 활동프로그램, 자원 및 정보를 상호 연계하여 협
력적 관계를 형성함으로써 정상적 성장에 어려움을 겪고 있는 위기
청소년을 체계적이고 종합적으로 지원할 수 있는 일련의 연계활동과
시스템을 말한다(김현원, 2006: 9).

그동안 지역사회의 다양한 자원들의 연계망을 구축하여 청소년보
호의 효율성을 제고해야 한다는 주장은 누누이 있어 왔지만 실제 지
역사회 현장에서 청소년 관련 조직 간의 연계협력의 수준은 매우 미
약하였다. 이로 인해 위기청소년을 제대로 지원할 수 없었다는 문제
인식에서 청소년위원회는 2005년 위기청소년 사회안전망 구축을 주
요 정책과제로 채택하고 이의 구축을 적극 추진하고 있다.

1) CYS-Net의 구조와 운영

CYS-Net의 체계는 중앙의 청소년위원회와 시·도의 청소년상담
지원센터, 시·군·구 청소년지원센터로 연계되는 시스템이다. CYS
-Net은 시·도의 청소년상담지원센터와 시·군·구 청소년지원센터
를 중심축으로 하여 시·도 단위의 광역망과 시·군·구 단위 지원망
으로 형성되며 청소년전화 1388과 정보네트워크가 CYS-Net의 기능
을 지원하도록 되어 있다.

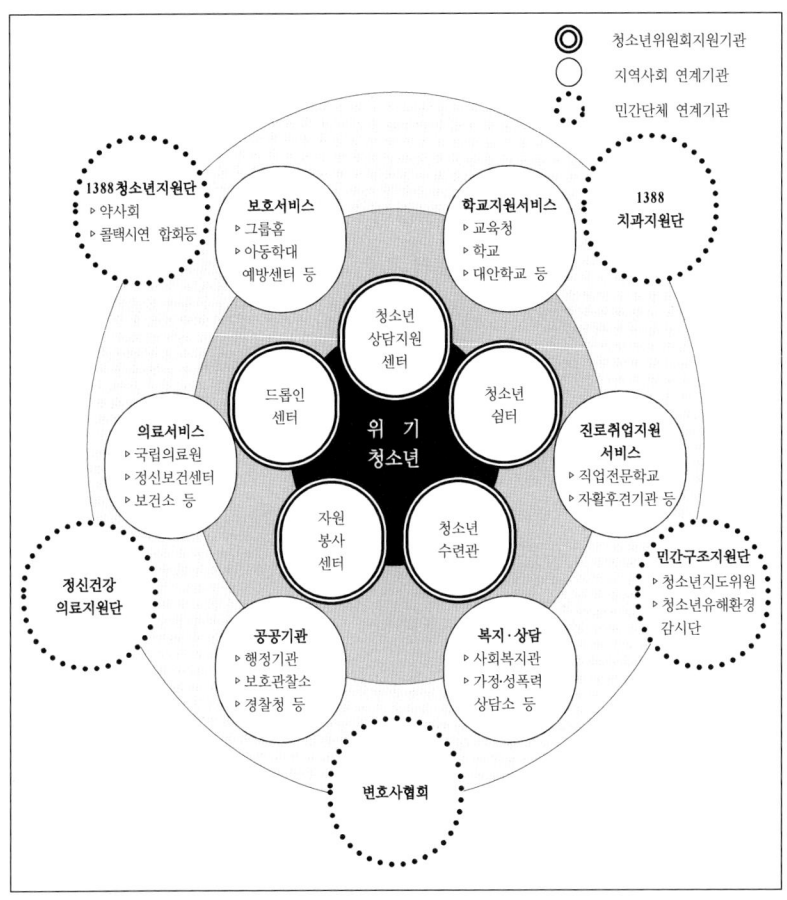

1388청소년지원단
▷ 약사회
▷ 콜택시연 합회등

보호서비스
▷ 그룹홈
▷ 아동학대
예방센터 등

학교지원서비스
▷ 교육청
▷ 학교
▷ 대안학교 등

1388
치과지원단

청소년
상담지원
센터

드롭인
센터

청소년
쉼터

위 기
청소년

의료서비스
▷ 국립의료원
▷ 정신보건센터
▷ 보건소 등

자원
봉사
센터

청소년
수련관

진로취업지원
서비스
▷ 직업전문학교
▷ 자활후견기관 등

정신건강
의료지원단

민간구조지원단
▷ 청소년지도위원
▷ 청소년유해환경
감시단

공공기관
▷ 행정기관
▷ 보호관찰소
▷ 경찰청 등

복지·상담
▷ 사회복지관
▷ 가정·성폭력
상담소 등

변호사협회

출처: 김현원(2006), p.13.
▶ CYS-Net 체계도 내 기관들은 시도 청소년상담지원센터 운영협의회 참여기관

[그림 Ⅱ-1] CYS-Net 총괄체계도

시·도 단위 광역망은 [그림 Ⅱ-1]과 같이 1차연계망, 2차연계망, 3차연계망의 3중구조를 갖는다. 청소년위원회가 지원하는 청소년상

담지원센터, 드롭인센터, 청소년쉼터, 청소년자원봉사센터, 청소년수련관 등을 중심으로 1차연계망을 형성하고 교육청, 학교, 경찰청, 사회복지관, 그룹홈, 보건소, 노동관서, 직업훈련기관 등의 다른 공공기관들은 2차연계망을 형성한다. 그리고 민간단체, 종교단체 등 민간자원을 포괄하는 3차연계망을 구축한다.

시·군·구에서는 시·도 단위에서 구축된 연계망을 활용해 위기청소년에게 직접적인 서비스를 제공한다. 시·군·구 CYS-Net 역시 시·도의 광역망과 같은 구조이나 청소년의 욕구 및 지역사회의 특성을 고려하여 보호시설·병원·약국·PC방 등 지역사회 가용자원을 연계한 협력망을 구축한다. 이와 더불어 전문적이고 집중적인 지원서비스가 가능하도록 학업중단, 가출, 폭력 등 전문분야별로 특성화된 연계망을 구축하여 운영한다.

2) CYS-Net의 한계

CYS-Net은 지역사회단위로 위기청소년 보호·지원기관 간 연계협력을 통해 위기(가능)청소년에게 상담, 정서, 취업, 보건, 의료 여가문화, 교정·선도, 법률·권리구제 등의 포괄적 서비스를 24시간 제공하는 One-stop 서비스 제공체계이다. CYS-Net이 의도대로 구축되고 원활하게 작동하기 위해서는 유기적인 정책공조, 민관파트너십의 형성, 참여자원의 다양성과 높은 수준의 연계협력이라는 전제조건이 충족되어야 할 것이다. 문제는 이러한 기반의 확립과 관련한 노력은 보이지 않고 있다는 점이다.

첫째, CYS-Net을 통해 보호, 복지, 교육, 문화, 노동 등의 서비스들이 지역사회에서 청소년들에게 통합적으로 전달되기 위해서는 중앙차원의 관련 부처 간 정책네트워크가 선행되어야 한다. 노동부, 교육부, 법무부 등은 별도의 지방조직을 갖고 있으며 청소년 관련 조직들도 소관부처가 다르므로 중앙차원에서 정책공조가 이루어지지 않을 경우 지역차원에서의 연계성 확보가 어렵다. 그러나 이를 위한 협의조정통로가 매우 제한적으로 작동하고 있다는 점이다. 이는 지역사회 단위에서 CYS-Net의 서비스가 제한적으로 제공될 수밖에 없는 한계성을 태생적으로 안고 있다는 것을 의미한다.

둘째, CYS-Net의 구축 및 운영이 행정주도의 상의하달식으로 추진됨으로써 청소년 관련 자원들의 자발적 참여와 적극적 협력을 위한 준비가 제약되었다는 점이다. 개별 조직 중심의 운영과 서비스 제공에 익숙해 있는 청소년 기관·단체의 특성을 고려하면서 CYS-Net의 구축과 운영에 대한 이들의 지지를 확보하기 위한 민주적 합의과정이 필수적임에도 이러한 과정이 없었다. 이는 CYS-Net이 민간 청소년 관련 자원들의 명목상의 참여에 그치고 청소년위원회의 지원을 받는 기관을 중심으로 운영되는 제한적으로 기능하는 한계를 갖도록 하였다.

셋째, 가시적인 성과지향의 접근방식이 한계로 작용하고 있다는 점이다. CYS-Net의 성공여부는 자발적 참여와 협력의 수준에 달려 있다. 여기에는 조직 간의 비공식적인 신뢰와 공동의 목적을 달성하려는 협력의지가 중요한(Lowndes & Skelcher, 1998: 321) 역할을 한다. 그러나 신뢰와 같은 사회적 자본이나 가치와 목적을 공유하고 협력할 수 있는 능력은 단기간에 습득되는 것이 아니다. 아직 우리의 청소년 보호 관련 조직들은 연계협력의 경험이 일천하여 조직 간 신뢰가 공고하지 못할 뿐 아니라 협력 또한 원활하게 이루어지지 못하고 있다.

CYS-Net 운영 2년째인 현재 지역사회의 위기청소년들을 위한 네트워킹이 잘 이루어지지 못하고 있는 현실은 이러한 현장의 상황을 고려하지 않은 일방적 추진과 운영에 따른 결과로 오히려 민관 간, 민간조직 간의 신뢰형성에 역효과를 초래하고 있다고 볼 수 있다.

넷째, 대도시지역을 제외하고는 위기청소년을 지원하기 위한 연계자원이 거의 없어 실질적인 연계망이 형성되지 못하고 있다는 점이다. 16개 시·도 상담지원센터와 36개 시·군·구 지원센터가 운영되고 있는 CYS-Net은 2008년부터 본격적인 활성화를 꾀한다는 목표를 가지고 있다. 그러나 청소년지원센터는 시·군·구 단위로 1곳이 운영되고 있으며 특히 지방의 시·군은 특별지역 외에 대체로 상담원 1명이 모든 역할을 떠맡고 있는 상황이다. 또한 제도권 내 청소년보호 인프라는 물론 민간자원도 불충분한 상황에서 지역지원센터가 위기청소년을 발견하더라도 네트워킹을 통해 문제를 해결하기가 매우 어려운 실정인 것이다.

다섯째, 기관중심·전문가중심의 시스템으로 지역주민과 청소년의 참여가 전제되지 않고 있다는 점이다. 조직 간의 연계에만 초점을 두고 있어 잠재적 민간자원 중 큰 비중을 차지하고 있는 지역주민의 참여와 조직화를 위한 전략이 없다. 청소년의 특성과 욕구를 가장 잘 알고 있는 집단이 지역주민과 청소년들임에도 이들이 서비스 계획과 제공에 참여할 수 있는 통로가 마련되어 있지 않다는 점이다. 그런 점에서 이용자중심·청소년중심의 서비스 제공체계라고는 하나 제공자중심의 한계를 벗어나지 못하고 있다. CYS-Net이 효율적으로 기능하고 서비스 자원을 확보하기 위해서는 지역주민들을 조직화하여 자원화하고 서비스 제공주체로 역할하도록 하는 방안이 모색되어야 할 것이다. 특히 청소년을 서비스 제공주체로 참여시키는 것은 청소년의 특성과 욕구에 기반을 둔 서비스 제공을 위해서뿐만 아니라 참여를 통한 청소년의 역량강화 및 사회구성원으로서의 책임과 권리의 인식이라는 차원에서도 고려되어야 할 사항이다.

2. 지역사회 청소년보호체계 사례

1) 약물남용청소년을 위한 강남지역협의회

(1) 강남지역협의회의 조직과 지역사회협력체계망

약물남용청소년을 위한 강남지역협의회는 1995년 지역에서 연계해야 할 필요성이 있는 사업의 1순위로 청소년약물남용의 문제가 제기됨에 따라 수서·일원동지역의 복지관련 기관장회의를 통해 지역의 약물남용청소년을 위한 지역협의회 구성에 합의함으로써 발족되었다. 협의회 구성의 목적은 유기적이고 체계적인 지역사회협력체계망의 형성을 통해 약물남용청소년을 위한 통합적인 접근을 함으로써 개입의 효과를 제고하는 것이다.

협의회의 조직은 기획위원회와 실무자협의회로 구성되어 있다. 기획위원회는 사회복지관(5개소) 관장과 정신보건센터(1개소)의 장, 청소년수련관(1개소) 관장, 정신병원(1개소)의 원장으로 구성된다. 기능은 협의회사업의 심의·의결기구로서 월 1회의 회의가 정례화되어 있다. 실무자협의회는 기획위원회에 소속된 각 기관의 약물남용업무 담당실무자들로 구성된다. 실무자협의회는 예방사업팀, 치료·재활사업팀, 지역협력체계망형성사업팀, 연구조사사업팀, 공급차단사업팀의 5개의 사업팀으로 조직되어 있으며 약물상담실과 공식적인 협조·의뢰를 위해 10개의 유관기관이 참여하는 지역사회협력체계망을 구축하여 운영하고 있다. 월 1회 이상의 회의를 통해 공동으로 사업계획과 진행, 업무조정 및 점검, 평가 등을 실시한다.

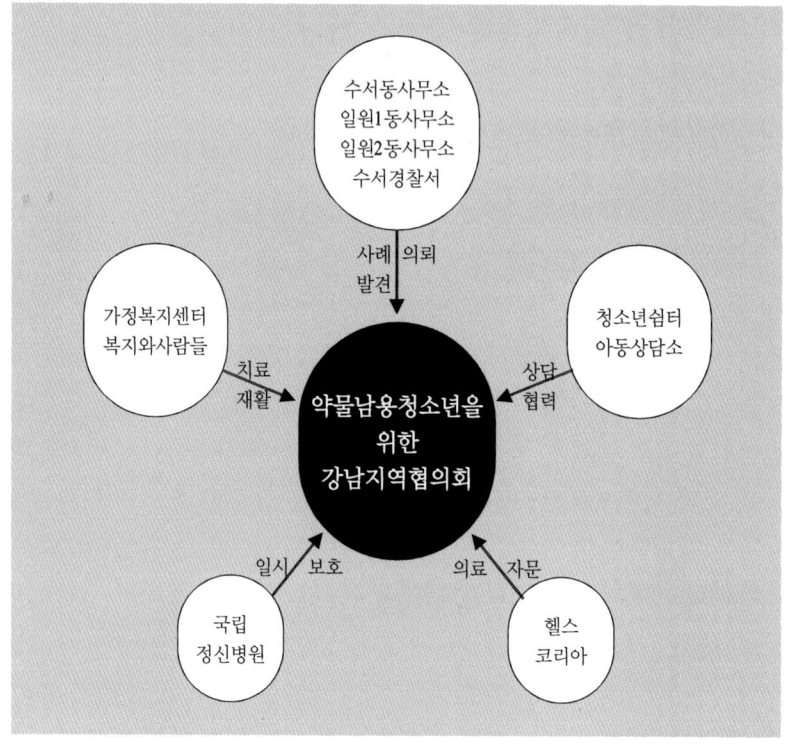

출처: 함세남·김현숙(2000). p.30.의 협력기관 체계도를 재구성하였음.

[그림 II - 2] 약물남용청소년을 위한 강남지역 협력체계망

동 협의회는 실무자협의회를 중심으로 지역의 청소년약물 관련 사업의 대부분을 공동협력사업으로 실행하고 있다. 이로 미루어 보아 서비스 조정과 협력이 상당히 높은 수준에서 이루어지고 있음을 알 수 있다.

(2) 강남구 지역사회협력체계의 특징과 제한점

강남지역협의회가 시사하고 있는 점은 지역사회의 욕구에 기초해서 협력체계가 구축되었다는 점과 기관의 정책결정자의 인식과 의지가 매우 중요하다는 사실이다. 문제해결을 위한 지역사회협력체계 구축에 있어 지역사회 욕구조사를 통해 나타난 객관적 자료를 활용하는 과학적 접근방법이 강남지역협의회의 구성과 유지를 위한 기관장들의 의지를 공고히 하는 토대가 되었다고 할 수 있다. 이와 더불어 활발한 공동협력사업의 추진을 통하여 사업성과를 도출함으로써 행정의 신뢰를 얻게 되었다는 점이다. 이는 행정의 적극적인 지원으로 연결됨으로써 협의회활동의 안정화를 가져오게 하였다(함세남·김현숙, 2000: 27).

강남지역협의회를 중심으로 한 지역사회협력체계가 갖는 한계점으로는 첫째, 청소년과 긴밀한 관계가 있는 학교 및 지역교육청과의 연계협력이 이루어지지 못하고 있다.

둘째, 지역사회의 다양한 민간자원의 참여가 이루어지지 않고 있다. 지역사회중심 통합적 접근은 다양한 자원체계를 필요로 함에도 기업 등 민간자원체계들이 참여하지 않고 있다. 협력체계가 이용자 중심의 보다 효과적인 서비스를 제공하기 위해서는 적극적으로 이러한 잠재적 자원들을 개발·네트워킹하여 지원체계로 활용하려는 노력이 요구된다.

셋째, 협력체계망에 주민참여가 전제되지 않고 있다. 지역사회에 존재하는 다수의 주민조직들의 참여는 물론 지역주민을 조직화하여 서비스 제공에 참여시키려는 전략이 보이지 않고 있다.

넷째, 협력체계의 대상이 청소년임에도 실제 청소년들의 참여가 이루어지지 않음으로써 청소년들의 의견을 반영할 통로가 마련되어 있지 못하다는 점이다. 또래집단 또는 청소년동아리들을 네트워킹하고 그 대표를 협력체계망에 참여시키는 방법이 강구되어야 할 것이다.

2) 서초구 청소년보호를 위한 지역사회네트워크

서초구 청소년보호를 위한 지역사회네트워크 구축은 청소년 관련 기관이나 시설이 독자적으로 지역사회의 청소년보호·육성과 관련된 사업을 추진하는 것은 한계가 있다는 판단하에 기관 간 연계와 협력을 통해 청소년보호체계를 구체화하자는 취지에서 비롯되었다. 이는 각 청소년 관련 기관들이 지니고 있는 장점을 공유하고 한계를 상호 보완하여 청소년보호의 실질적인 효과를 담보할 수 있는 지역사회네트워크의 형성이 필요하다는 인식을 함께함으로써 가능하였다.

일차적으로 2003년 서초구내 경찰서, 보건소, 서초구청, 학교, 방배유스센터 등을 중심으로 서초구의 청소년폭력 등 청소년문제 예방 및 대처와 유해환경에 대한 문제를 서로 논의하고 해결하는 구조로서 지역네트워크를 구성하기 위한 워크숍을 개최하였다. 워크숍에서 각 기관들은 나름대로 학교폭력이나 청소년비행의 예방과 해결, 청소년보호 등의 활동에 있어 한계를 느끼고 있으며 이를 보완하기 위한 방안으로 네트워크의 구축의 필요성을 강하게 느끼고 있음이 확인되었다. 이와 같은 인식의 공유를 토대로 청소년보호체계 구축을 위한 통합중심기관과 지역협의체 형성을 위한 전략이 마련되고 청소년보호를 위한 지역사회네트워크 구축이 추진되었다.

지역사회네트워크 구축에 있어서는 서초구청에서 행·재정적으로 중요한 역할을 하였으며 경찰서, 지역교육청이 적극적으로 지원하였다. 행정의 재정적 지원과 더불어 청소년 관련 핵심 공공기관의 이와 같은 적극적인 지원이 청소년 관련 기관들의 지역사회네트워크 구축과 운영을 가능하게 한 중요한 요소가 되었다고 할 수 있다. 이러한 지원에 힘입어 방배유스센터가 네트워크 중심기관으로서 핵심적인 운영자(coordinator)의 역할을 담당하고 보건소, 지역사회복지관, 학교상담실, 서초청소년센터, 보호관찰소 등이 참여하여 서초구의 청소년보호를 위한 지역사회네트워크의 구축이 완료되어 학교폭력 예방 및 치료사업을 공동으로 추진하고 있다.

(1) 청소년보호를 위한 지역사회네트워크 모델

서초구의 청소년보호를 위한 지역사회네트워크 모델은 아래 [그림 Ⅱ-3]에서 보는 바와 같이 이원체계로 이루어져 있다. 즉 방배유스센터를 중심축으로 경찰서, 보호관찰소, 학교, 보건소, 법률 및 종교기관, 전문상담기관인 한국가족상담센터, 지역사회복지관, 청소년 관련 시설 등이 실질적인 서비스연계기관으로 네트워킹되어 있다. 그리고 청소년폭력예방재단과 청소년개발원, 서초구청, 서초구의회, 강남교육청이 지원체계로 참여하고 서울시와 중앙의 청소년위원회로 연결되는 이원적 구조를 갖고 있다.

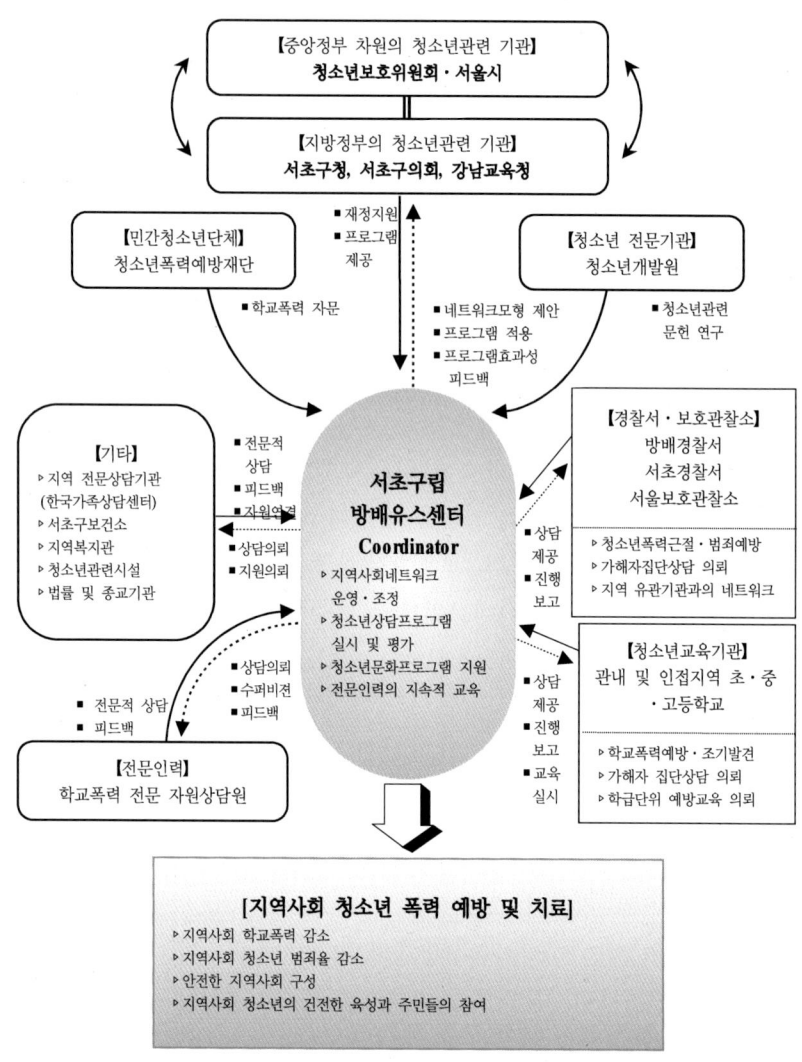

【중앙정부 차원의 청소년관련 기관】
청소년보호위원회 · 서울시

【지방정부의 청소년관련 기관】
서초구청, 서초구의회, 강남교육청

【민간청소년단체】
청소년폭력예방재단

▪ 재정지원
▪ 프로그램
  제공

【청소년 전문기관】
청소년개발원

▪ 학교폭력 자문

▪ 네트워크모형 제안
▪ 프로그램 적용
▪ 프로그램효과성
  피드백

▪ 청소년관련
  문헌 연구

【기타】
▹ 지역 전문상담기관
  (한국가족상담센터)
▹ 서초구보건소
▹ 지역복지관
▹ 청소년관련시설
▹ 법률 및 종교기관

▪ 전문적
  상담
▪ 피드백
▪ 자원연계

▪ 상담의뢰
▪ 지원의뢰

**서초구립
방배유스센터
Coordinator**

▹ 지역사회네트워크
  운영 · 조정
▹ 청소년상담프로그램
  실시 및 평가
▹ 청소년문화프로그램 지원
▹ 전문인력의 지속적 교육

【경찰서 · 보호관찰소】
방배경찰서
서초경찰서
서울보호관찰소

▪ 청소년폭력근절 · 범죄예방
▹ 가해자집단상담 의뢰
▹ 지역 유관기관과의 네트워크

▪ 상담
  제공
▪ 진행
  보고

▪ 전문적 상담
▪ 피드백

▪ 상담의뢰
▪ 수퍼비전
▪ 피드백

【청소년교육기관】
관내 및 인접지역 초·중
·고등학교

▪ 상담
  제공
▪ 진행
  보고
▪ 교육
  실시

▹ 학교폭력예방 · 조기발견
▹ 가해자 집단상담 의뢰
▹ 학급단위 예방교육 의뢰

【전문인력】
학교폭력 전문 자원상담원

[지역사회 청소년 폭력 예방 및 치료]
▹ 지역사회 학교폭력 감소
▹ 지역사회 청소년 범죄율 감소
▹ 안전한 지역사회 구성
▹ 지역사회 청소년의 건전한 육성과 주민들의 참여

출처: 신순갑(2006), p.147.

[그림 Ⅱ-3] 서초구 지역사회 청소년보호를 위한 네트워크모델

(2) 지역사회네트워크의 특징과 제한점

서초구 지역사회네트워크의 특징은 강남구 지역협의회가 민간기관으로만 구성된 것과는 달리 서초구청, 경찰서, 보건소 등 공공기관이 참여하고 있다는 점이다. 청소년보호에 있어서 민관의 협력이 필수적이라는 점에서 민과 관이 함께하는 것은 매우 바람직하다. 그러나 이러한 협력은 대등한 관계에서 동반자적 협력이어야 한다. 지역사회네트워크 구성과 운영에서 서초구청의 전적인 재정지원은 지역네트워크가 관주도로 운영될 가능성을 내포하고 있다. 따라서 방배유스센터는 네트워크 중심기관으로서 네트워크를 어떤 방향으로 발전시켜야 할 것인가에 대한 구상을 갖고 행정과 파트너십을 형성하면서 주도적으로 네트워크를 운영해나가야 할 것이다. 한편 서초구청은 적극적인 행·재정적 지원을 하되 네트워크가 민간 자율적으로 운영될 수 있도록 측면지원자로서의 역할을 해야 할 것이다.

서초구 지역사회네트워크가 지니는 한계점으로는 첫째, 기관중심의 네트워크라는 점이다. 이와 같이 청소년보호를 위한 지역사회네트워크가 청소년관련 기관·시설만으로 구성되었다는 점은 외국이 기업과 시민자원봉사 등 폭넓은 자원을 포함하고 있다는 사실과 비교할 때 매우 미흡한 수준이라는 점을 의미한다(이민희 외, 2003: 61).

둘째, 지역사회의 기업 등 민간자원의 참여가 없다는 점이다. 네트워크의 유지와 발전을 향상시키기 위해서는 재정적 문제가 해결되어야 한다. 서초구청의 재정적 지원이 이루어지고는 있으나 제한적일 수밖에 없으며 또한 무기한 재정적 지원이 이루어지리라는 보장은 없다. 따라서 적극적인 지역사회의 자원들을 개발·활용함으로써 네트워크 운영의 재정적 독립을 도모하고 자율성을 확보하려는 노력이 요구된다.

셋째, 청소년보호네트워크의 주체로서 지역주민과 청소년을 참여시키려는 전략이 없다. 지역사회중심의 청소년보호는 주민참여의 토대 위에서 시너지효과를 기대할 수 있을 뿐 아니라 청소년보호를 위한 지역사회의 역량을 강화시킬 수 있다. 따라서 지역주민과 청소년을 조직화하여 서비스 제공에 참여시켜야 할 것이다.

3. 지역사회 청소년보호체계 활동현황과 문제점

여기에서는 민간차원의 지역사회 청소년보호체계의 활동현황을 파악하기 위하여 청소년유해환경감시단, 주민자치조직 및 지역주민의 청소년보호활동, 청소년의 유해환경감시활동인 Youth Patrol을 대상으로 분석을 시도하였다. 이들은 지역사회의 유해환경 감시, 지역사회순찰을 통한 청소년보호활동 전개 등 청소년유해환경으로부터 청소년을 보호하는 실질적인 지역사회활동을 수행한다는 점에서 분석대상으로 적합하다.

1) 청소년유해환경감시단

청소년유해환경감시단 활동은 우리나라에서 지역사회를 단위로 청소년보호를 위하여 전개되는 대표적인 지역조직활동이라 할 수 있다 (조흥식 외, 2000: 51). 지역사회에서 유해환경 감시·정화 등 청소년보호활동을 수행하기 위해 청소년보호위원회가 민간 시민단체들과 구축한 민관협력체계의 한 표본인 청소년유해환경감시단은 초·중·고등학교의 교사, 학부모, 시민단체, 청소년단체 임·직원 및 회원 등 청소년문제에 관심을 가진 시민들로 구성된다. 감시단의 유형은 학교감시단, 시민단체감시단이며 2005년 현재 시민단체감시단 266개에 17,234명이 활동하고 있으며 학교감시단은 97개에 1,321명이 참여하고 있다(청소년위원회, 2005: 45).

주요 활동영역은 청소년유해환경 감시 및 상설 고발창구 운영, 청소년 유해구역 및 업소 순찰활동, 청소년유해환경 시정·조치 등 정화활동, 청소년의 보호·선도 및 건전생활 지도, 청소년유해환경 정화를 위한 대국민 계몽활동·캠페인 등 청소년보호 홍보활동, 청소년유해매체물의 모니터링 및 관계기관에의 시정 건의·고발활동, 청소년보호세미나 개최, 청소년유해환경 실태 파악 및 조사활동 등이다.

청소년유해환경감시단은 그동안 지역사회 차원의 청소년보호활동에서 많은 성과를 거두기도 하였지만 한편으로는 청소년유해환경의 감시활동에 대한 경험과 전문성 부족, 자원활용을 위한 네트워크 부재로 청소년보호체계의 민간파트너십 역량 발휘는 매우 미흡한 것으로 나타났다(청소년보호단, 2005: 8). 이로 인하여 이들의 활동에 대한 사회적 신뢰의 형성에 있어서는 한계를 보여주고 있다(권장희, 2002: 15).

청소년유해환경감시단이 보여주고 있는 문제는 첫째, 청소년유해환경감시단이 개별단체 단위로 조직·운영되고 있어 실질적으로 지역사회의 모든 자원을 연계하는 지역사회 청소년보호체계의 구심점으로서 역할을 하지 못하고 있다는 점을 들 수 있다.

둘째, 동일 지역 내의 청소년유해환경감시단 간에도 유기적인 네트워크 형성이 미진하다. 개별단체의 이질적인 성격과 실적을 중시하는 경향으로 협력보다는 서로 간에 경쟁 또는 반목하는 양상도 보인다.

셋째, 청소년유해환경감시단원의 청소년보호에 대한 사명감과 의지, 전문성의 부족이다. 이로 인해 형식적인 보호활동이 이루어짐으로써 지역사회의 신뢰와 지지를 획득하지 못하고 있다.

넷째, 이들의 활동과 상담, 재활프로그램 등과 같은 청소년보호서비스와의 연계성 부족이다(조흥식 외, 2000: 52). 유해환경 감시와 단속활동에서 피해청소년에 대한 치료적 서비스와의 연계가 이루어지지 못하고 있다.

청소년유해환경감시단의 활동이 지역사회에 뿌리내리고 실질적인 보호효과를 높이기 위해서는 민관의 협력, 민민네트워크 구축, 지역주민 참여라는 과제가 해결되어야 할 것이다. 그러므로 청소년유해환경감시단은 청소년유해환경에 대처할 수 있는 지역사회 통합연계망을 구축하여 청소년보호활동이 지역사회를 재구조화하는 지역사회운동으로 확산되어 청소년보호의 시너지효과를 높이려는 적극적인 노력을 경주해야 할 것이다.

2) 주민자치조직 및 지역주민의 청소년보호활동

주민자치조직 및 지역주민의 청소년보호활동은 주민자율방범활동, 시민순찰활동 등 지역주민이 주체가 되어 이루어지고 있는 활동이다. 지역사회에서 청소년보호활동을 전개하고 있는 주민자치조직은 방범협의회, 방범자문위원회, 청소년선도위원회, 자율방범대 등과 같이 경찰이나 행정기관의 청소년보호활동을 지원하기 위해 공공기관에 의해 조직된 경우와 녹색어머니회, 모범운전자회, 해병전우회, 민간기동순찰대 등 자생적으로 출발한 조직으로 구분된다.

자생적 조직인 해병전우회와 민간기동순찰대 등은 행정과 경찰의 지원하에 정기적인 지역순찰활동과 청소년선도활동을 실시하고 있다. 또한 지역사회의 주민자치위원회, 새마을부녀회 등이 간헐적으로 청소년보호활동을 전개하고 있으며 극소수이기는 하나 학교의 어머니회가 중심이 되어 청소년보호활동을 전개하는 경우,[2] 지역주민이 청소년지킴이를 조직하여 활동하고 있는 경우도 있다.[3] 많지는 않으나 이와 같이 지역주민들이 자발적으로 청소년지킴이 등을 조직하여 청소년보호활동을 하고 있는 사례는 지역주민들의 참여를 통한 청소년보호체계 구축의 가능성을 보여주는 것이라 할 수 있다. 이들의 활동은 지역사회에서 주민들이 자발적으로 참여하여 자조조직을 형성하고 청소년보호활동을 전개하고 있다는 점에서 그 의의를 찾아볼 수 있다. 그러나 다음과 같은 문제점을 노출하고 있다.

첫째, 인적·재정적 열악성의 문제를 들 수 있다. 대부분의 주민자치조직이 조직구조상에서 소수인력으로 조직을 운영하고 있으며 조직활동을 전개하기 위한 재정적 뒷받침이 없다는 점이다.

둘째는 몇몇 조직을 제외하고는 청소년보호활동이 극히 간헐적으로 이루어지고 있어 실질적인 청소년보호활동을 전개하지 못하고 있다.

셋째는 청소년보호라는 동일한 목적을 갖고 활동하고 있음에도 조직 간의 연계협력이 거의 없이 개별적으로 활동하고 있어 청소년보호의

---

2) 사례로는 경기도 수지지역의 수지고등학교 어머니회를 중심으로 한 '학교·가정·우리마을지킴이'가 있다(김영호 외, 2000 참조).
3) 사례로는 수서지역의 영구임대아파트단지에서 청년회가 중심이 되어 조직된 청소년지킴이봉사단(최종혁·이연, 2001: 598-601 참조), 노원구의 청소년지킴이운동과 청소년폭력예방재단 김포지부 순찰단활동(이민희 외, 2003: 97-103 참조) 등이 있다.

실질적인 효과를 보이지 못하고 있다. 따라서 청소년보호라는 공통의 목적하에 이들 조직들의 개별적이고 분산적인 활동을 조정·통합할 수 있는 범지역적 청소년보호체계 구축의 필요성이 제기되고 있다.

3) Youth Patrol

Youth Patrol은 청소년들이 자신들의 건전한 성장과 발달에 장애가 되는 환경을 개선하기 위한 과제활동과 모니터링, 순찰활동 등을 하는 청소년주체의 청소년유해환경 감시·정화활동이다. 이 활동은 청소년들이 건강한 성장권과 보호받을 권리를 주장하며 주체적이고 자율적으로 자신들에게 유해한 환경을 감시·정화하기 위한 활동(김진화, 2002: 117-118)에 나서고 있다는 점에서 청소년들의 권리운동이라고도 할 수 있다. 그 이면에는 청소년의 전인적 성장을 심각하게 위협하고 있는 사회환경의 정화를 이제는 어른들에게만 맡길수 없다는 인식과 더불어 성인사회의 반성을 촉구하는 의미가 내포되어 있다고 볼 수 있다.

Youth Patrol의 목적은 청소년유해환경의 정화라고 하는 직접적인 효과보다는 청소년들로 하여금 일체의 유해한 환경으로부터 스스로를 보호할 수 있는 능력의 함양에 있다. 청소년들은 직접적인 참여를 통하여 유해환경에 대한 분별력 있는 판단력과 태도를 함양하고 문제를 제기하고 유해문화에 대해 당당히 거부할 수 있는 능력과 건전한 시민의식을 키워 나간다. 그런 의미에서 청소년의 권리와 참여를 전제로 한 청소년중심의 자기보호의 개념과 사회의 규범적 보호가 함축된 활동이다(전혁희, 2004: 317).

그동안 우리 사회에서는 청소년을 수동적인 보호대상으로 인식하고 청소년보호를 정부, 학교, 시민, 학부모 등 어른들의 영역으로 간주해왔다. 그러나 이와 같이 청소년들 스스로가 보호주체로서의 역할을 요구하고 있다는 점에서 청소년보호체계의 구축과 활동에 청소년의 참여는 필수적이다. 현재 Youth Patrol활동은 교육적 측면에서 학교를 중심으로 이루어지고 있으나 지역사회의 청소년보호활동과 연계될 때 청소년들이 지역사회에 참여하는 기회를 갖게 되고 이를 통해 청소년과 지역사회 사이의 이해를 증진시키고 청소년의 사회구성원으로서의 책임의식을 형성할 수 있다는 점에서 보다 바람직한 접근전략이 될 것이다.

제4절 외국의 지역사회 청소년보호체계의 특징과 시사점

선진국에서는 지역사회의 적극적인 관심과 노력이 청소년문제의 예방과 감소에 중요한 역할을 하며 지역사회를 중심으로 가정, 지역주민, 청소년단체, 행정기관 등 지역사회의 모든 구성원들이 네트워크를 형성하여 대처하는 것이 가장 효율적이라는 인식과 접근이 이미 보편화되어 있다. 즉 청소년문제는 청소년만의 문제가 아니라 학교, 교사, 부모, 교육당국, 지역사회, 정부 등 모든 관련주체의 문제로서 이들 주체들이 청소년보호를 위해 서로 협력할 때 청소년문제를 감소시키고 예방할 수 있다는 것이다.

외국의 청소년보호체계에 대해서는 일본과 미국 및 영국의 예를 중심으로 살펴본다. 여기에서 제시하는 사례는 행정과 민간의 파트너십에 토대한 협력은 물론 다양한 민간단체와 지역주민들의 참여를 통해 범지역적 청소년보호체계를 구축하고 통합적이고 체계적으로 청소년보호를 하고 있다는 점에서 우리나라의 지역사회 청소년보호체계 구축에 시사하는 바가 크다.

1. 일본의 지역사회 청소년보호체계의 특징과 시사점

1) 일본의 청소년보호체계의 특징

일본의 청소년보호정책은 종래의 비행방지나 범죄 등 청소년의 보호·교정·문제행동 등에 대응하는 수준을 넘어서 포괄적으로 청소년의 건전육성을 위한 환경정비에 초점을 맞추고 있다(이동근, 2003: 57). 청소년을 지역사회에서 보호한다는 관점에서 내각부(2002: 72-73)는 청소년의 건전육성을 위한 지역커뮤니티의 형성과 문제행동을 조기발견하고 대처하기 위한 지역사회중심의 청소년보호체계의 정비를 제안하였다. 즉 청소년보호를 위한 지역사회의 주체적인 노력을 촉진하고 가정, 학교, 지역주민, 기업, 민간단체, 관계기관이 상호 연계되는 시스템을 정비하는 것이다. 일본의 청소년보호체계는 지역사회를 단위로 한 예방중심의 접근, 공공간의 협력, 민관협력, 지역사회의 조직화를 통한 주민주체의 청소년보호를 특징으로 한다. 따라서 각 행정부서가 긴밀하게 협력하여 조율하는 체제 아래 지역사회의 다양한 민간조직 및 단체의 협력 속에 이루어진다. 지역사회에는 청소년보호를 위해 소년보도센터, 방범협회, 어머니회, 학교·경찰 및 직장·경찰연락협의회, 정내회, P.T.A, 민생·아동위원, 보호사회, BBS회, 갱생보호회, 갱생보호부인회 등이 조직되어 있다. 이들은 지구위원회를 중심으로 하나로 연결되어 있다. 이 단체는 지역에 거주하는 청소년육성 관계자를 총망라하고 있는 연락망으로 청소년 건전육성을 위해 지역사회조직화 방식을 통해 조직된 시민활동이다(東京都, 1996: 195-196).

이하에서는 일본의 지역사회조직화를 통한 청소년보호체계의 구축과 활동사례로서 사야마시의 사례를 살펴봄으로써 우리의 지역사회 청소년보호체계 구축의 시사점을 찾아보고자 한다.

2) 사야마시(狹山市)의 범지역적 청소년보호체계 구축사례

사야마시에서는 청소년비행으로 인한 사회문제가 심각해지자 1978년 11월 전국 '청소년육성 강조의 달' 일환으로 청소년과 관계가 있는 11개 단체가 모여 4차례의 간담회를 개최하였다. 간담회에서 청소년보호를 위한 단체 간의 연계 및 정보교환과 지역사회조직화, 이를 위한 조직의 필요성을 확인함에 따라 1983년 '청소년을 육성하는 사야마시민회의'가 결성되었다(杉原紗千子·古田康輔, 1989). 그 과정을 살펴보면 다음과 같다.

〈표 II-6〉일본 사야마시의 범지역적 청소년보호체계 구축과정

연 월	조직화과정
1978. 11.	청소년보호육성간담회(11개 단체 참가)
1978.12.~1980.1.	4차례의 간담회
1980. 05.	제1회 대표자회의: 시민회의 결성 움직임
1980. 7.~8.	청소년비행방지 순찰활동 실시
1980. 11.	제2회 대표자회의
1980.12.~1981.1.	제1회 청소년육성지역회의(참가자: 8지구·173명)
1981. 02.	제3회 대표자회의
1981. 5.~6.	제2회 청소년육성지역회의(참가자: 8지구·230명)
1981. 10.	제4회 대표자회의
1981. 11.	청소년보호육성간담회(16개 단체 참가)
1981. 11.	제3회 청소년육성지역회의(참가자: 8지구·179명)
1982. 06.	제4회 청소년육성지역회의(참가자: 8지구·135명): 주민대화집회
1983. 05.	청소년건전육성 사야마시시민회의 결성준비회
1983. 07.	청소년을 육성하는 사야마시민회의 설립 ■ 회장: 시장 ■ 구성: 민생아동위원협의회, 사야마시보호사회, 자치회연합회, 사회복지협의회; 8지구지역회의, 갱생보호부인회, 청소년상담원협의회, 환경정화위원, PTA연합회, 연합부인회, 어린이회육성회연락협의회, 초·중·고교장회, 생도지도부(초·중학교), 로타리클럽, 라이온스클럽, 청년회의소, 사야마경찰서소년보도원연락회, 청소년육성간담회, 고령자사업단, 공민회연락협의회, 사야마경찰서, 사야마시의 25단체 ■ 주요사업: 사회를 밝게 하는 운동 365일, 인사하기운동, 청소년비행방지순찰, 유해도서판매기 제거 및 판매자숙운동, 비행화방지판넬전, 공개사례연수회, 하계방학 영화상영, 주민대화집회
1983. 11.	제1회 사야마시 청소년건전육성대회(시민회의 주최)
1983. 12.	연말연시 청소년비행화 방지운동 전개
1984. 03.	춘계방학 청소년 비행방지운동·시민에 의한 줄다리기대회 전개

출처: 윤희중(1999), pp.316-317.

이상의 청소년보호를 위한 사야마시의 지역사회조직화에서 보여지는 특징은 민간주도와 일반주민의 참여, 전 지역사회의 조직화, 민관 파트너십에 입각한 시당국의 적극적인 지원을 들 수 있다. 전 지역사회의 조직화는 청소년비행이 갈수록 사회문제화되면서 청소년문제의 예방 및 이를 위한 범지역사회 차원의 대응이 필요하다는 인식에 따른 것이었다. 이와 같은 인식의 공유에 따라 시민회의가 결성되고 지역회의에 청소년보호육성을 위한 각종 단체와 지역주민들이 자발적으로 참여하게 되었다. 이로서 지역주민단체와 일반주민, 사법기관, 행정기관, 학교 등 청소년 관련 모든 자원의 조직화가 이루어진 것이다. 이를 가능하게 한 것은 시당국의 적극적인 지원이었음은 물론이다. 그러나 청소년보호를 위한 지역사회조직화와 활동의 중심적인 주체는 어디까지나 민간의 청소년 관련 단체와 일반시민이 주도하는 지역회의로서 행정과 경찰 등 공공기관은 민간의 자발성과 주도성을 존중하면서 이들의 참여와 활동을 뒤에서 지원하는 역할을 하였다.

주민회의는 이후 소그룹으로 조직화되어 지역사회 청소년보호체계의 구심점으로 지속적인 활동을 해오고 있다. 이러한 노력이 일반주민들의 지역사회에 대한 관심을 더욱 고양시키면서 새로운 문제해결을 위한 활동으로 발전해가고 있다(윤희중, 1999: 318).

2. 미국의 지역사회 청소년보호체계의 특징과 시사점

1) Missouri's Caring Communities

미국에서 체계적이고 포괄적인 청소년보호를 위해 민관의 협력과 전 지역사회의 참여, 지방정부를 포함한 기업 등 지원체계의 중요성을 보여주는 대표적인 사례로서 미주리주의 Caring Communities를 들 수 있다. 미주리 주당국은 청소년들과 그 가족을 위한 개입효과를 높이기 위한 주정부와 지역사회의 공동노력의 필요성이 제기됨에 따라 청소년보호서비스 전달체계와 재정 및 행정의 근본적인 개혁을 통해 Caring Communities라 불리는 접근을 시도하였다. 이 시스템은 청소년보호와 청소년 건전육성을 위한 환경 조성을 목적으로 구축된 주정부와 지역사회 협력체계로서 미주리주의 16개 카운티를 커버하는 14개 Community Partnership 내에 86개의 Caring Communities Sites를 두고 아동 및 청소년보호활동을 전개하고 있다.

(1) Caring Communities의 목표

지역사회중심의 포괄적인 청소년보호체계인 Caring Communities는 청소년의 삶의 질 증진을 위한 지역사회환경 조성을 목표로 일하는 부모, 성공적인 청소년교육과 청소년의 건전성장, 생산적인 개체로의 준비를 통해 청소년들이 보다 안정된 가정과 지역사회에서 성장할 수 있도록 지원한다. 이를 위한 핵심적인 추진과제로는 가정에서의 아동 및 청소년의 안전, 지역사회에서 가족의 안전, 건강한 아동·청소년과 가족, 아동의 학교생활 시작을 위한 준비, 아동과 청소년의 학업 지속, 생산적 성인으로 성장할 수 있는 준비된 청소년, 부모의 고용유지의 6가지를 설정하고 18가지의 기준항목을 마련하여 그 결과를 평가하고 있다(조흥식 외, 2000: 78).

(2) Caring Communities의 운영

Caring Communities는 다음과 같은 3가지 원칙에 의거하여 운영된다.

첫째, 아동 및 청소년의 삶과 관련된 의사결정에 있어 지역사회의 주민과 다양한 이해관계자들을 포함하는 Community Partnership에 기초하여 운영체계를 구성한다.

둘째, 아동 및 청소년이 다니는 학교와 그 가족이 살고 있는 지역에 서비스를 배치하여 접근성을 제고하고 통합적인 서비스를 제공한다. 이를 위해 학교 및 근린을 중심으로 한 위원회를 구성하여 운영한다.

셋째, 서비스를 위한 재정확보에 있어서는 주정부의 각 부서와 지역정부의 예산을 긴밀하게 연동시킴으로써 공공예산의 효율적 운용을 강화하고 민간자원의 확보를 통해 재정지원체계를 확립한다.

이상의 원칙에 입각해서 구성된 Community Partnership에는 주정부의 각 기관들, 학교, 민간 사회복지기관, 기업, 지역사회조직, 민간재단, 노동계 지도자, 지역지도자, 기업, 시민단체 등이 참여하고 있다. 그 성격은 시민주도의 협력체로서 주 당국은 Community Partnership이 원활하게 기능하도록 행정적·재정적 지원을 담당한다. Community Partnership은 지역사회의 다양한 자원들이 청소년보호를 위한 노력에 공동참여하여 협력할 수 있도록 소속sites의 조정, 네트워킹, 훈련, 보고를 촉진하는 기능을 수행한다. 한편 Caring Communities의 각 site의 운영은 각 site위원회에서 계획·지도하며 각 site의 조정관(coordinator)의 전문적인 지원을 받는다. 프로그램은 아동·청소년과 그 가족들을 위한 서비스와 지원활동들이 상호 연계되어 통합적으로 제공될 수 있도록 계획된다. 학교와 지역사회복지센터는 물론 가정과 교회 등에서도 24시간 서비스가 제공되는 체제를 갖추고 있다.

(3) 시사점

Caring Communities에서 가장 주목되는 것은 행정당국과 지역사회가 청소년보호를 위해 다양한 방식으로 협력한다는 점과 지역사회의 다양한 자원들의 참여와 협력이다. 주정부와 학교, 사회복지기관, 기업, 지역사회조직과 지역지도자, 민간재단, 기업 등 다양한 자원들이 연계하여 범지역적 청소년보호체계를 구축하고 파트너십을 형성함으로써 청소년보호를 위한 자원의 동원과 서비스를 연계시킬 수 있는 효과적인 협력체계를 구축하였다. 둘째는 지역사회협력체계의 구축에 주정부의 리더십과 적극적인 지원을 들 수 있다. 특히 주정부는 학교 및 지역사회와의 협력체계 구축에 중심적인 역할을 하면서도 파트너십에 토대한 접근을 통하여 다양한 민간자원의 참여와 협력을 가능하게 하였다. 셋째는 Caring Communities의 운영에 있어서 다양한 주체의 참여를 통한 민주적 의사결정방식이다. 이는 각 주체들 간의 적절한 역할분담을 통한 책임성과 협력의 강화, 시민들의 욕구에 기반을 둔 서비스의 결정을 통해 서비스의 효과성 제고에 기여하고 있다.

2) 뉴욕시의 BEACON Program

BEACON Program은 지역사회중심 청소년보호 및 건전육성을 위한 프로그램이라 할 수 있다. 보다 포괄적이고 거시적 차원에서 청소년 건전육성을 지향하여 청소년들이 건강하게 성장할 수 있는 사회환경을 조성하고 다양한 프로그램과 서비스를 제공하고 있다.

이 프로그램은 특히 지역사회를 중심으로 청소년 건전육성시스템을 구축함에 있어 리더십과 지원체계의 중요성을 보여주는 사례로서 현재 우리나라의 경우 청소년 육성 및 보호를 위한 접근방법과 운영에 있어서 나타나고 있는 문제점들을 감안할 때 BEACON Program은 청소년보호에 주는 시사점이 매우 크다고 할 수 있다.

BEACON Program은 뉴욕시가 리더십을 발휘하여 운영하는 학교중심 지역센터(school-based Community Center)로서 지역사회에서 청소년의 안전과 건강한 발전의 초석이 되는 학교의 강화 필요성에 따른 것이다. 즉 청소년들이 학교에 있지 않는 시간대에 다양한 여가·문화 및 사회활동을 통하여 보다 안전하게 자기성장을 도모할 수 있도록 구조화된 환경을 제공하기 위한 것이다. 이를 위하여 저녁시간과 주말에 청소년과 가족들을 위한 사회서비스, 여가활동, 교육 및 직업활동, 건강교육, 지역사회모임과 사회활동을 위한 다양한 기회를 제공한다.

이 프로그램이 지니고 있는 특징은 지역사회를 중심으로 행정과 지역주민, 학교, 청소년 관련 기관들이 협력체계를 구축하고 이를 통하여 청소년 육성 및 보호를 위한 포괄적이고 종합적인 각종 프로그램과 서비스를 제공하고 있다는 점을 들 수 있다.

지역사회를 중심으로 아동과 청소년, 가족들을 위해 안전한 휴식

처를 제공하고 청소년들에게 희망과 건강한 성장기회 및 조건을 제공하기 위한 목적을 갖고 출발한 BEACON Program은 1991년 뉴욕시의 통합적 약물방지 전략 개발을 위해 10개의 BEACON이 설립되면서 시작되었다. 현재 76개의 비콘학교가 있다.

(1) 주요 프로그램

아동 및 청소년들의 범죄와 폭력을 예방하고 청소년들을 비롯하여 지역사회주민들이 지역사회 구성원으로서 참여할 수 있는 다양한 기회를 제공함으로써 청소년들이 가질 수 있는 문제를 보다 잘 해결할 수 있으며 이를 통해 청소년의 건강한 성장이 가능하다는 인식을 강화하기 위한 서비스를 제공한다. 일주일 동안 매일 이른 아침부터 늦은 밤까지 개방되며 보통 1년 360일 프로그램이 운영된다. 결연활동, 교육지도, 고용교육, 상담, 문화·여가활동, 각종 사회서비스, 스포츠, 건강교육, 직업교육, 지역사회모임 참석, 기타 사회활동 참여 기회 등의 제공을 통해 청소년들이 가족, 친구, 지역사회서비스, 교육적 성취에 대해 긍정적인 태도를 발전시킬 수 있도록 지원한다(조흥식 외, 2000).

주요 프로그램은 폭력대응프로그램과 캠페인, 갈등해결훈련, 약물남용 치료, 지역사회 환경미화 프로젝트, 청소년과 지역 경찰서가 함께하는 체육활동 등이 있다.

(2) 특 징

주민들에 의한 운영, 모든 세대를 위한 포괄적인 프로그램, 개인의 책임강조, 경찰 및 학교와 함께 문제를 논의하고 해결하는 안전한 환경 제공이 강점이라 할 수 있다. 특히 BEACON 운영의 성공요소에서 중요한 점은 각 지역의 특성과 욕구에 토대한 운영시스템의 구축이다. 즉 지역사회의 특성과 욕구에 맞추어 이를 가장 적절하게 해결하는 데 도움이 될 수 있는 외부의 전문기관 중심의 프로그램 운영(중부할렘의 BEACON: The Fruit of Islam 안전서비스기관 이용), 청소년을 모니터요원으로 고용하는 등 청소년들을 참여시키는 프로그램의 개발운영, 프로그램 참여자들의 부모를 포함한 지역사회 성인들을 활용한 지역센터 모니터링 등이 그것이다. 지역센터 모니터링은 지역사회 성인들의 적극적이고 자발적인 참여와 이를 통하여 어른들을 보호인력으로 활용함으로써 청소년들이 생산적인 성인으로 성장할 수 있도록 청소년의 책임 있는 행동을 유도하고 유지시키기 위한 취지에서 운영되고 있다.

(3) 의의 및 시사점

뉴욕시 BEACON Program은 청소년들로 하여금 건강하고 책임 있는 민주시민으로 성장할 수 있도록 준비시키기 위한 종합적 프로그램이다. BEACON Program에서 가장 주목되는 점은 시정부와 지역사회가 다양한 방식으로 협력한다는 점이다. 청소년들이 갖는 문제들을 해결하고 건전육성을 위한 환경의 조성, 다양한 프로그램을 제공하기 위해 지역사회를 중심으로 정부와 학교, 민간 사회복지기관, 기업, 지역사회조직, 민간재단, 기업이 연계하여 파트너십을 형성하고 협력체계를 구축하여 청소년 건전육성에 필요한 다양한 자원을 동원하고 서비스를 연계시킴으로써 청소년 건전육성의 시너지효과를 높이고 있다는 점이다.

BEACON Program이 갖는 강점은 행정의 전향적 리더십과 이에 토대한 민관 파트너십으로 행정의 전폭적인 지원하에 다양한 민간자원들과 지역사회주민들이 협력하는 통합적 네트워크를 형성하고 접근하고 있다는 점이다. 행정의 일방적인 지시나 주도가 아닌 민과의 동반자적 관계는 민간의 참여를 촉진하고 책임성을 향상시킬 수 있는 효과적인 접근방안이 되는 것이다. 이와 더불어 민간 차원에서의 협동과 협력, 지역사회주민들의 적극적인 관심과 참여, 제공 프로그램과 서비스의 포괄성과 지속성 등이 BEACON Program이 갖는 장점이 되고 있다.

현재 우리나라의 청소년보호정책과 접근에서 보이고 있는 문제는 분산적·단편적이고 임기대응식으로 제공되고 있는 각종 청소년 관련 시책, 단기적·일회적인 프로그램과 서비스, 지역사회 내 청소년 관련 단체·기관들의 비협력적 태도와 개별 기관중심 접근, 민간의 수동성, 지역사회의 무관심과 비참여, 자원 개발과 활용노력의 미흡 등을 들 수 있다. 이와 같은 한계를 노출하고 있는 우리의 실정에서 BEACON Program의 방향성, 접근전략, 프로그램과 서비스의 포괄성, 지역사회네트워크를 통한 자원동원 등은 우리의 지역사회 청소년보호체계 구축에 시사하는 바가 매우 크다고 할 수 있다.

3. 영국의 지역사회 청소년보호체계의 특징과
시사점: Connexions

Cross-Department Connexions Service National Unit(CSNU)는 13~19세의 청소년들의 개인적 발달을 위해 필요한 정보, 조언, 지도 등 통합적인 서비스를 제공하기 위하여 유관부처와 민간섹터가 참여하는 청소년보호체계로 2001년 설립되었다. CSNU는 유관부처 및 민간섹터들의 대표자로 구성된 Advisory Council을 운영하며 각 지역의 서비스 개발과 전달을 담당하는 Connexions Partnership들과의 계약 및 그들의 수행과 질적 향상에 대한 책임을 지고 있다(구본용·금명자, 2005: 56).

1) Connexions의 목표

Connexions의 목적은 청소년들이 삶의 목표를 고양시키고 자신의 잠재력을 최대한 발전시키며 성인기로의 순조로운 전환을 하여 건강한 성인으로 성장할 수 있도록 지원하는 것이다. 이에 따라 Connexions는 첫째, 위기청소년을 포함한 모든 청소년들이 자신의 삶을 적극적으로 개척할 수 있도록 개인의 발전에 필요한 정보와 조언 및 실질적인 지도의 제공, 둘째, 교육기회로부터 소외된 청소년들에게 자신의 잠재적 능력을 개발할 수 있는 기회제공, 셋째, 청소년과 보호자가 적극적으로 배움과 고용에 임할 수 있도록 지원, 넷째, 모든 청소년들에 대한 교육기회의 확대와 교육동기를 부여하기 위한 관련서비스 확대, 다섯째, Connexions의 목적달성을 위한 파트너십 및 역량확대를 5대 목표로 설정하고 있다(이창호, 2005: 177).

이를 위해 공공, 민간, 비영리영역의 다양한 기관들이 참여·연계하여 청소년들이 겪는 주요 문제들에 대처할 수 있도록 전문적인 도움을 제공하며 학교와 대학, 교육서비스기관 등의 교육에 참여할 수 있도록 지원한다. 청소년들에게 제공되는 지원은 사회적 배제와 연관된 증후에 조기에 대응하고 보다 심각한 상황으로 진전되는 것을 예방하기 위한 것으로 그들의 욕구에 따라 다양하게 제공된다(이혜연 외, 2002: 227).

2) Connexions의 구조

CSNU에는 6개 정부부처와 이들 부처산하의 각 조직, 자원봉사단체, 청소년고용업체, 직업서비스제공단체 등이 참여한다. 전국에 12개 지역센터와 47개의 Partnership을 두고 청소년에게 교육, 일, 훈련, 약물, 평등한 기회, 주택, 여가, 돈 문제, 성, 건강, 법 관련 서비스를 제공한다. Partnership은 해당지역 학습기술위원회(Learning and Skills Council)를 중심으로 지역관리위원회와 학습기술위원회의 의장이나 사무국장, 민간부문 대표, 자원봉사단체와 지역사회단체 등으로 구성된다. 그 역할은 청소년을 지원하기 위한 기획과 기금조달, 지역사회 내 기관들이 서로 연계협력하여 청소년과 부모, 지역사회를 위해 보다 많은 일을 할 수 있도록 지원하는 것이다.

한편 각종 서비스의 전달은 해당지역의 관리위원회에서 담당한다. 지역관리위원회는 지역사회의 특수성을 고려하여 지역별 협력단체를 모으고 지원활동을 조직하는 일을 담당한다. 지역관리위원회의 구성원은 자원봉사단체, 지역사회단체, 인력회사, 고용주, 법률서비스단체, 청소년 자신들로 구성된다. Connexions의 특색은 수많은 Personal Advisor들 간의 네트워킹을 통해 직접적인 서비스를 전달하는 체계를 이루고 있다는 점이다.

Partnership의 운영예산은 중앙정부와 지방정부의 지원에 의한다. CSNU는 지역의 Partnership의 계획을 검토하여 만족할 만한 수준일 때 계약에 따른 예산을 지원하며 그렇지 못하다고 판단되는 경우에는 예산지원을 중단할 권한을 가지고 있다. 지역의 Partnership이 필요한 서비스를 제공하는 데 적절한 기관들을 포함시키지 않고 있다고 판단되면 특정 서비스를 제공하기 위해 직접 계약을 체결하기도 한다(구본용·금명자, 2005: 56).

3) 시사점

영국의 사례가 주는 시사점의 하나는 청소년보호체계가 전국적인 네트워크로 형성되어 있으면서도 청소년들을 위한 서비스를 지역사회에 위임하여 지역사회의 특성을 살리고 지역사회 청소년들에게 직접적으로 다가갈 수 있도록 하고 있다는 점이다. 둘째는 중앙정부와 지방정부 및 민간의 명확한 역할분담이다. 정부는 지역의 Partnership에 대한 재정적 지원과 더불어 지역의 다양한 기관들이 서로 연계·협력할 수 있도록 지원하며 특히 Partnership이 책임성을 갖고 서비스 효과를 높일 수 있도록 지도감독의 의무를 철저히 수행하고 있다. 여기에서 중요한 점은 정부의 지도감독이 권위주의적으로 이루어지는 것이 아니라 파트너십 관계에서 책임성과 서비스 전달의 효율성과 효과성을 위한 것이라는 점이다. 셋째는 청소년보호체계에 지방정부와 지역사회의 관련기관들은 물론 지역주민과 청소년, 기업 등을 참여시키고 있다는 점이다. 넷째는 지역사회의 욕구에 기반 하여 청소년과 부모에게 직접적이며 실질적으로 도움이 되는 구체적인 서비스를 통합적으로 제공하고 있다는 점이다. 다양한 배경을 가진 Personal Advisor 네트워크를 구축하여 단편화된 서비스를 지양하고 각 지역의 특수성과 청소년의 개별적인 수준을 고려하여 다차원적인 서비스를 제공하고 있다.

Ⅲ. 청소년보호체계의 모형

본 장에서는 문헌연구를 통하여 지역사회 청소년보호체계 모형개발의 이론적 근거를 형성하고자 한다. 이를 위하여 지역사회에 기반을 둔 청소년보호 접근에 관한 기존의 논의들을 검토하고 이에 기초하여 지역사회 청소년보호체계의 개념을 정의한다. 지역사회 청소년보호체계 모형개발을 위한 이론으로는 지역사회를 단위로 주민참여와 조직화를 전제로 하는 지역사회조직화이론과 협력을 본질적 특성으로 하는 네트워크이론을 중심으로 고찰하여 양 이론이 지역사회 청소년보호체계 구축에 주는 함의를 탐색한다. 이와 더불어 지역사회조직화와 네트워크의 공통적 구성요소들을 찾아내고 이를 지표로 국내외 지역사회 청소년보호체계를 분석한다.

제1절 지역사회 청소년보호체계에 대한 논의

청소년보호와 관련한 많은 연구들이 효과적인 청소년보호를 위한 방안으로 지역사회를 중심으로 관련자원들의 협력체계 구축을 제안하고 있다. 본 절에서는 이러한 논의들을 중심으로 지역사회에 기반을 둔 청소년보호 접근방안을 살펴보고 본서에서 개발하고자 하는 지역사회 청소년보호체계 모형에 주는 시사점을 탐색한다. 그리고 이에 토대하여 지역사회 청소년보호체계에 대한 개념을 정의한다.

1. 청소년보호 접근방안에 대한 기존의 논의

청소년보호는 특정 개별기관의 노력만으로 소기의 성과를 기대할 수 없으며 지역사회를 중심으로 다양한 관련주체들의 유기적이고 체계적인 협력이 필수적이다. 그러한 의미에서 오늘날 청소년보호에 있어서 지역사회를 기반으로 관련체계의 협력네트워크를 통한 접근(Bowen & Richman, 2002, Franklin, 2000, Lim & Adelman, 1997, Swan & Morgan, 1993, Winter & Malluccio, 1988)과 지역사회의 적극적인 참여(Morley et. al., 2000)가 강조되고 있다. 청소년문제의 해결을 위해 지역사회를 중심으로 공공·민간영역의 각종 청소년관련 기관과 가정, 학교, 종교단체, 주민조직, 지역주민, 청소년, 기업 등의 긴밀한 협력과 일치된 노력의 필요성을 강조(Howell, 1995, OJJDP, 1995 / 주희종, 2000 재인용)하고 있는 것도 이러한 접근이 가장 실효성을 높일 수 있기 때문이다. 이는 정부차원에서 지역사회중심 청소년보호체계 구축을 시도하고 있는 일본의 경우를 보아도 명확하게 알 수 있다. 일본에서는 청소년을 지역사회에서 보호한다는 관점 아래 가정, 학교, 지역주민, 기업, 민간단체, 관계기관의 유기적인 협력을 위한 네트워크 구축을 당면과제로 삼고 있다(內閣部, 2000).

국내의 청소년보호 관련연구들도 지역사회를 중심으로 다양한 관련주체들의 참여와 협력네트워크 접근의 필요성과 효과성을 강조하고 있다(남미애, 2005, 임영식·오세진, 2003, 이성식, 2002, 박상주, 2001, 최해경, 2001, 이민희외, 2003). 박상주는 청소년문제는 사회 전반과 밀접한 관련성을 지니는 총체적인 문제이므로 지역사회를 중

심으로 관련주체 간의 긴밀한 협조 속에서 대처해나가는 방식(multi
-agency coordinated approach)이 필요하다고 강조하고 그 대안으로
다원적 주체 간의 네트워크 접근을 주장하고 있다. 임영식·오세진
(2003: 108)은 특히 전 지역사회의 적극적인 관심과 노력이 청소년
폭력의 예방과 감소에 중요한 역할을 한다고 강조하고 있다. 즉 가
정, 지역주민, 청소년단체, 학교, 행정기관 등 지역사회의 모든 구성
원들이 유기적인 네트워크를 형성하여 대처하는 것이 효율적이라는
것이다. 이성식 역시 청소년범죄에 효과적으로 대응하기 위해 경찰
이나 사법기관 외에 가정, 학교, 사회복지기관, 종교기관, 기업, 행정,
자원봉사자, 지역주민 등 지역사회의 모든 주체가 참여하는 종합적
대처방안의 모색을 강조한다.

이상의 논의들은 공통적으로 지역사회의 청소년보호 관련 공공과
민간영역의 모든 노력과 자원들이 통합되어 조직적이고 장기적으로
청소년보호가 이루어져야 함을 강조하고 있다. 공식·비공식의 다양
한 영역의 노력들과 개별적 전략이 통합될수록 자원은 보다 효율적
이 되고 체계적인 접근전략이 개발되어 청소년보호의 시너지효과를
증진시킬 수 있다. 따라서 지역사회의 청소년보호 관련주체들이 유
기적으로 연계되고 협력하여 청소년을 보호할 수 있는 네트워크구조
가 확립되고 실질적으로 기능해야 한다.

지역사회를 단위로 이와 같은 청소년보호체계 구축을 위한 접근전략
을 모색함에 있어서 고려할 수 있는 접근법으로 경찰분야에서 청소년
문제의 예방을 위해 주로 활용하고 있는 지역사회범죄예방(Community
Delinquent Prevention)을 들 수 있다. 지역사회범죄예방은 지역사회의
위험요소의 발견과 환경개선을 통해 청소년범죄를 예방하기 위하여 지

역사회조직화전략을 활용한다(Hope, 1995, 최인섭·진수명, 1995). 즉 지역사회조직화를 통해 지역주민들의 참여와 유대를 강화하고 지역사회의 비공식적 통제력을 높임으로써 청소년범죄의 예방이 가능하다는 관점에서 지역주민들에 의한 자조적 조직화와 참여를 무엇보다 강조한다(이성식, 2002). 빈곤하고 해체된 지역을 중심으로 지역사회조직화접근을 시도한 대표적 연구인 시카고 지역연구는 이러한 접근을 통해 청소년들의 재범율 감소효과가 있었다고 보고하고 있다(Schlossman & Sedlak, 1983). Hawkins & Catalano(1992)의 지역사회보호(Communities That Care) 연구와 Kelling et. al.(1997)의 종합적 지역사회프로그램(Comprehensive Communities Program)도 지역사회의 위험요소를 찾아내고 청소년범죄를 예방하기 위하여 지역사회조직화방법을 활용한 대표적인 사례이다. 청소년약물남용을 예방하기 위한 지역사회프로그램인 MPP(The Midwestern Prevention Project)는 약물남용과 비행예방프로그램이 학교나 가정 등 단일단위에서만 실시되기 때문에 효과를 발휘하지 못한다고 전제하여 포괄적인 지역사회의 참여를 위해 지역사회조직화방법을 활용하여 예방효과를 높이고 있다(최해경, 2001). 지역사회 청소년보호체계 구축에 있어 지역사회조직화접근의 효과성은 일본의 예에서도 찾아볼 수 있다. 일본은 일찍부터 청소년비행을 통제하기 위한 방안으로 지역사회조직화를 통한 청소년보호체계를 구축하고 청소년보호에 임하고 있다. 일본의 지역사회 청소년보호체계의 구조를 보면 지역사회조직화방식을 통해 조직된 시민활동(東京都, 1996: 195－196)인 지구위원회를 중심으로 지역주민을 포함한 청소년보호조직들이 체계화되어 있다.

국내에서도 청소년보호체계 구축을 위한 방안으로 지역사회조직화

접근을 제안(이성식, 2002, 윤희중, 1999, 조용하, 1996) 또는 시도 (최종혁·이연, 2003, 김영호 외, 2000)한 연구, 모형을 제시한 연구 (이민희 외, 2003, 조흥식 외, 2000)가 보이고 있다.

이 중 윤희중의 연구는 청소년보호에 있어 지역사회조직화접근의 효과성을 일본의 사례를 통하여 보여주고 있다. 김영호 외의 연구와 최종혁·이연의 연구는 주민참여를 통한 지역사회 청소년보호체계 구축에 대한 실증적 연구라는 점에서 그 의의를 찾을 수 있다. 김영호 외의 연구는 청소년폭력 예방을 목적으로 자원복지적 관점에서 Rothman모델을 적용하여 학교를 중심으로 학교-가정-지역사회를 연계한 청소년보호체계의 구축을 시도하였다. 실험연구를 통하여 나타난 결과는 청소년보호를 위해 학부모 등 지역주민과 청소년의 참여에 의한 지역사회조직화접근의 유효성을 입증해주고 있다. 최종혁·이연의 연구는 이론적 토대를 네트워크이론에 두고 접근전략으로 지역사회조직화방법을 활용하여 지역사회중심 포괄적 청소년보호체계 구축을 시도하였다. 그리고 그 과정에 대한 질적 분석을 통하여 나타난 문제점에 토대하여 구체적인 접근전략을 제시하고 있다.

조흥식 외의 연구는 청소년보호에 있어서의 대안은 OECD가 제시한 네트워킹과 통합이라는 관점에서 청소년보호 관련자원의 유기적인 연계와 조직화가 효과적인 청소년보호활동의 가장 핵심적인 관건이라 강조하고 있다. 그리고 지역사회복지적 시각에서 네트워크와 통합모형을 논하고 정부의 통합지원과 민간의 통합노력을 혼합하는 혼합경제통합모형의 이론적 틀에 기초하여 청소년보호체계의 한국적 모형과 지역사회조직화전략을 제시하고 있다. 이민희 외의 연구는 청소년폭력대책으로서 지역사회네트워크 구축을 통한 접근을 시도하고 있다. 그는 포스트모더니즘의 관점에서 청소년과 지역사회의 관계를 조명하고 청소년문제는 곧 지역사회의 문제이므로 지역사회의 제도적·비제도적 모든 사회자원이 참여해야 한다고 강조한다. 그리고 기존의 지역사회 청소년폭력예방네트워크의 활동사례와 외국의 프로그램에 대한 분석을 통해 ComNet이라는 이론적 모형을 제시하고 있다. 이 연구는 지역사회네트워크 형성을 위한 이론적 틀이나 지역사회조직화접근을 직접적으로 제시하고 있지는 않다. 그러나 지역사회네트워크 형성에 있어 지역사회 전역에의 접근, 지역주민의 참여, 지역사회주민의 소유권의식(initiative) 창조 등을 강조하고 있는 점에서 지역사회조직화접근을 염두에 두고 있다고 보인다. 이상의 두 모형의 공통점은 민관협력, 거시적인 정책·제도와 실천적 차원의 보호활동의 통합을 전제로 하고 있다는 점이다. 그러나 두 모형 모두 실제 현장적용을 통하여 그 타당성이나 적용가능성에 대한 검증은 이루어지지 못한 채 이론적인 모형으로 남아 있다. 또한 행정의 적극적인 개입과 재정지원을 전제로 하고 있어 정책당국의 의지와 지원이 없이는 실현이 어렵다는 한계를 지니고 있다.

이상의 청소년보호 접근에 대한 논의를 통해 본서에서 시도하고 있는 지역사회 청소년보호체계 모형개발과 관련한 시사점을 찾아보면 첫째, 네트워크의 형성과 이를 위한 접근전략으로서 지역사회조직화방법의 활용이다. 이는 지역사회 청소년보호체계 접근이론으로 네트워크이론과 지역사회조직화이론 적용의 타당성을 입증해준다. 둘째, 청소년보호의 패러다임으로 예방, 지역사회중심, 파트너십의 강조, 셋째, 지역사회의 모든 주체가 참여하는 포괄적 청소년보호체계 구축, 넷째, 지역주민의 자발적 참여 강조, 다섯째, 민과 관, 민과 민의 긴밀한 연계와 상호신뢰에 토대한 협력을 강조하고 있다. 이는 곧 청소년보호를 위한 지역사회의 역량강화와 이를 위한 사회적 자본 형성으로 연결된다.

2. 지역사회 청소년보호체계의 개념

1) 지역사회 청소년보호체계의 정의

지역사회 청소년보호체계는 지역사회를 단위로 직접적이고 실질적인 청소년보호활동을 전개하는 핵심적인 청소년보호인프라라 할 수 있다.

일반적으로 청소년보호체계를 규정할 때 청소년보호정책을 수립·집행하는 중앙과 지방의 행정 및 사법체계, 청소년에게 직접 보호서비스를 제공하는 청소년관련 기관·단체를 일컫는다. 그러나 청소년보호체계를 이와 같이 규정하는 것은 지역주민과 청소년의 참여를 배제하고 있다는 점에서 매우 제한적이다.

청소년보호체계에 지역주민과 청소년이 참여해야 한다는 것은 앞에서 살펴본 지역사회 청소년보호체계 관련 논의를 통해서도 알 수 있다. 또한 지역사회에서 실질적으로 청소년보호에 많은 역할을 하고 있는 주체가 지역주민들이다. 지역주민들을 참여시켜야 할 당위성은 청소년보호의 일상성과 접근성, 지역성 및 청소년보호자원의 확충이라는 면에서 찾아볼 수 있겠다. 청소년참여의 타당성 역시 여러 측면에서 찾아볼 수 있다. 즉 청소년참여가 청소년보호분야의 정책과제로 등장하고 있을 뿐 아니라 현재 청소년들이 보호활동에 참여하고 있다는 점이다. 또한 청소년보호에 있어서 청소년을 자신의 삶과 지역사회의 문제해결을 위해서 주체적이고 능동적으로 참여할 수 있는 능력을 가진 자원(Finn & Checkoway, 1998: 336)으로 보고 청소년의 능력발달전략을 활용하는 접근경향(Bazemore & Terry, 1997) 역시 청소년 참여의 타당성을 말해준다.

이와 같은 관점에서 본서에서는 지역사회 청소년보호체계에 대한 기존의 제한적인 범주를 확장하여 청소년보호를 위해 지역사회를 단위로 행정, 사법, 학교 등 공공 청소년관련 기관과 민간의 청소년보호단체, 지역사회조직, 가정, 지역주민과 청소년의 참여를 통해 형성된 협력체계로 정의한다. 이는 청소년보호의 시너지효과를 창출하기 위해 지역사회의 연대성, 청소년보호라는 목적의 공유, 지역주민과 청소년을 포함한 전 지역사회의 참여와 협력을 기반으로 청소년보호활동을 계획하고 지역사회 내의 다양한 자원의 통합·조직화를 통해 청소년보호활동을 전개하기 위한 목적으로 형성되는 지역사회중심 포괄적 청소년보호체계이다.

2) 청소년보호에 있어서 지역사회의 의의

지역사회는 청소년문제가 발생하는 장이며 동시에 이의 해결과 청소년보호를 위한 기회와 수단, 자원이 존재하는 장이다. 지역사회 청소년보호체계는 지역사회를 기반으로 형성되며 활동한다.

지역사회에 대한 이해는 학자에 따라 지리적 지역사회를 강조하기도 하고(Warren, 1978, Harper & Dunham, 1959) 기능적 측면에서 파악하기도 한다(Bellah et. al., 1985, Hiemstra, 1972). 또한 두 가지 모두 지역사회의 형태로 보아야 한다는 주장도 있다(Ross, 1967, Bulmer, 1987). 오늘날에는 지리적·공간적 지역사회보다는 사회관계적 공동체 요인이 강조되기도 한다(최재원, 1991). 그러나 개인의 생활환경으로서의 지역사회는 지역성을 토대로 하면서 그 안에 생활의 공동성이라는 기능적 개념을 동시에 포괄하는 사회적·지역적 단위로 보아야 보다 정확한 이해가 가능할 것이다. 이러한 지역사회는 지리적 영역(geographic area), 사회적 상호작용(social interaction), 공동유대감(common ties)을 바탕으로 한다.

지역사회를 유지하는 힘은 지역사회 성원들 간의 협동이다(Popplin / 홍동식·박대식 편역, 1985: 32). 협동을 통해 지역사회의 문제를 보다 잘 해결할 수 있기 위해서는 성원들의 책임의식과 문제해결을 위한 역할수행이 전제된다. 이는 지역사회가 개인의 사회화를 위하여 기능할 때 가능하다. 그러한 관점에서 Romanyshyn(1971: 293)은 지역사회가 성원으로 하여금 질서를 유지하고 변화에 적응할 수 있는 능력을 제고하기 위한 가치, 태도, 지식, 기술을 구비할 수 있는 방향으로 개편되어야 한다고 강조한다.

청소년에게 있어서 지역사회는 구체적인 생활의 준거집단이며 교육의 장이다(유네스코한국위원회, 1997: 126). 따라서 지역사회는 그 자체가 문화의 장이며 배움의 장으로서 폭넓은 인간관계와 바람직한 태도와 가치관, 사회정의, 도덕심을 익힐 수 있는 곳으로 기능하여야 한다. 즉 지역사회는 가족과 지역사회의 유대감 및 공동의 도덕적 원리를 토대로 지식, 가치, 규범 등의 전수를 통해 청소년의 건전한 사회화를 유도할 수 있어야 한다. 그러나 오늘날 지역사회는 주민들의 지역사회에 대한 의식 감소와 지역사회 해체(social disorganization), 유해환경의 만연 등으로 교육적 기능을 상실한 채 오히려 청소년의 문제행동을 조장하거나 그 원인으로 기능하는 경향을 나타내고 있다(조홍식 외, 2000: 1). Coleman(1988)에 따르면 이러한 지역사회에 살게 되면 긍정적인 역할모델의 결핍과 부정적 역할모델의 과잉, 사회적 자본(social capital)의 부족과 사회규범의 약화 등으로 반사회적 행동과 비행에 빠져들 위험이 크다. 현재 우리의 지역사회를 보면 직·간접적으로 청소년문제를 조장하는 유해한 환경들이 만연되어 있다. 청소년들은 지역사회에서 폭력적이고 음란한 대중매체에 무방비상태로 노출되어 있고 청소년의 음주, 흡연 등을 부추기는 유해향락업소가 가정과 학교주변 도처에 존재하고 있다. 문제는 지역사회에 청소년 위험요소가 산재해 있을 뿐 아니라 유해환경이 더욱 확산되고 있다는 점이다. 이와 같이 청소년의 중요한 생활환경인 지역사회가 청소년문제의 주원인으로 기능하고 있는 현 상황은 지역사회를 중심으로 한 직접적이고 조직적인 청소년보호활동과 더불어 보호적 환경을 조성하려는 전 지역사회 차원의 협동적 노력을 요구하고 있다. 그러므로 지역사회는 청소년보호에 대한 책임감을 갖고 이를 위해 적극적으로 참여해야 할 것이다.

제2절 지역사회 청소년보호체계의 접근이론

오늘날 청소년보호와 관련하여 강조되고 있는 개념이 예방과 포괄적인 서비스 제공, 지역사회중심 접근이다. 이는 적극적인 의미에서 지역사회가 청소년의 건강한 성장을 촉진하는 방향으로 개편되어야 한다는 것을 뜻한다. 즉 청소년 관련 자원의 네트워킹, 청소년의 주체적인 참여를 통한 능력개발, 청소년에게 유익한 환경의 조성 등 전 지역사회가 참여하는 협동적 파트너십에 토대한 적극적인 청소년보호방안이 강구되어야 한다는 것이다.

본서에서는 그러한 방안으로서 지역사회중심 통합적 청소년보호체계의 구축을 제안하였다. 이와 같은 청소년보호체계는 지역사회를 중심으로 주민참여와 자원의 네트워킹, 이에 토대한 지속가능한 조직의 형성을 전제로 한다. 지역사회를 단위로 이러한 청소년보호체계 구축에 적합한 이론이 지역사회조직화이론과 네트워크이론이라 할 수 있다. 그러므로 이하에서는 지역사회중심의 통합적 청소년보호체계 구축의 이론적 토대를 형성하기 위하여 두 가지 이론을 살펴보기로 하겠다. 지역사회조직화와 네트워크의 이념과 가치, 목표가 갖는 내용적 특성에 초점을 맞추어 지역사회 청소년보호체계 구축의 방향성과 실천의 준거틀을 탐색한다.

1. 지역사회조직화이론

일반적으로 지역사회조직화와 관련하여 사용되는 용어로는 지역사회조직(community organization)과 지역사회조직화(community organizing)가 있다. 그러나 사회복지의 한 실천방법으로서의 지역사회조직과 지역사회조직화는 엄격하게 구분되어 사용되지는 않는다. 엄밀히 말해서 전자는 문제해결을 위한 조직의 형성이라는 목표에 보다 강조점을 두고 있고 후자는 조직을 만들어가는 과정이라는 개념이 강조된다. 그러나 전자나 후자 모두 지역주민들로 하여금 지역사회의 문제해결을 위해 함께 일하도록 조직을 형성한다는 목표개념과 조직을 형성해가는 과정으로서의 동태적 개념, 문제해결을 위한 개입전략으로서의 실천적 개념을 동시에 포함하고 있다.

본서에서도 이를 같은 개념으로 이해한다. 그러나 본서가 지역사회에서 청소년보호체계를 구축해가는 과정에 초점을 두고 있으므로 보다 동태적 의미가 강한 지역사회조직화라는 용어를 사용한다. 이하에서는 지역사회조직화의 개념과 의의, 실천모델의 검토를 통해 지역사회 청소년보호체계 구축에 지역사회조직화이론의 적용가능성을 탐색한다.

1) 지역사회조직화의 개념과 의의

Brager & Specht(1973)는 지역사회조직화란 지역사회를 구성하는 개인과 집단, 이웃의 사회적 복리를 원하는 방향으로 향상시키기 위해 지역사회 수준에서 전개되는 일련의 활동이라 규정하고 있다. Kahn(1991: 50)은 보다 간결하게 지역주민들이 자신들의 문제를 함께 해결해나가는 방법으로 정의하고 있다. 그러나 이러한 개념정의는 매우 모호하여 지역사회조직화의 범주나 내용 등에 대해 구체적으로 설명해주지 못한다. 여기에서는 지역사회조직화의 개념과 의의를 고찰함에 있어 본서의 주제인 지역사회 청소년보호체계의 특성과 관련하여 지역사회조직화의 방향성이라는 측면에서 살펴본다. 방향성이라 함은 목표지향성을 의미하는 것으로 지역사회조직화는 크게 지역사회의 욕구충족 또는 문제해결과 역량강화라는 2대 목표를 갖는다. 어떤 목표를 지향하는가에 따라 지역사회조직화의 방향성이 결정되고 지역사회조직화의 과정이나 전략 등이 상이하게 전개된다. 그러므로 지역사회조직화에 있어서 목표의 지향성을 명확히 한다는 것은 가장 기본적인 과제가 될 것이다.

지역사회조직화가 지역사회의 욕구충족 또는 문제해결을 궁극적인 목표로 설정할 경우 지역사회조직화는 욕구와 자원의 관계조정, 즉 욕구충족을 위한 욕구와 자원 간의 균형을 도모하기 위한 조정활동을 의미한다(Lane, 1939, Dunham, 1970). 지역사회조직화의 기능적 측면을 강조하는 이러한 관점에서 볼 때 지역사회조직화는 과업목표로서의 문제해결을 위한 수단 또는 전략으로 이해된다. 그러므로 지역사회의 구체적인 문제의 해결을 위해 사회자원을 동원(Lane, 1939 / 2003: 108)[4]하고 효율적으로 조정·관리하기 위한 단기적인 자원의 조직화에 역점이 주어지게 된다. 이때 조직화의 대상은 자원을 소유한 사회복지서비스 제공기관에 한정되기 쉬우며 지역주민은 문제해결을 위한 주체적인 참여자로서가 아니라 서비스 대상으로서의 수동적인 위치에 머물게 될 가능성이 크다. 사회계획접근법이 그 예로서 이는 클라이언트를 개입이나 서비스의 대상이 아니라 문제해결을 위한 주체적인 참여자(Biklen, 1983)로 인정하는 지역사회조직화의 기본적인 원칙에 부합되지 않는다고 볼 수 있다.

반면에 지역사회의 역량강화를 목표로 할 경우 문제해결지향과는 달리 문제해결과정에 지역주민의 주체적인 참여와 협동적인 관계의

---

4) Journal of Community Practice. 11(1). 2003에 수록되어 있음.

형성에 초점을 둔다(Ross, 1967, Biklen, 1983, Rubin & Rubin, 1992, Kahn, 1991). 이 경우 지역사회조직화는 지역사회 구성원들 간의 협동적인 태도와 실천력을 확대발전시키는 과정(Ross, 1967: 40)으로 이해되며 주민참여와 협동·협력의 실천적 과정을 중시한다. 지역사회의 문제해결을 위해 지역주민들의 참여를 촉진하고 조직화함으로써 지역사회의 역량을 강화하고 이를 통하여 지역사회의 변화와 사회통합을 추구한다고 하는 장기적이고 이념지향적인 특성을 갖는다. Rubin & Rubin(1992: 10-16)은 성공적인 지역사회조직화를 통하여 성취되는 결과목표로서 협동체계의 형성, 문제의 해결, 개인과 지역사회의 역량강화, 민주주의의 발전, 부와 권력과 같은 자원의 형평성(equity) 있는 분배 등을 들고 있다. 그들은(1992: 6) 지역사회조직화가 주민들로 하여금 문제를 공유하고 문제해결을 위해 협동하도록 격려하는 과정으로서 주민들의 집합적 행동의 토대인 공고한 유대감을 창출할 수 있는 사회적 연계망과 네트워크를 형성하게 한다고 강조한다. 지역사회조직화에 대해 '지역사회의 상부상조활동이 일어나 지역사회가 활력 있고 바람직한 방향으로 발전해나가도록 조직화하는 활동'(김범수, 2000: 32)이라는 정의 역시 이를 통해 지역사회가 신뢰와 네트워크 등의 사회적 자본을 형성하고 이를 기반으로 변화를 위해 행동할 수 있는 능력을 향상시키게 됨을 의미한다. 그러므로 지역사회조직화란 단순히 특정문제의 해결을 목표로 하기보다는 사회통합을 지향하여 문제해결을 위한 협동체계의 형성 → 지역주민의 연대를 통한 문제해결 → 개인과 지역사회의 역량강화 → 바람직한 지역사회구조와 사회관계를 창출하는 변화과정이 된다.

지역사회조직화에 대한 이와 같은 관점은 지역사회조직화가 어떤 목표지향을 가져야 할 것인가를 말해준다. 지역사회조직화는 지역사회의 통합을 궁극적인 지향점으로 하여 이를 실현하기 위한 지역사회의 능력과 힘을 증진시키는 방향으로 실천되어야 할 것이다. 지역사회의 문제해결이라는 목표의 달성도 지역사회의 능력을 전제로 한다. Fink(1959: 548)는 지역사회조직화에서는 다양한 욕구와 자원 간의 문제뿐 아니라 기존 조직 간의 관계가 더욱 중요하며 효과적이고 능률적인 조정과 더불어 협동적 관계가 관심사가 되어야 한다고 강조하고 있다. 지역사회조직화가 성공적으로 이루어지기 위해서는 지역사회의 모든 자원 간의 협동적 관계가 필수적이다. 이는 지역주민들이 지역사회의 문제해결을 위한 방법의 계획과 필요한 자원을 동원하기 위해 참여하여 함께 노력하는 과정에서 지역사회의 변화와 통합이 가능한 지역사회구조가 창출되어야 한다는 것을 의미한다.

　지역사회조직화가 이와 같은 방향성을 가져야 한다는 당위성은 여러 측면에서 찾아볼 수 있다. 즉 주민의 적극적인 참여와 지역사회중심의 실천을 지향하는(ブルーグマンス・スン・レイ・ブー・前田美也子, 2002, 永田幹夫, 1997) 사회복지 실천패러다임의 변화, 지역사회의 강점에 기반을 둔 지역사회만들기(community building)에 초점을 둔 지역사회조직화 실천의 강조(Minkler & Wallerstein, 2005, Walter, 2005, Roe et. al., 2005, Gutierrez & Lewis, 2005), 지역사회의 다양한 사회문제 해결방안으로 지역사회의 사회적 자본 형성의 필요성 강조(Putnam, 1993・2000, World Bank, 2000, Newton, 1999, 유재원, 2000, 최종혁, 2005, 이연, 2005) 등은 지역사회의 통합을 지향한 지역사회조직화가 실천되어야 함을 말해준다.

　그러나 지역사회조직화의 실천에 있어 지역사회의 문제해결과 지역사회의 역량강화를 통한 사회통합이라는 두 가지 목표가 명확하게 구분되어 추구되거나 상반되는 것은 아니다. 지역사회조직화라는 전체 과정 속에서 이 양자는 [그림 Ⅲ-1]과 같이 상호 인과적 영향관계를 가지면서 역동적으로 추구된다.

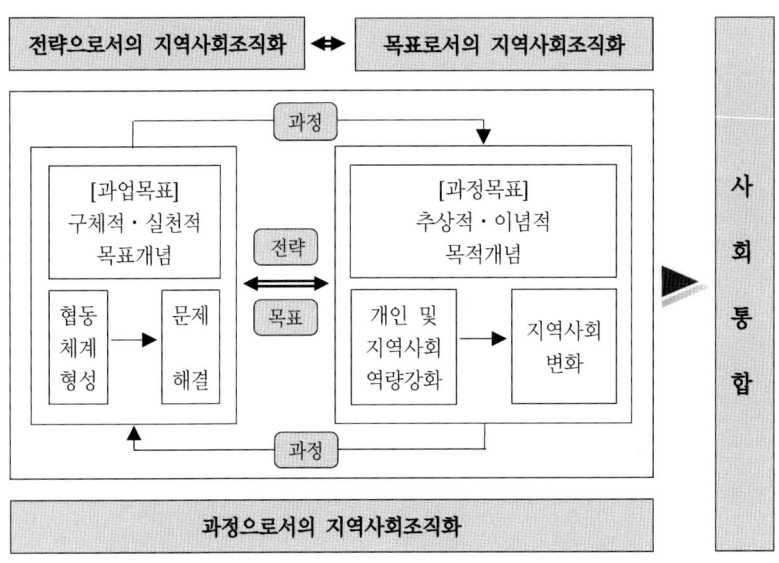

[그림 Ⅲ-1] 목표에 따른 지역사회조직화의 순환과정

지역사회조직화과정에서 문제해결이라는 과업목표의 달성은 지역사회조직화가 완수되기 위한 전제조건임과 동시에 사회통합을 지향한 지역사회의 역량강화라는 과정목표를 달성하기 위한 기반이다. 또한 지역사회문제의 해결은 지역사회가 문제해결능력을 보유하게 될 때 보다 용이하게 성취될 수 있다. 그러므로 지역사회조직화라는 하나의 과정에서 이 두 가지 목표가 성취될 때 지역사회조직화가 완수되는 것이다.

지역사회조직화가 갖는 이와 같은 특성은 지역사회 청소년보호체계가 어떤 지향점을 가져야 하는가를 제시해준다. 즉 청소년보호체계의 구축과 이를 통한 청소년보호효과의 제고라는 직접적 목표와 더불어 지역사회의 사회적 자본을 증진시킴으로써 청소년보호역량을 강화하고 청소년유익환경을 창출할 수 있는 방향에서 접근해야 한다는 것이다.

2) 지역사회조직화 실천모델

일반적으로 지역사회조직화는 하나의 실천모델로 개념화되고 있으나 여러 유형들과 변형모델들이 개발되고(Minkler & Wallerstein, 2005: 30) 다양한 형태로 범주화된 모델들이 존재한다. 지역사회조직화모델 중 가장 전형으로서 현장에서 주로 활용되고 있는 모델은 Rothman이 제시한 3가지 모델이다. Rothman(1987, 1995, 2001)은 기존의 지역사회조직화 방법론에 대한 개념과 이론들을 분석, 이를 개념적으로 유형화하여 지역사회개발, 사회계획(정책), 사회행동의 3가지 모델을 제시하였다.

Rothman의 이와 같은 유형화는 이후 지역사회조직화 실천을 위한 접근방법 개발의 토대와 실천의 방향성을 제시함으로써 Rothman모델에 기초하여 다양한 변형모델들이 개발되었다. 변형모델에는 Tayler & Roberts모델(1985), Weil & Gamble모델(1995), Jeffries모델(1996) 등이 있다. 이들 변형모델들은 각각의 관점과 유형화의 기준에 따라 다른 이름이나 형태를 지니고 있으나 공통점은 Rothman모델에 기초하여 이를 변형하거나 확대 또는 세분화하였으며 Rothman의 개념들을 차용하고 있다는 점이다.

여기에서는 이러한 모델들을 모두 검토하기보다는 지역사회 청소년보호체계 구축모형의 구상에 활용가능하다고 판단되는 Rothman모델과 Weil & Gamble의 모델을 중심으로 특징을 살펴보도록 하겠다.

(1) Rothman의 지역사회조직화 모델의 특징과 한계

Rothman은 지역사회조직화를 하나의 현상이 아닌 세 가지의 독특한 지역사회관계(community interaction)의 형태로 보아야 한다는 관점에서(최일섭·류진석, 1995: 44) 지역사회관계에 따라 고도로 개념화된(Hardcastle & Power, 2004: 52) 유형화를 시도하였다. 그(1995: 27-45)는 대부분의 지역사회조직화와 관련된 노력은 이 세 가지 중 한 유형에 속한다고 하면서 지역사회의 역량강화와 사회통합에 역점을 두는 지역사회개발(locality development), 합리적 문제해결을 지향하여 외부의 전문가에 의해 수행되는 사회계획 / 정책(social planning / policy), 지역사회의 근본적인 변화와 사회정의를 지향하는 급진적인 사회행동(social action)의 3가지 모델을 제시하였다. 그리고 12가지의 실천변수에 따라 각 모델의 특징들을 설명하고 있다.

① Rothman의 지역사회조직화모델 비교

• 지역사회개발(Locality Development): 지역사회 변화는 목표의 결정과 시민활동을 행함에 있어 지역사회 수준에서 다양한 계층의 지역주민들의 광범한 참여를 통해 이루어질 수 있다는 가정 하에 과정지향적 목표인 자조적 문제해결능력과 사회통합을 추구한다. 목표는

지역사회의 역량강화와 조화로운 상호관계의 확립을 통한 새로운 지역사회 형성에 있다. 따라서 지역사회의 문제나 욕구를 다룰 때 주민들의 자조(self-help)정신을 강조한다. 지역주민들이 주도권(initiative)을 갖고 스스로 문제를 해결할 수 있는 능력을 강화시키는데 역점을 두고 문제의 파악 및 해결과정에 주민들의 광범한 참여를 장려한다. 주로 교육적인 방법을 통해 주민들 가운데 지도자를 양성하고 지역사회에 기반을 둔 리더십을 개발하여 지역사회문제의 해결에 주민들이 협력적으로 참여할 수 있도록 참여자 교육과 개인적 성장 및 주민들의 자조능력과 자기주도적 능력 배양을 지원하는 가치지향적이고 인도주의적·인간중심적 접근방법이다. 이 모델이 갖는 한계점으로는 지역사회의 변화를 위한 관련집단들 간의 합의와 협력을 끌어내기가 쉽지 않다는 점, 지역사회 관련집단들 간에 공통의 이해관계를 형성하기 어렵다는 현실적 문제, 실질적인 정책결정자가 사회변화를 지지할 수 없는 경우 지역사회개발을 위한 협상을 거부할 수 있는 권력구조의 문제 등을 들 수 있다(Hardina, 2002).

• 사회계획/정책(Social Planning/Policy): 이 모델은 현대사회의 복합적 환경에서 사회조건의 변화를 위해서는 전문가가 필요하다는 관점에서 각종 지역사회의 문제를 해결하는데 있어 기술적 과정을 강조하고 합리성을 중시한다. 양적 자료의 수집·분석을 통해 비행, 주택, 정신건강 등 구체적인 사회문제의 해결이나 재화와 서비스 전달, 기관 간의 조정, 서비스 누락이나 중복의 제거에 초점을 둔 과제중심 목표를 지향한다. 목표달성을 위한 공식적 계획과 정책 형성이 중요관심사로서 효과성과 비용효율성을 중시한다. 전문가

가 개입하여 주도적으로 욕구가 있는 주민들에게 물자나 서비스를 제공함으로써 주민들은 수혜자의 역할에 머무르게 된다. 지역사회의 참여가 핵심적 요소가 아니므로 주민조직화를 위한 활동은 거의 이루어지지 않는다. 정치인의 선거구 정책강화의 수단화와 이익집단의 압력 등 문제해결과정에 정치적 영향력이 개입할 가능성이 크다는 점, 계획가가 무제한적인 시간과 자원을 가지고 있지 않다는 점으로 인한 재정적 제한 등이 한계점이라 할 수 있다.

- 사회행동(Social Action): 사회정의와 정치적 공평성이라는 관점에서 빈민, 소외되고 억압받는 주민들이 사회·정치·경제적으로 보다 나은 처우를 받을 수 있도록 해주는 활동을 말한다. 지역사회에 자원의 증대와 평등한 대우를 요구하기 위해 조직화되어야 할 소외된 불익집단이 존재한다는 가정 하에 권력과 자원의 재분배, 소수집단을 위한 의사결정 참여 등 지역사회의 기존제도나 상태에 대한 근본적인 변화를 추구하며 빈민, 억압당한 자, 권리를 갖지 못한 자들의 힘을 증대시키고 이익을 주기 위하여 행동한다. 소수 약자들은 힘이 없으므로 외부의 적에 대항하기 위해 힘을 결집할 수 있는 연합활동이 중요시되며 항의나 시위, 협상 등이 문제를 해결하기 위한 수단으로 이용되기도 한다. 이 모델이 갖는 한계로는 과업달성을 중시하므로 적절한 의사결정구조의 활용 또는 관계형성 등과 같은 과정목표가 무시되는 경향, 윤리적·법적 측면에서 불법성의 문제, 극단적인 대항전략에 대한 사회적 동의문제와 관련집단들을 양극화시킬 위험성이 존재한다는 점이다.

<표 Ⅲ-1> Rothman의 지역사회조직화모델 비교

모델 구분	지역사회개발 (Model A)	사회계획 (Model B)	사회행동 (Model C)
목표	지역사회의 활동능력과 통합·자조 (과정중심 목표)	구체적인 사회문제의 해결과 사회적 욕구충족 (과제지향적 목표)	기존제도, 권력관계, 자원의 변화 (과제 또는 과정지향적 목표)
지역사회구조와 문제상황에 대한 관점	지역사회의 상실, 아노미 인간관계와 민주적 문제해결능력 결여: 정태적·전통적 지역사회	수많은 사회문제(주택, 고용, 보건, 비행, 범죄, 노인문제, 갈등, 교통, 여가 등) 존재	사회적 부조리와 착취에 의해 고통받는 집단 존재: 억압, 박탈, 심리적 비인간화
변화전략	문제결정 및 해결에 광범위한 주민참여	문제에 관한 자료수집 및 최적의 합리적 행동조치 결정	집단행동 조직 및 선택된 적대집단에 대한 압력
변화전술과 기법	합의: 광범위한 개인들, 집단들 간의 의사교환과 집단토의	갈등 또는 합의	갈등, 대결, 직접행동, 협상
사회복지사의 역할	조력자, 촉매자, 조정자, 문제해결기술과 윤리적 가치에 대한 교사	사실수집자, 분석자, 프로그램 실행자, 촉진자	행동주의적 옹호자, 선동자, 중개자, 협상가, 파당
변화매개체	과제지향적 소집단 간의 합리적 조종	공식집단과 객관적 자료의 조종	대중조직과 정치적 과정의 조종
권력구조에 대한 관점	협력자로서 권력구조의 구성원	고용주나 후원자로서의 권력구조	활동의 외부표적으로서의 권력구조: 반대세력 또는 강압세력
수급자의 범위	지리적 측면에서의 전체 지역사회	전체 지역사회 또는 특수지역이나 개인, 문제를 가진 일부계층	지역사회의 일부
지역사회 하위체계 간의 이해관계	이해관계 및 차이 조정 가능	이해관계 조정 가능 또는 갈등	쉽게 조정할 수 없는 갈등적 이해관계, 자원의 희소성
수급자 개념	시민	소비자	희생자
수급자 역할	상호작용적 문제해결과정에 참여	소비자 또는 수혜자	혜택을 받는 자 또는 지역사회구성원, 회원
임파워먼트의 활용	합의를 통한 의사결정능력에 토대한 지역사회역량 구축, 주민의 주인의식 개발	서비스욕구 규명, 소비자의 서비스 선택을 위한 정보 제공	수급자체계의 지역사회 의사결정에 영향을 미칠 수 있는 권력 획득, 참여자의 주인의식 고취

출처: Rothman(2001), pp.45-46.

그러나 Rothman의 이러한 유형구분은 분석을 위한 개념적 구분으로서 지역사회조직화의 실천을 위한 접근방법을 선택하는 전략적 모델의 특성을 갖는다. 그(1995: 46-47)에 의하면 이론적으로는 이와 같이 유형화할 수 있으나 실제의 실천현장에서는 명확하게 구분되지 않을 뿐만 아니라 [그림 Ⅲ-2]와 같이 각 모델들이 혼합적으로 적용된다. 따라서 실천현장에서는 변화목표, 문제와 문제해결을 위한 지식, 주민지도자의 질, 저항정도와 성격, 재정, 자원, 조직화단계 및 행동체계의 발전단계 구상 등 현실적인 상황에 대한 판단기준에 따라 적용모델이 선택적으로 이루어져야 한다.

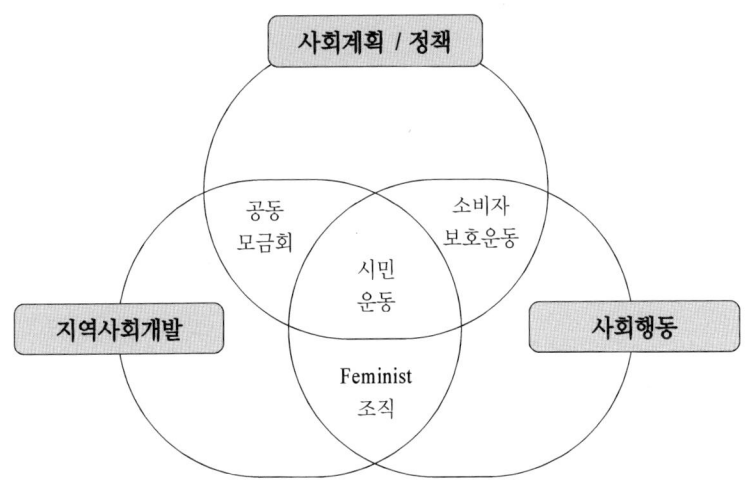

[그림 Ⅲ-2] Rothman의 3가지 모델의 실천적 맥락과 예

② Rothman모델의 한계

Rothman이 제시한 3가지 모델은 기본적으로 문제에 기반을 둔 접근법이라는 공통점을 갖는다. 그러나 이들 세 가지 모형은 실천 면에서 서로 다르고 목표와 방법 및 가치관에 있어서 서로 상충되기도 한다(Cox et. al., 1979: 26-27). 따라서 문제해결을 위한 전략이나 과정은 [그림 Ⅲ-3]과 같이 서로 다르게 나타난다. 즉 지역사회개발모델에서는 합의에 의한 문제해결을 지향하는 반면에 사회행동모델

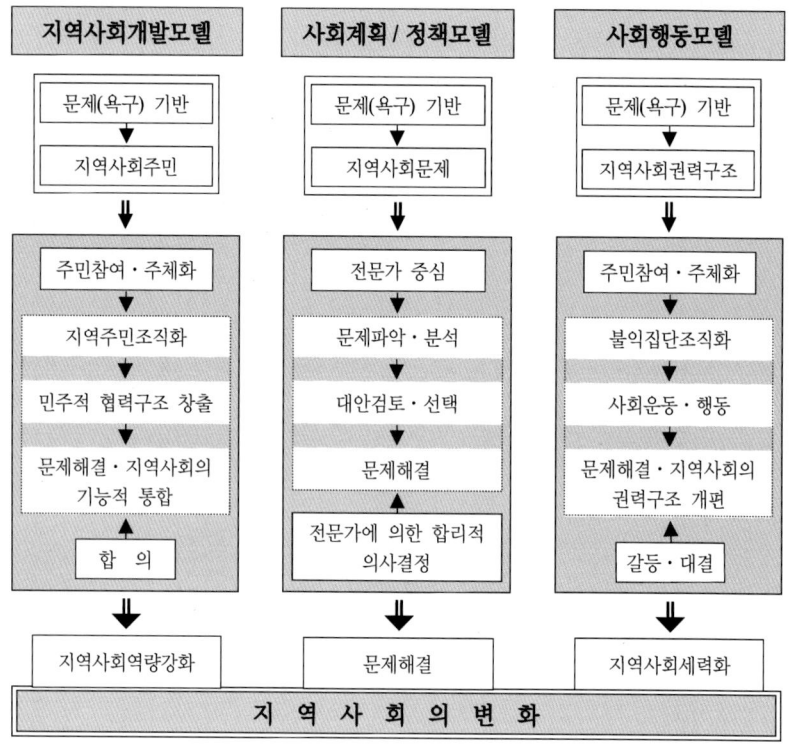

[그림 Ⅲ-3] Rothman모델의 문제해결과정

에서는 갈등과 대결전술을 이용한 문제해결을 도모한다. 그리고 사회계획모델에서는 전문가중심의 구체적인 문제해결에 초점을 두므로 문제해결과정에 주민들의 참여가 요구되지 않는다.

Rothman모델은 지역사회문제의 해결을 위한 가장 일반적인 모델로 활용되고 있으나 다음과 같은 한계를 지니고 있는 것으로 판단된다.

첫째, 다양한 지역사회조직화방법론을 3가지 범주로 지나치게 단순화하고 있다. 즉 각 유형들이 너무 포괄적이어서 보다 복잡하고 세부적인 현상들을 놓치기 쉬우며 현장에 쉽게 적용할 수 없다는 한계를 지니고 있다.

둘째, 지역사회의 특정현상에 초점을 맞추고 있어 지역사회의 다양성과 역동성을 포괄하지 못하고 있다고 할 수 있다. 예를 들어 지역사회개발모델은 지리적 범주의 지역사회만을 상정하고 있어 기능적 조직화가 요구되고 있는 현실을 반영하지 못하고 있다.

셋째, 사회계획모델은 주로 외부의 전문가에 의존하는 모델로서 지역사회의 문제해결능력 향상을 지향하는 지역사회조직화의 가장 기본적인 기준에 배치된다(Minkler & Wallerstein, 2005: 31). 또한 사회행동모델은 사회적 약자계층이 정치적 권력을 획득하기 위한 수단으로서 갈등·대결전술을 활용하는 Alinsky의 사회행동모델을 그대로 차용한 과격하고 급진적인 모델로서 민주적인 절차와 합의를 통한 문제해결을 지향하는 시민운동을 배제하고 있다.

넷째, 문제에 기반을 둔 문제해결중심 및 조직가중심 접근모델로서 지역사회가 지니고 있는 강점을 간과한 채 지역사회를 수동적인 조직화의 대상으로 간주하고 있다.

Rothman모델은 이상과 같은 한계를 지니고 있으나 다른 모델들에 비하여 각 모델의 개념과 접근전략을 구체적으로 제시하고 있다는 강점을 지니고 있다. 그런 점에서 지역사회조직화를 시도하는 많은 실천가들이 주로 Rothman모델에 의존한다고 볼 수 있다.

(2) Weil & Gamble의 지역사회실천모델

Weil & Gamble(1995: 580–591)은 1990년대 이전까지의 미국의 지역사회 조직화 실천모델에 대한 종합적인 검토를 통해 근린 / 지역사회조직화 (neighborhood and community organizing) 및 기능적 지역사회조직화(functional community organizing), 경제 / 사회적 지역사회개발(community social and economic development), 사회계획(social planning), 프로그램개발 / 지역사회연계(program development and community liaison), 정치 / 사회행동(political and social action), 사회운동(social movements), 제휴(coalitions)의 8가지 모델을 제시하였다. 그리고 이들 모델들에 대하여 목표, 변화표적체계, 일차 구성원, 영역, 사회복지사의 역할의 5가지 항목으로 나누어 각각 평가와 분석을 시도하였다.

① Weil & Gamble모델과 Rothman모델의 비교

• 근린/지역사회조직화: 이 모델은 지역사회의 사회·정치적·환경적 이슈를 다루기 위해 지리적으로 가까운 지역사회의 조직화에 초점을 두고 있다. 주요 관심영역은 지역주민의 삶의 질을 향상시키는 데 있으며 이를 위한 지역사회의 능력개발과 과업의 수행이라는 두 가지 목표를 추구한다. 이 모델에 의하면 지역주민들의 능력은 주민들이 조직활동에 참가함으로써 조직기술이나 문제분석, 계획 및 리더십을 발전시킬 수 있으므로 개발될 수 있다고 본다. 또한

지역주민들의 조직활동을 통해 지역사회의 사회경제적 조건들을 향상시키거나 도시계획 또는 지역계획과 외부개발에 영향을 미침으로써 구체적 과업을 성취할 수 있게 된다.

• 기능적 지역사회조직화: 이 모델은 지리적 의미의 지역사회조직화보다는 공동관심 또는 이익을 추구하는 기능적 지역사회조직화에 초점을 두고 있다. 목표는 자신들이 선택한 이슈의 정책화와 행동, 대상집단의 옹호 및 변화 목표를 추구한다. 이러한 목표를 달성하기 위해 선택한 이슈에 대한 교육이나 조직의 내적 능력 증진, 이슈에 관한 지식 증대, 리더십 개발 등의 접근방법과 교육, 조사, 공동행동, 정책개발, 로비, 서비스개발 등의 전략을 활용한다.

• 사회/경제적 지역사회개발: 이 모델은 Rothman모델의 지역사회개발 모델과 밀접한 관련을 갖는 것으로 저소득계층과 불이익계층의 이익을 제고하기 위해서는 경제개발과 사회개발이 동시에 이루어져야 한다는 전제하에 저소득계층 및 불이익집단의 삶의 질과 기회 증진에 목표를 두고 있다. 접근방법은 사회경제적 개발과 자원개발계획을 준비하고 실행할 수 있도록 지역주민과 지역사회조직의 능력을 강화시키는 것으로 교육 및 리더십의 개발에 역점을 둔다. 이를 통해 지역주민들의 개발계획 주도능력을 향상시키고 사회경제적 투자를 이용할 수 있도록 준비시키며 사회경제적 투자를 위한 내외적 자원을 개발하고 이용할 수 있도록 한다.

• 사회계획: 사회계획은 주로 개별 기관수준, 휴먼서비스기관 협의체, 지역휴먼서비스계획협의회 등에서 전문적 지식과 기술을 지닌 전문적 계획가에 의해 수행된다. 주요 관심영역은 휴먼서비스의 관계망 계획 및 조정, 공공영역의 지역계획에 사회적 욕구를 통합시

키는 것으로 공무원, 사회기관의 책임자, 기관협의회가 사회계획을 위한 일차적인 구성원이다. 계획가의 중심과업은 휴먼서비스를 위한 계획과 서비스의 통합과정에서 고도의 합리성을 발휘하는 것으로 휴먼서비스에 필요한 지원의 결정과 효율적 이용, 구체적인 기술의 활용 등에 대한 책임을 갖는다.

• 프로그램개발/지역사회연계: 이 모델의 관심영역은 특정대상이나 지역사회를 위한 서비스의 개발로서 목표는 대상자에게 필요한 서비스를 향상시키거나 또는 새로운 서비스를 계획하고 실행하는 것이다. 이러한 목표에는 서비스프로그램의 효과성을 증진시키기 위한 기관 프로그램의 확대 또는 방향전환도 포함된다. 프로그램개발을 위해서는 지역사회조직과의 연계가 필수적이라는 관점에서 지역사회와 서비스프로그램 간의 상호작용을 강화시키는데 초점을 두고 있다. 이를 위한 전략으로는 욕구사정 및 프로그램개발에 잠재적 서비스대상자와 주민의 참여, 자문기관 개발, 의사결정위원회에 지역사회 지도자 참여, 지역사회로부터의 프로그램에 대한 피드백 등을 활용한다.

• 정치/사회행동: 지역사회의 불평등구조와 제도의 변화를 통한 사회적·정치적·경제적 정의의 실현과 참여민주주의 강화에 관심을 두고 정책 또는 정책결정자의 변화를 지향한다. 사회적·정치적·경제적 정의를 위해 정치권력을 형성하고 직접적인 행동을 통해 특히 저소득집단에게 불이익을 야기하는 정부당국의 조치를 변화시키고자 한다. 지역사회의 욕구를 무시하는 의사결정자에 대한 대항이나 불공정한 조건을 변화시키기 위한 기술과 의사결정 및 직접적 행동기술의 개발이라는 전략을 활용하여 권력의 균형을 이

동시킴으로써 사람들에게 권한을 부여하는 접근방법이다.

• 제휴: 제휴모델이 추구하는 목표는 공통의 이해관계에 대응할 수 있도록 자원동원의 잠재력을 증진시키고 사회적 프로그램의 방향에 영향을 미칠 수 있는 다조직적(multiorganizational) 권력기반을 구축하는 것이다. 따라서 주요 관심영역은 제휴관계를 맺는 구성 집단과 조직들이 지지하는 구체적인 이슈로서 분리된 집단 및 조직을 집합적인 사회변화에 동참시키는 것에 초점을 둔다.

• 사회운동: 사회운동의 목표는 바람직한 사회변화이다. 일반대중과 정치제도를 변화시키기 위해 주로 새로운 비전을 가진 조직과 지도자에 의해 수행된다. 민주화운동, 시민운동 등이 대표적인 사회운동이다.

〈표 Ⅲ-2〉 Weil & Gamble의 Community Practice모델

구분 \ 모델	모델							
	근린/지역사회 조직화	기능적 지역사회 조직화	사회/경제적 지역사회개발	사회계획	프로그램개발/지역사회 연계	정치/사회행동	제휴	사회운동
목표	• 조직화를 위한 구성원의 능력개발 • 도시 · 지역계획과 외부개발의 변화 및 영향	• 행동과 태도의 옹호 및 변화를 통한 사회정의 구현행동 • 서비스 제공	• 주민중심의 개발계획 추진 • 주민의 사회·경제적자원 활용 준비 및 능력 개발	정치인 · 휴먼서비스기획위원회의 지역적 행동 제안	• 서비스 효과성 향상을 위한 기관프로그램 확대 · 방향조정 • 새로운 서비스의 조직화	정책 및 정책입안자의 변화에 초점을 둔 사회정의 실현행동	프로그램 방향에 영향을 주거나 자원을 획득할 수 있는 다조직적 권력기반 확립	특정집단 · 이슈에 대해 새로운 패러다임을 제공할 수 있는 사회정의실현 행동
변화표적체계	• 시 · 정부 • 외부개발자 • 지역주민	• 일반시민 • 정부제도 · 기관	• 은행 · 재단 • 외부개발자 • 지역주민	지역사회리더 및 휴먼서비스리더의 관점	• 기관프로그램 후원자 • 기관서비스 수혜자	• 유권자 • 선출된 공무원 • 잠재적 참여자	• 선출된 공무원 • 재단 • 정부제도 · 기관	• 일반대중 • 정치체제

구분 \ 모델	모델							
	근린/지역사회 조직화	기능적 지역사회 조직화	사회/경제적 지역사회개발	사회계획	프로그램개발/지역사회 연계	정치/사회행동	제휴	사회운동
일차 구성원	근린지역 주민	동호인	• 저소득계층 • 소외계층 • 불이익계층	• 선출된 공무원 • 사회기관 • 기관 간의 조직	• 기관위원회 • 행정가 • 지역사회 대표	특정 정치적 권한이 있는 시민	특정이슈에 이해관계가 있는 기관	새로운 비전과 이미지를 창출할 수 있는 지도자 및 조직
관심 영역	지역주민의 삶의 질 향상	특정 이슈나 대상집단 옹호	• 소득 · 자원 · 사회적 지지 개발 • 교육 • 리더십 개발	• 공공지역 계획에 사회적 욕구 반영 • 휴먼서비스 네트워크 조정	특정집단을 위한 서비스 개발	• 정치권력 형성 • 제도 변화	사회적 욕구 · 관심과 관련된 특정 이슈	사회정의
사회복지사의 역할	• 조직가 • 교사 • 코치 • 촉진자	• 조직가 • 옹호자 • 정보 전달자 • 촉진자 • 집필자	• 협상가 • 추진자 • 교사 • 계획가 • 관리자	• 조사자 • 교섭자 • 관리자 • 제안자 • 전달자	• 대변자 • 계획가 • 관리자 • 제안자 • 정보전달자	• 옹호자 • 조직가 • 조사자 • 지원자 • 조정자	• 중재자 • 협상가 • 대변자	• 옹호자 • 촉진자

출처: Wei1 & Gamble(1995). p.581.

한편 Weil(1996: 58-59)은 8가지 모델을 지역사회실천에 있어서 조직화(organizing), 계획(planning), 개발(development), 변화(change)라는 연속적인 과정 및 각 모델의 목적에 따라 이를 4가지 모델로 통합하여 제시하고 있다. 이를 Rothman모델과 비교하면 아래 〈표 Ⅲ -3〉와 같다.

구 분	Weil & Gamble모델		Rothman모델
모델유형	경제·사회적 지역사회 개발	개 발	지역사회개발
	사회계획	계 획	사회계획
	프로그램 개발 / 지역사회연계		
	정치·사회적 행동 연대사회운동	변 화	사회행동
	근린지역사회조직 기능적 지역사회조직	조직화	
유형화 기준	지역사회실천과정 및 모델의 목적		지역사회 관계특성

② Weil & Gamble모델의 특징

Weil & Gamble모델은 Rothman모델을 보다 세분화하여 분류하고 있는데 첫째, 현대사회에서 기능적 지역사회가 확대되어 가는 추세를 반영하여 지역사회조직을 근린 / 지역사회조직화와 기능적 지역사회조직화로 구분함으로써 지역사회조직화의 영역을 확장시키고 있다.

둘째, 지역사회조직화의 대상을 지역주민과 사회서비스기관으로 구분하여 근린 / 지역사회조직화와 제휴모델을 제시하고 있다. 근린 / 지역사회조직화는 Rothman모델의 지역사회개발모델의 개념과 전략을 그대로 차용하고 있다. 그러나 제휴모델은 독자적인 모델로 조직 간의 연대를 통해 서비스 제공을 위한 자원의 효율적 확보와 프로그램의 변화, 효과적인 서비스 제공을 추구하는 조직 간 네트워크모델이다. 이는 사회운동이나 사회복지서비스 제공의 효과성을 제고하기 위해 조직 간의 협력이 강조되고 또 연대활동이 활발해지고 있는 점을 반영한 것으로 볼 수 있다.

세 번째는 사회행동모델을 정치 / 사회행동, 사회운동으로 구분하고 있다. 갈등·대결전술을 활용하는 사회행동과 민주적인 절차와 합의에 의한 시민운동을 구분하여 급진적인 사회행동을 정치/사회 행동모델로 개념화하고 복지권운동, 환경운동, 여성운동 등 지역주민의 삶의 질 개선과 사회정의를 실현하기 위한 시민운동모델로 분류하고 있다.

넷째는 프로그램개발에 있어 지역사회와의 연계가 필수적이라는 관점(Weil & Gamble, 1995: 586)에서 Tayler & Roberts모델의 프로그램개발모델을 차용하여 클라이언트의 참여를 강조하는 프로그램개발/지역사회연계모델을 제시하고 있다. 이 모델은 클라이언트를 위한 프로그램개발에 클라이언트가 참여해야 된다는 것을 강조한다. 그런 점에서 클라이언트의 역량강화실천(empowerment practice)을 반영한 것으로(정무성, 1997: 33) 이용자중심 서비스 개념이 포함되어 있음을 알 수 있다.

Weil & Gamble의 모델은 지역사회의 구성과 기능, 지역사회문제의 양상, 서비스프로그램의 내용과 성격, 목표 등에 따라 다양하게 적용할 수 있도록 모델을 세분화했다는 점에서 Rothman모델에 비하여 적용모델 선택의 폭이 넓고 적용이 보다 용이하다는 장점을 지니고 있다. 특히 이러한 모델들이 Rothman모델과 같이 상호배타적인 모델로 각각 존재하는 것이 아니므로(오정수·류진석, 2004: 87) 지역사회조직화의 실천과정에서 각 단계에 따라 적절한 모델과 개입전략을 선택하는 데 유용한 준거틀을 제시해 줄 수 있다. 그런 의미에서 Weil & Gamble모델 중 지역사회 청소년보호체계 구축에 활용가능하다고 판단되는 근린/지역사회조직화, 사회계획, 프로그램개발/지역사회연계, 제휴, 사회운동모델을 중심으로 목적과 초점, 주체, 전략,

특징 및 전망을 살펴보면 아래 〈표 Ⅲ-4〉와 같이 정리할 수 있다.

〈표 Ⅲ-4〉 Weil & Gamble모델의 특징

구분	근린 / 지역사회조직화	사회계획	프로그램개발 / 지역사회연계	제휴	사회운동
목표	지역사회 역량 강화(과정목표) 지역사회조건개선	사회서비스·서비 스네트워크개발, 조정·통합	새로운 서비스 개발·실행 프로그램 개선	다조직적 권력기반 창출	사회변화를 위한 행동 촉진
초점	삶의 질 향상 기회	자원의 효율적 활용	서비스의 효과성	특정이슈 해결	사회정의 인권
주체	지역주민	공무원·기관대표 ·기관협의회	지역사회 대표 기관위원회	특정이슈에 이해관련 조직	새로운 비전의 조직·지도자
전략	역량·리더십 개발 및 교육	합리적 계획· 문제해결	프로그램개발에 지역사회 참여	동의(계약)에 의한 협력	사회행동
특징	주민주체적 행동 지역사회 결속력	전문가에 의한 수행	지역사회욕구에 기반을 둔 서비스	특정 이슈 중심협력	민주적 절차 합의
전망	지리적 지역사회 중요성 증대	계획과정에 클라이언트 참여 파트너십 형성	사회적 약자의 욕구규명· 해결 중시	사회정의 지향	민주주의 원리실현

출처: Weil & Gamble(1995), pp.583-591의 내용을 재정리한 것임.

그러나 Rothman의 모델과는 달리 구체적인 접근전략을 제시하지 않은 채 문제의식에서 끝나는 한계를 보여주고 있다. 이는 모델의 개념이나 전략을 Rothman모델에 의거하고 있기 때문으로 볼 수 있다. 그런 점에서 지역사회조직화를 실천하는 경우 양 모델을 혼합하여 조직화의 틀과 전략을 구상하는 것이 접근을 보다 용이하게 해줄 것이라 보인다.

3) 지역사회 청소년보호체계 모형개발에 있어서
지역사회조직화접근의 함의

앞에서 지역사회 청소년보호체계 구축에 지역사회조직화이론의 적용가능성을 탐색하기 위하여 그 개념과 의의, 실천모델의 특징에 대하여 고찰하였다. 이하에서는 지역사회조직화의 이론과 실천모델이 청소년보호체계 구축에 어떻게 적용될 수 있는지 목표와 실천방법을 중심으로 살펴본다.

지역사회조직화가 지역사회의 문제해결과 역량강화라는 두 가지 목표를 가지며 이를 달성하기 위해 지역사회 협력구조의 형성에 초점을 둔다는 점은 앞에서 언급하였다. 특히 지역사회조직화에서 강조점은 문제해결과정에 지역주민의 주체적인 참여와 협력이다. 지역사회조직화의 일차적 주안점은 지역사회가 문제를 공유하고 이의 해결을 위해 지역주민들의 참여를 촉진하고 연대협력할 수 있는 조직의 형성이다. 그리고 조직을 통하여 문제를 해결해나가는 과정에서 지역사회의 변화와 사회통합을 추구할 수 있는 지역사회의 역량강화를 도모한다. 이 과정에서 지역사회에는 유대감, 신뢰, 네트워크 등 사회적 자본이 형성되는데 이것들이 바로 지역사회 역량의 기반이다. 그러므로 지역사회조직화의 성공요건은 지역사회의 모든 자원 간의 협력관계 수립이다.

한편 지역사회 청소년보호체계의 구축은 지역사회에서 청소년보호를 위한 다양한 프로그램과 활동들을 협력하여 수행할 수 있는 시스템을 형성하는 것이다. 대상은 지리적 지역사회를 단위로 해서 그 지역사회의 주민과 청소년을 포함한 공식적·비공식적 모든 청소년

관련 자원들의 조직화에 초점을 둔다. 그러나 거시적 관점에서 지역사회 청소년보호체계의 구축은 단기적 목표에 해당한다. 왜냐하면 청소년보호는 단순히 청소년문제의 예방과 해결에 그치는 것이 아니고 그 지역사회가 청소년의 건전성장을 지원할 수 있도록 청소년유익환경의 조성을 지향하기 때문이다. 이는 지역사회가 청소년보호라는 목적과 가치의 공유하에 협력할 수 있는 능력을 필요로 한다. 그런 점에서 〈표 Ⅲ-5〉에서 보는 바와 같이 지역사회 청소년보호체계 구축과 지역사회조직화는 목표와 지향점이 같다.

〈표 Ⅲ-5〉 지역사회조직화와 지역사회 청소년보호체계의 특성비교

구 분	지역사회조직화	지역사회 청소년보호체계구축
지향점	사회통합	청소년유익환경 조성
장기목표	지역사회 역량강화 지역사회 변화	청소년문제 예방 및 해결, 지역사회의 청소년보호능력 강화
단기목표	지역사회문제 해결	청소년보호체계 구축
참여자 (문제해결주체)	문제의 성격과 목표, 접근방법에 따라 참여대상(주체) 다원화	전체 지역사회(지역주민, 청소년, 청소년 관련 공식·비공식 자원)
문제해결전략	지역사회조직의 형성을 통한 협동	청소년보호체계를 통한 협력
조 건	연대의식, 가치·목적의 공유	연대의식, 가치·목적의 공유
강조점	주민참여, 협력	주민참여, 협력
파생효과	신뢰, 네트워크 등 사회적 자본형성	신뢰, 네트워크 등 사회적 자본형성

청소년보호체계는 지역사회를 단위로 해서 청소년보호라는 지역사회의 현안과제를 해결한다는 목표를 갖고 있으며 지역사회를 조직화의 대상으로 하고 있다는 점에서 일반 기업조직이나 관료조직과는 성격을 달리한다. 그러므로 지역사회 청소년보호체계를 구축하는 데

있어 이러한 조직논리를 활용하는 것은 무리가 따른다. 그런 점에서 지역사회 청소년보호체계 구축을 위한 이론과 접근전략은 지역사회를 대상으로 하는 사회복지의 실천방법인 지역사회조직화이론과 방법에 근거하는 것이 타당하다.

지역사회 청소년보호체계의 구축은 다양한 대상층을 가지며 여러 단계를 거친다. 그러므로 청소년보호체계의 구축에 있어 대상별, 단계별 목표에 따라 접근전략을 달리해야 한다. 이와 관련하여 지역사회조직화는 목표와 대상, 문제의 성격에 따라 다양한 접근모델이 존재한다. 또한 이러한 모델들은 상황에 따라 혼합적으로 적용될 수 있는 특징을 지니고 있다. 그러므로 청소년보호체계를 구축하는 데 있어 대상과 단계별 목표에 따라 가장 적합한 모델들을 혼합적으로 (mixing) 또 단계적으로(phasing) 적용함으로써 보다 효과적인 청소년보호체계 구축모형이 개발될 수 있다.

2. 네트워크이론

1) 네트워크의 개념과 특성

네트워크의 의미에 대하여는 학자들에 따라 다양한 견해를 보이고 있다. 그러나 각 학자들이 주장하는 네트워크론에서 보이는 공통적인 전제는 목적달성을 위한 효과적인 행위능력이란 공유와 연대에 의한 협력관계에 의해 획득된다는 관점이다(Homan, 2004, Trevillion, 1999, Mizrahi & Rosenthal, 1992, 今井賢一·金子郁容, 1988, Lipnack &

Stamps, 1982, 유재원, 2000, 이상일, 1991, 김문조, 1987).

네트워크에 대한 정의에 있어 이를 일련의 상호 연계된 개인적 관계를 통하여 사람들을 연결하는 특수한 조직형태(Homan, 2004: 385)로 규정하기도 하고 공통의 목적을 달성하기 위하여 참여자들 간의 협력을 가능하게 하는 상호작용적 구조(Bailey & Coney, 1996, Mizrahi & Rosenthal, 1992)로 파악하는 견해도 있다. 그러나 어떻게 정의하든 네트워크의 이러한 관계구조적 특성은 구성원들의 상호지지와 실천적 지원능력을 증가시킨다.

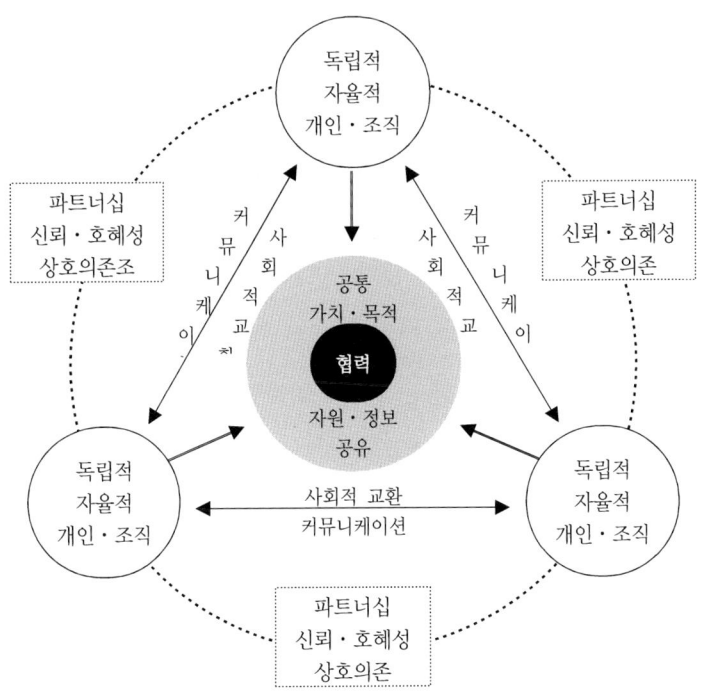

[그림 Ⅲ - 4] 네트워크의 관계구조 및 내용

네트워크는 행위자 상호간에 필요한 자원을 의존하거나 도움을 주고받을 때 형성된다. 그런 의미에서 Powell(1991: 268)은 네트워크조직의 구조적 특성과 관계내용을 호혜성으로 설명하고 있으며 O'Toole(1997: 45)은 상호의존구조(structure of interdependence)로 규정하고 있다. 네트워크에서의 상호의존구조란 공통의 이해, 상호의존성, 협력, 공유된 신념, 의사소통, 교환, 신뢰관계를 통해 호혜적인 관계를 모색하는 것이다(김문조, 1987: 502). 행위자들 간의 호혜성을 전제로 하는 상호의존구조(structure of interdependence)로 특징지어지는 네트워크조직의 구조적 특성과 관계내용은 [그림 Ⅲ-4]와 같이 나타낼 수 있다.

네트워크조직에서의 관계내용은 경쟁이 아니라 호혜성에 기반을 둔 공유와 연대, 협력이 핵심내용이 된다. 이를 위해서는 구성원들 간의 신뢰가 요구되는데(Prior, 1996: 95) Fukuyama(1996 / 구승희 역, 1998: 211)에 의하면 신뢰는 네트워크가 규칙적이고 정직한 행동을 예상할 수 있는 방식으로 일련의 도덕적 가치를 가지고 있을 때 형성될 수 있다. Levi(1998: 83)에 의하면 신뢰는 사회적 자본의 하나로서 이것이 성숙할수록 협력적 행위를 촉진시킬 수 있다. 이러한 관계구조적 특성을 갖는 네트워크의 이점은 행위자들의 연대의식을 강화시키고 협력을 통하여 상호지지와 실천적 지원능력을 증가시킴으로써 문제해결의 시너지효과를 거둘 수 있다는 점이다.

이와 같이 네트워크가 다양한 사회적 행위자들 간에 자원의 공유를 전제로 형성된 협력구조라는 점에서는 의견의 일치가 이루어지고 있으나 네트워크의 지향점이나 관계내용과 특성, 기능 등과 관련하여 강조점을 어디에 두느냐에 따라 이해의 내용이 다르게 나타난다〈표 Ⅲ-6〉. 즉 네트워크조직 내의 인간관계적 맥락을 중시하면서 이를 통하여 새로운 사회를 건설하고자 하는 이상(유재원, 2000, 김문조, 1987: Homan, 2004, Trevillion, 1999, 今井賢一・金子郁容, 1988, Lipnack & Stamps, 1982)과 네트워크조직의 기능적 측면에 초점을 맞추어 필요성과 개념을 이해하는 입장(박태영, 2003, 유태균・김자옥, 2001, 박정호, 2001, 강창현, 2001, 심재호, 2000, Rothman & Sager, 1998, Bailey & Coney, 1996, Abramson & Rosenthal, 1995, Seed, 1990, Baley, 1989)으로 구분할 수 있겠다. 전자는 네트워크의 관계적 맥락과 내용, 지향점을 강조하는 견해로서 이를 이념지향적 이해로 규정한다면 후자는 의도적 목적하에 형성된 네트워크가 수행하는 기능과 관련하여 네트워크를 파악하는 관점으로 이를 기능중심 이해로 볼 수 있겠다.

〈표 Ⅲ - 6〉 네트워크의 이해유형에 따른 비교특성

비교특성 \ 이해유형	이념적 이해	기능적 이해
이 해	자기완결성을 갖는 역동적 존재	구체적 문제해결・욕구충족 수단
관계특성	인간중심	기능중심
관계내용	가치・이념의 공유에 토대한 커뮤니케이션・사회적 교환 파트너십	자원과 정보의 공유를 위한 커뮤니케이션・사회적 교환 파트너십
관계구조	신뢰와 호혜성에 토대한 협력관계(상호보완성)	자원의 제한성에 따른 상호의존구조(협력관계)
범 위	개인, 집단, 조직 간의 공식적・비공식적 모든 연계	사회서비스 제공조직 간 연계
기 반	자율성과 연대의식	계약(합의)
목 적	사회통합(새로운 공동체 형성)	자원의 획득
기 능	사회의 재구조화	자원활용의 효율성 제고 서비스 제공의 시너지효과

이념지향적 관점은 네트워크를 개인과 집단, 조직 등 모든 차원의 사회구성원들이 호혜성과 신뢰관계, 가치와 목적의 공유, 연대라는 새로운 관계를 통하여 새로운 사회구조를 창출해내는 것으로 파악한다. 이러한 관점에서의 네트워크는 스스로 자기조직화를 꾀하며 진화해나감으로써 내적 역량을 강화해가는 자기완결형 조직이다(今井賢一·金子郁容, 1988, Lipnack & Stamps, 1982). Lipnack & Stamps(1982)는 이러한 측면에서 네트워크가 역동적인 진화를 통하여 사회 전체를 재구조화함으로써 사회통합과 새로운 공동체를 지향한다고 강조하고 있다.

반면에 기능적 측면에서의 이해는 네트워크를 자원의 제한성을 극복하기 위하여 의도적으로 협력관계를 형성하고 자원과 정보 등의 공유, 공동행동을 통하여 특정 목표를 달성하기 위한 것으로 본다. 이러한 관점에서 네트워크는 문제해결이나 욕구충족을 위한 자원의 부족을 해결하기 위한 수단으로 간주된다. 그러므로 주로 서비스를 제공하는 조직에 있어서 효과적이고 효율적인 서비스 제공을 위한 조직 간 협력 또는 자원의 연계라는 차원에서 네트워크에 대한 논의가 이루어지고 있다(Rubin & Rubin 2001, Rothman & Sager, 1998, Seed, 1990, 함철호, 2003, 최옥채, 2002, 유태균·김자옥, 2001, 박정호, 2001, 김희연, 2001). 국내 사회복지분야에서의 네트워크관련 연구는 이러한 관점에서 주로 네트워크의 구조분석이나 연계실태와 관련하여 이루어지고 있다.

네트워크는 어느 한 측면만을 갖는 것은 아니고 양 측면을 모두 포괄하는 개념이다. 양 관점은 기본적 전제나 내용에 있어 상반되는 것이 아니라 강조점의 차이를 반영한다. 이념적 이해는 새로운 사회에 대한 대안으로서 미래지향적 관점에서 네트워크를 보는 반면에 기능적 이해는 현재의 한계를 극복하기 위한 방법으로서의 네트워크 개념으로 한시적 특성을 내포하고 있다. 그런 점에서 전자는 그 안에 윤리성, 실천원리 및 운동의 방향을 포함한 동태적 개념이라 할 수 있으며 후자는 조직 간의 관계형성을 통한 결과에 초점을 둠으로써 네트워크 자체의 자기실현성과 운동성을 배제한 구조적이고 정태적 차원에서 네트워크를 이해하고 있다고 할 수 있다.

이와 같은 양 관점은 나름대로 한계를 지니고 있다. 즉 지나치게 이념지향성을 가질 경우 가시적이고 직접적인 성과를 통한 유인요소 부재로 참여자들의 결속력과 책임성의 약화를 초래할 위험성이 내포되어 있다. 또한 기능적 차원에서 접근할 경우 일시적인 네트워크가 되거나 자원과 권력의 불균형성으로 인한 또 다른 형태의 경쟁이나 불평등구조를 야기할 가능성이 존재한다. 그러므로 양 관점의 균형이 필요하다.

따라서 본 연구에서는 이 양자를 통합한 관점에서 네트워크를 규정하고자 한다. 첫째, 가치와 목적의 공유에 토대하여 결합된 공동체적 성격을 갖는다. 둘째, 민주적 의사소통과 상호교류구조를 통하여 자원을 공유하고 공동사업을 계획·실시하는 의도적으로 형성된 협력구조이다. 셋째, 네트워크는 구성원들의 협력과정을 통해 내적 역량을 강화해나가면서 지속적으로 발전하는 운동성을 갖는 역동적 개념이다. 넷째, 네트워크의 구성원들은 상호 협력과 호혜성, 네트워크의 자기완결성을 위한 책임을 공유한다.

2) 네트워크의 차원

네트워크의 차원에 대한 논의는 주로 조직 간 관계에서 행해진다. Dosher(1977: 6)는 조직 간 네트워크는 욕구와 자원의 교환을 위한 의사소통 연계와 정보채널, 참여자지원시스템과 자원의 공유, 조정, 협동, 협력, 사람과 프로그램 활성화, 훈련, 능력강화, 집합행동의 수단이라는 기능을 지닌다고 주장한다. 이론적인 측면에서는 네트워크에 이와 같은 기능수행을 기대할 수 있으나 모든 네트워크에서 이러한 기능들이 이루어지는 것은 아니다. 네트워크관계에는 다양한 차원이 있으며 다양한 수준에서 기능한다. 차원이라 함은 관계의 형태와 구조, 관계의 내용과 질 등에 따른 구분으로서 거의 관계가 없는 차원에서부터 조직의 통합까지 다양한 수준이 존재한다. 일반적으로

〈표 Ⅲ-7〉 조직 간 네트워크의 기능 수준

학자＼수준	Franklin & Streeter (1995)	前田信雄 (1990)	Tobin, et. al. (1986)	Chrislip & Larson(1994)
높은 수준	통합 (integration)	통합단계	동맹 (confederation)	협력 (collaboration)
	협력 (collaboration)	정기적 업무제휴	협력 (collaboration)	
	파트너십 (partnership)		조정 (coordination)	조정 (coordination)
	조정 (coordination)	연락단계	협조 (cooperation)	
낮은 수준	비공식적 관계 (informal relationship)	정보교환	정보교류 (communication)	협조 (cooperation)

네트워크의 관계수준이 낮은 수준에서 높은 수준으로 갈수록 조직 간의 관계는 체계화되고 공식화되는 특성을 보인다.

조직 간 네트워크의 관계수준에 대해서는 〈표 Ⅲ-7〉에서 보는 바와 같이 학자들마다 관점에 따라 상이한 구분이 이루어지고 있다. 그러나 이러한 차이점은 관계수준에 따른 차원을 세분화한 정도에 따른 차이라 할 수 있는 것으로 내용에 있어서는 거의 비슷한 경향을 보이고 있다.

이와 같이 네트워크의 차원에 대해서는 다양한 분류가 행해지고 있는데 이를 정보교류, 협조, 조정, 협력, 통합으로 정리하여 각 차원이 갖는 관계수준의 내용을 각 학자들의 내용을 종합하여 살펴보기로 한다.

- 정보교류(communication): 가장 낮은 수준의 네트워크 활동으로 각 조직의 서비스 제공에 필요한 정보의 교환 및 정보공유 차원에서의 관계가 이루어진다. 목적은 조직의 서비스 효과성을 증대시키는 것이다.

- 협조(cooperation): 조직의 이익과 더불어 서비스 중복 방지를 목적으로 정보와 자원의 공유가 이루어진다. 자원의 공유라 해도 이 단계에서는 최소한의 자원만을 공유하며 각 조직은 독립적으로 자원을 사용하고 독자적으로 서비스를 제공한다. 그러므로 각 조직에 요구되는 책임은 거의 없다.

- 조정(coordination): 각 조직들이 원활하게 상호작용하여 갈등과 경쟁, 낭비와 불필요한 서비스의 중복을 방지하기 위한 활동이다 (Tobin et. al., 1986 / 함철호, 2003: 312에서 재인용). 자원의 효율적 활용이 관심사로서 정보를 공유하고 의뢰하며 공동으로 서

비스 계획을 수립하기도 한다. 그러나 서비스 제공은 개별적으로 이루어지며 필요한 경우 팀 접근을 시도한다. 각 조직 간에는 일부이기는 하나 공식적으로 책임이 공유된다. 그러므로 이를 위한 사전협의나 계약적 동의가 요구된다. 국내 사회복지조직 간에 주로 사용되고 있는 연계(linkage)의 개념이라 할 수 있다.

- 협력(collaboration): 국외에서 사회복지조직 간의 관계에서 강조되고 있는 개념으로 자원의 최대화를 목적으로 자원을 공유하고 공동사업을 실시하는 가장 높은 수준의 네트워크 활동이다. 각 조직은 공통의 목적과 방향성을 갖고 책임(responsibility), 권위(authority), 자원(resources), 성취된 결과에 대한 책임성(accounterbility)을 공유하면서 단일 프로그램이나 서비스를 제공한다(Chrislip & Larson, 1994 / 김재엽·박수경, 2001: 111에서 재인용). 각 조직은 정체성을 유지하면서 네트워크 활동에 참여하며 네트워크를 유지 발전시키기 위하여 노력한다. 국내에서 말하는 서비스 통합에 해당한다.

- 통합(integration): 각 조직들이 서비스 제공을 위하여 하나의 조직체로 통합되는 것을 말한다(이용표, 2005: 117). 즉 서비스 계획과 실천이 일원화되어 클라이언트에게 통합서비스를 제공하는 조직체를 만드는 것으로 각 조직들은 새로운 조직체의 구성원으로서의 정체성을 갖는다.

협조와 조정은 서비스 중복의 방지를 목적으로 하는 연계라는 측면에서 같은 차원으로 볼 수 있다. 또한 개별기관들이 하나의 새로운 조직체로 통합되는 것을 의미하는 조직통합은 현실적으로 불가능하다. 그러므로 본 연구에서는 실제 조직 간 네트워크의 가동수준 및 기능할 수 있는 가능성에 토대하여 네트워크의 차원을 정보교류, 조정, 협력으로 구분하고 〈표 Ⅲ-8〉과 같이 개념화한다.

〈표 Ⅲ-8〉 네트워크의 차원에 따른 관계내용

| 구 분 | 낮은 수준 → 높은 수준 | | |
	정보교환 (communication)	조 정 (coordination)	협 력 (collaboration)
내 용	정보교환 정보공유	정보공유 서비스 계획 공동수립	공동프로그램(연합사업) 자원 공유
목 적	각 조직의 서비스 효과성 증대	서비스 중복 방지 자원의 효율적 관리	자원의 최대화
관계기반	개별조직의 필요	계 약	목적의 공유
관계유형	단속적	단속적 또는 정기적	지속적
활동유형	독자적 활동	독자적 또는 부분협동	완전협동
독립록	완전 독립성	자율성·정체성 유지	자율성·정체성 유지
책임정도	없 음	일부 공식적 책임	공식적 책임 공유

네트워크 내에서 조직 간의 관계수준은 여러 차원이 존재할 수 있다. 그러나 네트워크가 갖는 특성과 목적 및 기능에 비추어 조직 간의 네트워크 활동은 궁극적으로는 협력의 차원으로 발전하는 것이 바람직하다는 것은 재론의 여지가 없다. Homan(2004: 420)에 의하면 조직 간의 협력은 에너지를 경쟁보다는 지역사회의 개선에 쏟도록 함으로써 지역사회의 문제를 다루는 데 있어 완전히 다른 방식을 취하도록 한다. Payne(1993) 또한 조직 간 연계는 서비스 활동의 갭과 서비스 중복을 피하고 서비스 공급을 위한 연합전략의 개발, 공유된 가치와 태도의 개발, 통합서비스구조의 개발을 가능하게 한다고 강조한다. 조직 간의 협력은 지역사회문제의 해결과 서비스 제공을 위

한 집합적 힘(power)과 자원을 증대시킨다(Bailey & Coney, 1996: 605). 그런 의미에서 조직 간 협력은 서비스 역량과 자원활용의 효율성을 극대화하여 보다 나은 서비스를 제공할 수 있는 기반을 제공한다. 협력은 네트워크의 본질적 특성으로서 조직 간 협력은 네트워크를 통하여 이루어진다. 조직 간 협력이 보다 영구적이 되기 위한 길이 네트워크라는 주장(Kahn, 1991)은 네트워크의 유지발전이 조직간의 협력강화의 조건임을 말해준다.

3) 네트워크에 있어서 협력의 확대과정

본서에서는 네트워크가 협력의 차원에서 기능해야 한다는 관점에서 협력을 중심으로 네트워크의 발전과정을 논하고자 한다.

네트워크는 이론적으로는 낮은 수준에서 높은 수준으로의 단계적인 과정을 거치면서 유지발전해가는 동태적 속성을 지닌다. 그런 점에서 볼 때 앞에서 살펴본 네트워크의 차원은 네트워크가 궁극적으로 가장 높은 수준의 협력으로 가는 단계적 발전과정으로도 이해될 수 있을 것이다. 그러나 모든 네트워크가 이러한 과정을 거치면서 협력의 차원으로 발전해가는 것은 아니다. 네트워크의 차원에서 보았듯이 다양한 수준의 네트워크가 존재하고 또 이러한 네트워크가 모두 지속적으로 유지되는 것은 아니기 때문이다. Baley(1989)는 네트워크의 발전과정을 세 단계로 구분하고 있다. 첫 번째는 특정한 경우 일시적으로 네트워크가 형성되는 단계이며 두 번째는 지역 내 여러 분야의 각 조직들 간에 정기적인 연락을 취하는 형태로 네트워크가 유지된다. 세 번째는 지역의 각 분야의 조직의 직원들이 한 팀을 만들어 함께 서비스를 제공하는 수준에서 네트워크 활동이 이루어진다.

특정문제를 해결하기 위해 일시적으로 형성된 네트워크가 지속적인 협력관계로 발전되기 위해서는 두 가지의 기본적 조건이 전제된다. 즉 어떻게 네트워크 활동을 협력수준까지 발전시킬 것인가 하는 것과 네트워크의 지속가능성을 어떻게 담보할 것인가 하는 것이다. Abramson & Rosenthal(1995: 1483－1484)은 조직 간 네트워크의 특성인 협력의 본질적 특징을 진화라고 하는 지속적이고 역동적인 과정으로 보고 그 과정을 형성기, 실행기, 유지기, 종결 혹은 전환기로 구분하고 있다. 그리고 각 단계마다 고유의 특징적 업무, 과정, 도전, 다음 단계로 진보하기 위해 성취해야 할 결과를 갖는다고 하였다. 이와 같이 네트워크의 동적인 특징에 초점을 둘 경우 네트워크의 관계차원과 내용의 강도강화를 위한 노력이 중요한 과업이 된다.

네트워크의 기본적 맥락은 관계성으로 네트워크에 참여하는 개별 행위자의 자율성을 전제로 하면서 신뢰와 사회적인 연대를 확립하고 협력에 의한 공동행동의 발전을 지향한다. 조직 간의 네트워크 역시 개별 조직의 자율성을 유지하면서 공동의 목적을 위하여 함께 일하기로 동의한 독립적 기관들의 집단이다(Abramson & Rosenthal, 1995: 1479). 그러므로 조직 간의 네트워크가 실질적으로 기능하기 위해서는 조직 간에 어떤 구체적인 목표를 위해서 어떤 차원에서 협력할 것인가에 대해 협의조정하는 합리적인 절차를 거치게 된다. 그러나 특정사안을 중심으로 한 네트워크는 일시적일 가능성이 높다. 따라서 네트워크 활동이 이루어지는 과정에서 조직 간 네트워크가 보다 영구적이 되기 위한 노력이 필요하다. 이는 조직 간 네트워크가 구체적이고 특정한 과업의 완수와 더불어 가치와 이념의 공유를 통한 연대의식과 신뢰를 가능하게 하는 관계수준에서 기능하도록 해야 한다는 것을 의미한다. 그런데 앞에서 살펴본 Abramson & Rosenthal(1995: 1484)의 구분은 조직 간 협력을 특정문제의 해결을 위한 일회적인 과정으로 파악하고 있다. 즉 협력을 필요로 하는 목표가 성취되거나 또는 실패했을 경우 조직 간의 협력관계가 종결된다는 전제를 갖고 있다. 그런 점에서 협력을 가능하게 하는 네트워크의 지속적인 유지발전을 상정하지 않고 있다. 그러나 조직 간 협력의 필요성과 당위성에 비추어 볼 때 협력은 지속적으로 이루어져야 하며 그 토대인 네트워크 역시 지속적으로 유지발전해야 한다.

그러한 관점에서 본서에서는 조직 간 협력을 가능하게 하는 네트워크의 지속을 전제로 네트워크의 형성과 협력의 확대과정을 3단계로 구분하고자 한다. 즉 네트워크 형성기로서 조직 간 합의에 의한 협력의 구체화단계, 네트워크의 기반구축단계로서 관계중심화를 통한 협력의 공고화단계, 새로운 협력구조에 의한 네트워크 활동이 이루어지는 지속화단계가 그것이다.

첫 번째 단계인 협력의 구체화단계는 조직 간에 특정의 구체적인 문제를 중심으로 합의에 의한 기관차원의 협력관계, 즉 네트워크가 형성되는 단계이다. 이 단계에서는 계약의 의한 특정과업의 완수가 주요한 사항이 된다. 그런 점에서 기능적 협력단계라 할 수 있다. 그러나 이 단계에서는 특정문제의 해결에 초점을 둔 협력관계가 형성되므로 단기적이거나 일시적인 협력에 그칠 가능성이 존재한다. 그러므로 네트워크가 항구적 조직으로서 자리매김하고 협력으로 가기 위해서는 이와 같이 구체적 사안중심의 기능적 협력에서 인간관계중심 협력관계로 발전되어야 한다.

두 번째 단계는 네트워크가 지속적으로 유지되기 위한 기반이 구축되는 단계이다. 이 단계에서는 기능적 협력에서 관계중심 협력관계로서의 네트워크의 본질적 특성에 기초하여 협력관계가 보다 공고화되는 단계이다. 이 단계에서는 공통의 가치와 이념에 의한 연대의식이 형성되며 구체적인 사안보다는 보다 광범위한 목적을 위하여 협력한다. 따라서 연대의식과 신뢰에 토대하여 공통의 가치와 이념 및 보다 광범위한 목적을 위하여 협력할 수 있도록 관계중심화를 위한 노력이 필요하다.

세 번째 단계는 네트워크에 기반을 둔 협력구조 속에서 실무자들을 중심으로 다양한 과업집단들이 형성되고 전문성을 발휘하여 보다 효과적이고 통합적인 서비스를 제공하기 위한 활동이 이루어진다. 이와 더불어 네트워크의 유지를 위한 노력들이 이루어짐으로써 네트워크는 역동적으로 발전하게 되며 영구적인 조직으로 자리매김하게 된다. 이에 따라 조직 간 협력도 지속적으로 이루어지게 된다. 그러므로 이 단계에서는 네트워크가 역동적으로 발전하고 지속적인 협력이 가능하도록 과업집단들이 전문성을 발휘하여 활동하기 위한 다양한 공동프로그램의 개발이 이루어져야 한다.

이와 같은 과정은 비단 조직 간의 네트워크에만 적용되는 것은 아니다. 자연발생적인 네트워크나 특정 목적을 위해 의도적으로 형성된 조직 간 네트워크, 공식적 네트워크 또는 비공식적 네트워크이건 모든 네트워크는 기본적으로 이와 같은 속성을 지닌다. 따라서 본서에서는 네트워크를 조직 간에 형성된 협력체계에 한정하지 않고 지역사회의 모든 구성원들을 포괄하는 지역사회네트워크로 확장하고자 한다.

4) 지역사회 청소년보호체계 모형개발에 있어서
네트워크의 함의

네트워크이론은 기존의 시장조직과 관료조직의 단점을 보완하는 기제로서 사회 전체를 새로운 방식으로 재구조화하는 원리로 자리잡아 가고 있다. 사회복지분야에서도 사회문제 해결에 있어 사회적 네트워크가 매우 효과적이라는 인식에 따라 네트워크의 중요성이 제기되고 있다. 본서에서도 그러한 관점에서 네트워크의 개념과 내용에 대하여 살펴보았다. 이하에서는 고찰결과를 중심으로 지역사회 청소년보호체계 구축에 있어서 네트워크이론의 적용가능성을 이념성과 실천성 측면에서 탐색해보기로 하겠다.

본서에서 말하는 지역사회 청소년보호체계는 청소년보호를 위하여 기존의 접근방식과는 다른 새로운 방향성과 접근을 지향하는 네트워크조직이다. 그런 점에서 네트워크이론은 지역사회 청소년보호체계에 이론적·실천적 방향성을 제시해줄 수 있다.

먼저 이념적 차원에서 볼 때 네트워크이론은 청소년보호체계가 청소년보호의 효과를 극대화하기 위해 어떤 관계구조를 가져야 할 것인가를 제시해준다. Powell(1991)에 의하면 네트워크는 시장의 논리인 경쟁이나 계층조직의 수직적 관계와는 달리 신뢰(reliance)를 바탕으로 한 상호보완성(complementarity)과 조화(accommodation)를 핵심적인 내용으로 한다. 즉 개별 행위자의 자율성을 전제로 하면서 공유와 호혜성 및 신뢰를 기반으로 사회적인 연대를 형성하고 협력의 공동행동을 지향한다. 네트워크가 갖는 이와 같은 이념성은 청소년보호체계의 기반인 지역사회가 청소년보호라는 가치와 목적의 공유, 신뢰와 사회적인 연대를 확립하고 청소년보호체계 자체의 내적 역량을 강화하면서 협력에 의한 공동행동의 발전을 지향해야 한다는 것을 시사해준다.

실천적 차원에서 볼 때 네트워크는 구성원들의 자발적이고 자율적인 참여에 의해 형성된다. 또한 가장 높은 수준의 협력을 토대로 서비스 역량과 자원활용의 효율성을 극대화하여 보다 나은 서비스를 제공할 수 있어야 한다는 점을 강조한다. 이는 청소년보호체계가 단기적 또는 일회성의 프로그램을 위한 협력관계나 정보교류를 위한 형식적인 또는 명목만의 네트워크로 존재해서는 안 된다는 것을 의미한다. 청소년보호를 위해 지속적인 협력과 공동사업의 실시를 통해 청소년들이 실질적이고 질 높은 보호서비스를 받을 수 있는 차원에서 기능해야 한다는 것이다.

이상에서 알 수 있듯이 네트워크는 청소년보호체계가 청소년보호를 위한 지역사회의 자원과 서비스, 활동 등의 협동적 생산을 촉진시키고 실천할 수 있는 수준의 협력구조가 되어야 한다는 점을 인식하도록 해준다. 즉 네트워크이론은 다양한 주체들의 참여와 협력을 전제로 하는 지역사회 청소년보호체계 구축의 원리와 실천이념을 제공해주는 이론적 토대라 할 수 있다.

3. 지역사회조직화와 네트워크의 특성비교

앞에서 지역사회조직화이론과 네트워크이론이 청소년보호를 위한 지역사회의 협력구조를 창출할 수 있는 이론적·실천적 토대를 제공하고 있음을 살펴보았다. 그러므로 이하에서는 양 이론의 통합가능성을 검토하고 지역사회조직화와 네트워크의 공통성 지표들을 도출하여 지역사회 청소년보호체계 모형설계의 이론적 틀을 형성한다.

네트워크이론이나 지역사회조직화이론은 개개의 분산된 힘보다는 조직화된 집단의 협력적 노력이 문제해결에 보다 효과적이라는 가정에 입각한 조직이론이라는 공통점을 갖는다. 원래 지역사회조직화는 지역사회를 대상으로 지역주민의 참여와 협력을 통하여 지역사회의 문제를 해결하는 사회사업실천의 한 방법으로 이론화되었으며 네트워크는 사회적 관계를 분석하는 도구로 활용되어 왔다(김희연, 2001: 31-32). 사회복지분야에서의 네트워크에 대한 관심은 사회문제의 해결에 있어 사회적 네트워크가 효과적이라는 인식(Trevillion, 1999)에 따른 것으로 서비스 제공을 위한 자원의 연계라는 측면에서 이해되고 있다. 즉 자원의 공유와 협력을 통해 클라이언트를 위한 서비스 제공의 시너지 효과를 창출해내기 위해 개인이나 조직, 기관들 간에 의도적으로 형성된 협력체계라는 차원에서 접근하고 있다.

지역사회조직화와 네트워크는 모두 이념으로 사회통합을 지향하고 있으며 연대의식과 가치·목적의 공유, 상호신뢰라는 상호작용관계에 입각해서 협력이 이루어진다. 양자는 지역사회를 대상으로 하여 문제해결을 도모하고 보다 효과적으로 문제를 해결하기 위해 협력을 체계적으로 조직화한다. 지역사회조직화가 지역사회의 문제해결과 변화를 추구함에 반하여 네트워크는 자원의 극대화를 통한 서비스 효과의 제고에 중점을 두고 있다는 점에서 차이가 있다고 할 수 있다. 그러나 네트워크에서 말하는 서비스의 시너지효과는 지역사회문제 해결을 위한 자원활용의 효율성을 전제로 한다. 마찬가지로 지역사회조직화도 지역사회의 문제해결을 위한 자원과 욕구의 조정을 통해 효과적인 문제해결을 지향한다. 네트워크의 관계내용의 특성으로 호혜성, 상호의존성, 공유성 등이 강조되는데 이러한 요소들은 지역사회조직화에서도 찾아볼 수 있다.

이와 같이 지역사회조직화와 네트워크는 많은 부분에서 공통성을 갖는다. 양자의 공통적 특성을 보여주는 다양한 지표들로는 협력성, 연대성, 호혜성, 신뢰성, 공유성, 포괄성, 통합성, 다양성, 민주성, 책임성, 주체성, 자발성, 자율성, 독립성 등을 들 수 있다. 이러한 지표들은 내용의 유사성에 따라 [그림 Ⅲ-5]와 같이 크게 협력성, 포괄성, 민주성, 자발성의 4가지로 범주화할 수 있다.

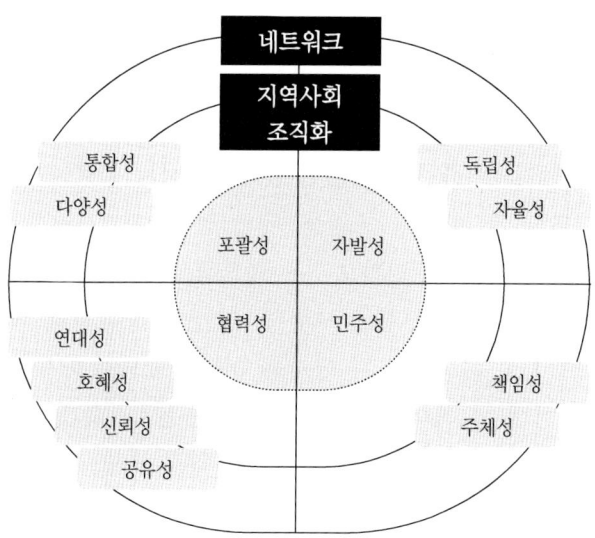

[그림 Ⅲ-5] 지역사회조직화와 네트워크의 공통성 지표

협력성은 공동행동을 가능하게 하는 요소로서 목적과 가치의 공유, 연대의식과 상호신뢰성에 기반을 둔 호혜적 관계를 전제로 한다. 포괄성은 다양한 자원의 참여와 노력의 통합을 통하여 문제해결의 수월성을 제고할 수 있는 요소로 여기에는 다양성과 통합성이 포함된다. 자발성이라 함은 참여자의 자율성과 독립성을 기반으로 하여 자유의지에 의한 참여를 의미한다. 민주성은 분권적이고 수평적인 관계구조 속에서 합의에 의한 의사결정과 공평한 역할분담을 통한 협력을 가능하게 하는 조건으로 참여자의 책임성과 주체성이 필수적이다.

지역사회조직화와 네트워크의 차이점으로는 대상에서 전자는 지역주민의 조직화에 초점을 두고 주민참여와 자조적 리더십을 강조하는 반면에 후자에서는 조직 간의 관계에서 서비스 자원의 연계와 자원의 교환이 주안점이다. 또한 전자는 지역적 범주가 강조되는 경향이 있으나 후자는 기능적 결합의 성격을 갖는다. 즉 전자는 지역주민의 참여와 협력을 어떻게 조직화해 나갈 것인가에 관심을 갖는 조직화 방법에 대한 이론이라 할 수 있으며 후자에서는 주로 관계구조라는 측면에서 조직 그 자체에 초점을 두고 접근한다. 그러므로 어떻게 네트워크를 형성해갈 것인가보다는 네트워크의 관계내용이나 형태, 기능에 대해 분석하는 경향을 보인다. 지역사회조직화와 네트워크는 이러한 차이점을 갖고 있으나 양자를 엄밀하게 구분하기는 쉽지 않다. 양자의 가장 큰 차이점을 든다면 지역사회조직화가 조직을 형성해가는 과정임에 반하여 네트워크는 조직화된 상태로서의 조직을 나타낸다는 점에서 다르다고 할 수 있다.

네트워크를 구축한다는 것은 의도적이고 계획적으로 네트워크 구성원들을 조직화해가는 것이다. 지역사회조직화 역시 지역사회의 문제해결을 위해 의도적으로 지역주민들을 조직화한다. 그러나 사회적 관계망으로서의 네트워크는 의도적·비의도적 모든 관계망을 포함한다. 그런 점에서 네트워크는 지역사회조직화에 비하여 광범위한 개념적 틀을 갖는다. 지역사회조직화는 사회적 네트워크를 기반으로 할 때 보다 효과적으로 수행될 수 있다. 또한 지역사회의 문제해결을 위한 네트워크는 지역사회조직화를 통하여 형성되므로(Rubin & Rubin, 1992: 6) 네트워크는 지역사회조직화의 산물이며 목표이다. 그러므로 본서에서는 네트워크이론과 지역사회조직화이론을 통합하여 네트워크를 지역사회조직화의 목표개념으로 규정하고 지역사회조직화를 네트워크를 형성해나가는 과정 또는 네트워크를 형성하기 위한 실천전략으로 규정한다.

이를 지역사회 청소년보호체계에 적용할 때 청소년보호체계는 네트워크로서 지역사회조직화의 목표개념에 해당한다. 그리고 지역사회조직화는 청소년보호체계를 구축해가는 과정이며 접근전략이다. 그러므로 지역사회 청소년보호체계 모형의 설계는 청소년보호체계를 구축해가는 과정에서 각 단계별 목표와 조직화대상의 특성에 따라 적합한 지역사회조직화모델들을 배치하고 그에 따른 세부적인 전략들을 개발하는 작업으로 이루어진다.

본 절에서는 지역사회 청소년보호체계 모형개발의 방향성을 설정하기 위하여 국내외 지역사회 청소년보호체계를 분석한다. 분석지표는 앞에서 제시한 지역사회조직화와 네트워크의 공통성 지표인 협력성, 포괄성, 자발성, 민주성의 4가지 기준이다.

1. 협력성

지역사회 청소년보호체계는 다양한 관련주체들 간의 협력이 높은 수준에서 이루어질 때 효과적인 청소년보호가 가능하고 나아가서 청소년보호체계와 지역사회의 청소년보호역량의 강화를 기대할 수 있다.

외국의 경우 청소년보호를 위해서 공공 간, 민과 관, 민과 민의 협력체계를 구축하고 유기적으로 협력하여 청소년보호효과를 높이고 있는 사례들을 볼 수 있다. 미국 미주리주의 Caring Communities나 뉴욕주의 BEACON프로그램은 체계적이고 포괄적인 청소년보호를 위한 주정부와 지역사회와의 협력체계로서 민관협력의 중요성을 보여주는 사례이다. 행정당국과 지역사회가 청소년보호를 위해 다양한 방식으로 협력하는 Caring Communities와 BEACON프로그램은 청소년보호를 위한 지역사회협력체계 구축에 있어 행정당국의 적극적인 지원과 협력의 중요성을 보여준다. 그러나 보다 중요한 것은 주정부가

행·재정적 지원 등 중심적인 역할을 하면서도 파트너십에 토대한 접근을 통하여 다양한 민간자원의 참여와 협력을 가능하게 하였다는 점이다.

일본의 지역사회 청소년보호체계 역시 공공 간의 협력과 민관협력을 특징으로 한다. 사야마시의 지역사회조직화접근을 통한 범지역적 청소년보호체계 구축사례의 경우 청소년비행이 심각해지자 각종 단체와 행정·사법기관, 학교, 지역주민들이 자발적으로 참여하여 '청소년을 육성하는 사야마시민회의'를 결성하였다. 이를 가능하게 한 것이 민관파트너십에 입각한 시당국의 적극적인 지원으로서 행정과 경찰 등 공공기관이 민간의 참여와 활동을 측면지원한 점은 우리의 지역사회 청소년보호체계 구축에 시사하는 바가 크다.

우리의 경우 그동안 민관협력과 지역사회의 다양한 자원들의 협력체계를 구축하여 청소년보호의 효율성을 제고해야 한다는 주장은 끊임없이 제기되어 왔으나 실제 청소년보호를 위한 관련조직 간의 연계협력의 수준은 매우 미약하였다. 이로 인해 위기청소년을 제대로 지원할 수 없었다는 문제인식에서 청소년위원회는 지역사회 위기청소년 통합지원체계(Community Youth Safty-net)를 구축·운영하고 있다. CYS-Net은 유기적인 정책공조, 민관파트너십의 형성, 참여자원의 다양성과 높은 수준의 연계협력을 전제로 한다. 그러나 중앙의 청소년 보호정책 추진주체 간의 유기적 연계협력 미흡, 상호간의 견제와 비협조로 인한 청소년보호업무와 서비스 중복 등 중앙차원에서 정책공조가 이루어지지 못하고 있어 지역차원에서 공공기관 간의 연계협력이 매우 제한적이다. 또한 민관파트너십이라는 면에서 볼 때 CYS-Net의 구축이 행정주도의 상의하달식으로 추진되고 있어 지역사회 내 민간 청소년관련 자원들의 자발적 참여와 협력이 제한적으로 이루어지고 있다.

청소년보호활동에 있어 민관협력을 보여주는 사례로는 검찰과 경찰의 청소년보호활동과 서초구 청소년보호지역사회네트워크 구축사례, 약물남용청소년을 위한 강남지역협의회 등을 들 수 있다. 검찰은 민간과의 협력네트워크를 통하여 자녀안심하고학교보내기운동 등을 전개하고 있다. 그러나 이러한 활동이 검찰청 산하의 민간인으로 구성된 범죄예방위원회의 개별적인 활동으로 이루어지고 있을 뿐 지역사회의 여타 청소년보호조직들과의 연대·협력은 이루어지지 않고 있다. 경찰 역시 청소년유해환경 단속을 위해 해병전우회, 민간기동순찰대, 유해환경감시단 등 지역사회자치조직 등과 연계하여 활동하고 있다. 또한 청소년상담센터, 복지관, 학교 등과 연계하여 청소년의 보호·선도를 하고 있다. 그러나 경찰과 유관기관들과의 협조가 매우 미흡한 수준에 그치고 있는 점이 문제점으로 지적되고 있다. 서초구 청소년보호지역사회네트워크는 공공기관과 민간기관 간에 청소년보호를 위한 협력의 필요성에 대한 공통인식에 따라 서초구청의 행·재정적 지원과 경찰서, 지역교육청 등 공공기관의 적극적인 지원하에 구축되었다. 청소년보호 관련 핵심 공공기관의 이와 같은 적극적인 지원이 네트워크 구축과 운영을 가능하게 한 중요한 힘이 되었다고 할 수 있다. 약물남용청소년을 위한 강남지역협의회 역시 민관협력의 중요성과 필요성을 보여주는 사례이다. 동 협의회는 민간주도로 구성·운영되고 있으나 활발한 협력사업을 통해 사업성과를 도출함으로써 행정의 신뢰와 적극적인 지원을 받고 있다. 이러한 행정의 지원이 협의회활동의 안정화를 가져오게 하는 중요한 기반이 되었음은 물론이다. 또한 지역 내 청소년약물 관련사업의 대부분을 지역사회협력체계망을 통해 공동협력사업으로 실행하고 있는 점으로 보아 참여기관 간 협력이 상당히 높은 수준에서 이루어지고 있음을 알 수 있다.

그러나 지역사회에서 청소년보호활동을 전개하고 조직들의 경우 민관협력이나 민민 간의 협력이 거의 이루어지지 않고 있는 것으로 나타나고 있다. 지역사회를 단위로 청소년유해환경 감시·정화 등 청소년보호활동을 전개하고 있는 청소년유해환경감시단의 경우 자원 활용을 위한 네트워크 부재로 청소년보호체계의 민간파트너십 역량 발휘가 매우 미흡한 것이 가장 큰 문제점으로 지적되고 있다. 즉 청소년유해환경감시단이 개별단체 단위로 조직·운영되고 있어 지역사회의 모든 자원을 연계하는 지역사회 청소년보호체계의 구심점으로서의 역할을 하지 못하고 있을 뿐 아니라 동일 지역의 청소년유해환경감시단 간에도 유기적인 네트워크가 형성되어 있지 못하다. 특히 우려되는 점은 개별단체의 이질적인 성격과 실적을 중시하는 경향으로 협력보다는 경쟁하는 양상도 보이고 있다는 점이다. 그 외 지역사회에서 청소년보호활동을 전개하는 조직으로는 해병전우회와 민간기동순찰대, 주민자치위원회 등이 있으며 극소수이기는 하나 지역주민이 청소년지킴이를 조직하여 활동하고 있는 경우도 보인다. 지역주민들이 자발적으로 청소년지킴이 등을 조직하여 활동하고 있는 예는 지역주민들의 참여를 통한 청소년보호체계 구축의 가능성을 보여주는 것이라 할 수 있다. 그러나 협력이라는 차원에서 볼 때 행정의 지원과 협력이 이루어지고 있는 일부의 조직이나 관변단체를 제외하고는 행정이나 경찰과의 연계협력은 이루어지지 못하고 있다. 또한 청소년보호라는 동일한 목적을 갖고 활동하고 있음에도 조직 간의 연계협력이 거의 없이 개별적으로 활동하고 있을 뿐 아니라 청소년 보호활동이 극히 간헐적으로 이루어지고 있어 청소년보호의 실질적인 효과를 보이지 못하고 있다.

2. 포괄성

포괄성이라 함은 지역주민과 청소년을 포함한 지역사회의 모든 주체들의 참여를 말한다. 참여자의 다양성은 청소년보호자원의 극대화는 물론 통합적 청소년보호활동을 통해 청소년보호효과를 높이고 적절한 역할분담을 통해 지속적이고 상시적인 청소년보호를 가능하게 해준다.

외국의 지역사회 청소년보호체계는 포괄성 요소를 매우 강조하고 있음을 알 수 있다. 포괄성이라는 면에서 가장 대표적인 사례로 사야마시민회의를 들 수 있다. 여기에는 행정과 사법 및 학교 등의 공공기관, 민간 청소년보호조직, 민간단체, 주민조직 등 총 49개 단체가 참여하고 있다. Caring Communities와 BEACON프로그램 역시 지역사회의 다양한 자원들의 참여와 협력이 두드러진 특징으로 주정부와 학교, 사회복지기관, 기업, 지역사회조직과 지역지도자, 민간재단, 기업 등 다양한 자원들이 참여하고 있다. 이와 같이 다양한 자원들이 참여하여 범지역적 청소년보호체계를 구축하고 파트너십을 형성함으로써 청소년보호를 위한 자원의 동원과 서비스를 연계시킬 수 있는 효과적인 협력체계를 형성하고 있는 것이다. 영국의 Connexions도 다양한 자원의 참여라는 차원에서 접근하고 있는 사례이다. Connexions 에서 보이는 특징은 청소년을 참여시키고 있다는 점과 다양한 자원 간의 유기적인 공조체계이다. 지역주민과 청소년, 공공 유관기관, 민간부문 대표, 자원봉사단체와 지역사회단체, 인력회사, 기업, 법률서비스단체 등의 참여와 다양한 배경을 가진 수많은 Personal Advisor 들 간에 유기적인 공조가 가능한 네트워크가 형성되어 효율적으로 기능하고 있다.

포괄성의 기준에서 CYS-Net의 구조를 보면 기관중심·전문가중심의 시스템으로 지역주민과 청소년의 참여가 전제되지 않고 있음을 알 수 있다. 조직 간의 연계에 초점을 두고 있어 잠재적 민간자원 중 큰 비중을 차지하고 있는 지역주민과 청소년의 참여가 고려되지 않고 있다. 청소년의 특성과 욕구를 가장 잘 알고 있는 집단이 지역주민과 청소년들임에도 이들이 서비스 계획과 제공에서 배제되고 있는 것은 CYS-Net이 청소년중심의 서비스 제공체계라고는 하나 제공자중심의 한계를 벗어나지 못하고 있음을 반증한다. CYS-Net이 효율적으로 기능하고 자원을 확보하기 위해서는 지역주민들을 조직화하여 서비스 제공주체로 역할하도록 하는 방안이 모색되어야 할 것이다. 특히 청소년의 참여는 청소년의 특성과 욕구에 기반을 둔 서비스 제공뿐 아니라 참여를 통한 청소년의 역량강화 및 건강한 사회구성원으로서의 책임과 권리의 인식이라는 차원에서도 고려되어야 할 사항이다.

약물남용청소년을 위한 강남지역협의회와 서초구 청소년보호지역 사회네트워크의 경우에도 참여자원이 매우 제한적이라는 한계를 보여주고 있다. 강남지역협의회의 경우 청소년과 긴밀한 관계가 있는 학교 및 지역교육청 등과의 연계협력이 이루어지지 못하고 있다. 서초구 지역사회네트워크는 학교 및 지역교육청과 연계가 되어 있으나 이 두 사례는 모두 기관중심의 네트워크로서 기업이나 지역사회조직, 지역주민, 청소년 등 지역사회의 다양한 민간자원의 참여가 이루어지지 않고 있다. 이와 같이 청소년보호체계가 관련기관·단체만으로 구성되었다는 점은 외국이 기업과 시민자원봉사 등 폭넓은 자원을 포함하고 있다는 사실과 비교할 때 매우 미흡한 수준임을 의미한다. 청소년유해환경감시단활동이나 지역주민의 청소년보호활동의 경우 지역주민이나 학부모들에 의해 이루어진다는 점에서는 주민참여가 실현되고 있다고 볼 수 있으나 청소년의 참여는 이루어지지 못하고 있다. 또한 개별단체·조직별로 운영되고 있어 자원참여의 폭이 극히 제한적이고 소수인력으로 운영되고 있어 포괄성과는 거리가 멀다.

3. 자발성

지역사회 청소년보호체계 구축은 참여자의 자발성을 전제로 한다. 자발적 참여가 이루어지지 못할 경우 네트워크는 형식적이 되거나 관료적 경직성을 가질 수 있다. 지역사회 청소년보호체계의 구축과 운영은 관주도의 up-down방식이 아니라 민간주도의 bottom-up방식으로 추진되는 것이 바람직하다. 이를 위해서는 행정은 통제나 관리의 차원에서의 접근방식이 아니라 지역사회의 공식·비공식적 민간섹터를 청소년보호를 위해 상호 협력하고 지원·육성해야 할 파트너로 인식하고 지역사회 청소년관련 조직 및 인력의 참여와 연계협력을 바탕으로 청소년보호체계가 활동할 수 있도록 다양한 지원을 제공하여야 할 것이다.

사야마시민회의, Caring Communities, BEACON프로그램은 행정의 적극적인 지원이 민간과의 파트너십 관계에서 다양한 자원들의 자발적 참여를 유도하는 방향에서 이루어짐으로써 성공한 사례라 할 수 있다. 사야마시의 청소년보호를 위한 지역사회조직화가 행정의 적극적인 지원에 힘입은 바 크고 시장이 시민회의의 회장직을 수행하고 있으나 지역사회조직화와 활동의 중심적인 주체는 민간의 청소년관련 단체와 일반시민이 주도하는 지역회의이다. 행정은 민간의 자발성과 주도성을 존중하면서 각종 단체와 지역주민들이 자율적이고 자발적으로 참여할 수 있도록 측면지원자의 역할을 충실하게 수행함으로써 지역사회조직화를 가능하게 하였다. Caring Communities와 BEACON프로그램은 청소년보호를 위한 지역사회협력체계의 구축에 주정부의 리더십과 적극적인 행정적·재정적 지원이 커다란 역할을 하였다. 그러나 그 성격은 시민주도의 협력체로서 주정부는 학교 및 지역사회와의 협력체계 구축에 중심적인 역할을 하면서도 파트너십에 토대한 접근을 통하여 다양한 민간자원의 자발적인 참여와 협력을 가능하게 하였다.

서초구 청소년보호지역사회네트워크 역시 서초구청의 행·재정적인 지원과 경찰서, 지역교육청 등 공공기관의 지원에 힘입은 바 크다. 그러나 네트워크 구축을 위한 추진력은 자발적인 참여에서 비롯되었다고 할 수 있다. 즉 청소년보호에 대한 지역사회의 관심과 청소년보호의 실질적인 효과를 담보하기 위한 네트워크의 필요성에 대한 인식의 공유에 기초한 민간 청소년관련 기관들의 자발적인 참여가 없었다면 네트워크 구축은 불가능했을 것이다. 약물남용청소년을 위한 강남지역협의회가 지역 내 청소년약물 관련사업의 대부분이 공동협력사업으로 실시할 수 있는 점도 동 협의회가 공동의 문제의식을 갖고 자발적으로 참여하고 있기 때문이다. 이러한 사실은 자발적인 참여가 협력의 기본적인 조건이며 협력수준을 높이는 데 있어 매우 중요한 조건이라는 점을 상기시켜 준다.

이러한 관점에서 CYS-Net의 추진방식을 볼 때 앞에서도 설명하였듯이 행정주도의 상의하달식으로 이루어지고 있어 자발적 참여라는 면에서 문제를 안고 있다. 지역사회 내 청소년보호조직들은 연계협력의 경험이 부족하고 조직 간 신뢰형성의 미흡으로 파트너십에 기초한 협력 또한 원활하게 이루어지지 못하고 있다. 이러한 현실적인 상황을 고려하지 않은 행정주도의 가시적인 성과지향의 일방적 추진·운영방식은 민간의 자발적 의지에 따른 참여를 저해함으로써 형식적인 협력이 이루어지는 결과를 초래하게 된다. 따라서 행정은 CYS-Net의 구축·운영에 있어 민간의 자율적이고 자발적 참여가 이루어질 수 있도록 민관파트너십과 민간조직 간의 상호신뢰 강화라는 전제 위에서 배후에서 적극적인 지원을 해야 할 것이다.

4. 민주성

지역사회 청소년보호체계는 참여자들 간의 수평적이고 대등한 분권적 구조와 의사소통의 개방성을 통한 민주적 의사결정과정과 합의에 의한 역할분담을 필요로 한다. 이와 같은 민주적 원칙에 의거할 때 책임성 있는 주체적 참여와 역할수행이 가능하다.

민주성이라는 면에서 Caring Communities나 사야마시민회의, 강남지역협의회는 좋은 시사점을 보여주고 있다.

Caring Communities는 아동 및 청소년의 삶과 관련된 의사결정에 있어 지역사회의 주민과 다양한 이해관계자들을 포함하는 지역사회 파트너십에 기초하여 운영체계를 구성한다는 원칙에 따라 다양한 주체의 참여와 논의를 통한 민주적 의사결정구조를 갖고 있다. 이는 각 주체들 간의 적절한 역할분담을 통한 책임성과 협력의 강화, 시민들의 욕구에 기반을 둔 서비스의 결정을 통해 서비스의 효과성 제고에 기여하고 있다. 사야마시민회의 역시 중심적인 주체는 민간주도의 지역회의로서 각종 단체와 지역주민들의 참여와 논의를 통해 의사결정하는 구조를 갖고 있다. 사야마시민회의가 민주적 의사결정 구조를 갖고 있음은 활발한 지역회의 활동과 발전을 통해서도 엿볼 수 있다. 지역회의는 다양한 의견들을 조율하고 참여자들의 합의를 통해 활동방향과 내용을 결정한다. 이러한 민주적 의사결정구조가 참여자들의 책임성 있는 참여와 주체적인 역할수행을 가능하게 하고 지역회의로 하여금 지역사회 청소년보호체계의 구심점으로서 일반주민들의 지역사회에 대한 관심을 더욱 고양시키면서 새로운 문제해결을 위한 활동으로 발전해갈 수 있는 원천이 되고 있다. 강남지역협의회는 협의구조로서 협의회사업의 심의·의결기구인 기획위원회와 공동사업 계획 및 실행을 담당하는 실무자협의회의 합의를 통해 공동협력사업을 추진하고 있다. 기획위원회는 원활한 의사결정을 위해 월 1회의 회의가 정례화되어 있으며 실무자협의회 역시 월 1회 이상의 회의를 통해 공동으로 사업계획과 진행, 업무조정 및 점검, 평가 등을 실시한다. 이러한 민주적 의사결정시스템이 지역의 청소년 약물 관련 사업의 대부분을 공동협력사업으로 실행할 수 있도록 한 기반이 되고 있다고 볼 수 있다. 이상의 사례를 통하여 민주적 절차에 의한 의사결정과 합의를 통한 역할분담이 참여자들의 책임성과 주체적 참여 및 네트워크에 대한 공헌을 유도하는 중요한 기제이며 네트워크의 지속과 발전을 좌우하는 힘이라는 사실을 확인할 수 있다.

민주성의 요소인 책임성이라는 측면에서 청소년유해환경감시단을 볼 경우 이는 청소년위원회의 지정과 지도감독하에 청소년보호활동을 하는 구조를 갖고 있다. 물론 지정은 신청에 의해 이루어지나 이러한 구조는 민간의 자율성과 책임성 있는 참여를 저해하는 요소가 되고 있다. 청소년유해환경감시단활동은 우리나라에서 지역사회를 단위로 청소년보호를 위하여 전개되는 대표적인 지역조직활동이라 할 수 있음에도 청소년보호효과를 제고하기 위해 협력하려는 노력보다는 개별단체의 이익을 위해 협력보다는 경쟁하는 양상을 보이고 있는 점, 청소년보호에 대한 사명감과 의지의 부족으로 형식적인 보호활동이 이루어지고 있는 점 등은 이들의 주체적인 책임의식의 부재를 보여주는 것이라 하지 않을 수 없다. 지역주민들의 자치적인 청소년보호활동이 극히 산발적이고 간헐적으로 이루어지고 있는 것도 책임성의 부족을 보여주는 것이다. 이러한 현상은 지역사회의 성숙도와도 관련되는 것으로 청소년보호를 위해 지역사회 차원의 합의를 도출하고 지역주민들의 성숙과 주체적이고 책임성 있는 참여가 이루어질 수 있도록 지역사회조직화의 필요성을 제기하고 있다.

본 절에서는 앞장에서 살펴본 이론적 내용들에 근거하여 지역사회 청소년보호체계 모형을 개발한다. 이를 위하여 네트워크와 지역사회 조직화의 이념적 내용과 지향성에 토대하여 모형설계의 방향을 설정하고 청소년보호체계 구축의 단계별 목표와 조직화대상에 따라 지역사회조직화모델들을 전략적으로 선택·배치하여 모형을 설계한다.

1. 모형설계의 전제와 방향성

1) 모형설계의 전제

청소년보호는 개개인의 문제이면서 동시에 지역사회 전체의 현안과제라 할 수 있다. 현재 청소년보호를 위한 다양한 시책과 프로그램, 활동들이 실시되고 있으나 이러한 노력들이 소기의 성과를 내지 못하고 있다는 것은 이러한 실천적 노력을 결집하여 청소년보호의 시너지효과를 높이기 위한 새로운 접근방안이 모색되어야 할 필요성을 말해준다.

청소년보호와 관련하여 나타나고 있는 가장 큰 문제점으로 청소년보호관련 자원 간의 협력체계가 구축되어 있지 못함으로써 단편적·산발적인 보호활동이 이루어지고 있음은 앞에서 지적하였다. 또 다른 문제점으로는 청소년보호에 대한 지역사회의 인식수준이 매우 낮을 뿐 아니라 매우 제한적인 관점에서 지역주민의 참여와 조직화를 배제하고 있어 자원활용의 한계를 보여주고 있다는 점을 들 수 있겠다.

이러한 문제인식에서 출발한 본서에서는 앞에서 살펴본 청소년보호체계의 문제점, 지역사회조직화이론과 네트워크이론의 검토결과에 토대하여 다음과 같은 가정하에 지역사회 청소년보호체계 모형의 개발방향을 설정하였다.

첫째, 현재 지역사회에는 청소년보호자원의 산재 및 미조직화로 인해 청소년보호효과가 미흡하나 청소년보호능력 향상 가능성을 지니고 있다.

둘째, 청소년보호를 위한 공공과 민간영역의 모든 노력들과 개별적 전략이 통합될수록 자원은 보다 효율적이 되고 체계적인 접근전략이 개발되어 청소년보호의 시너지효과를 증진시킬 수 있다.

셋째, 청소년보호주체로서 잠재적 역량을 지니고 있는 지역주민과 당사자인 청소년을 청소년보호체계에 포함시키는 것이 청소년문제 예방은 물론 청소년과 지역사회의 청소년보호능력 강화에 보다 효과적이다.

넷째, 지역사회 청소년보호체계의 구축은 청소년보호라는 직접적 목적과 더불어 청소년과 지역주민의 성장, 연대의식, 신뢰, 규범 등과 같은 사회적 자본을 형성하여 지역사회 통합에 기여할 수 있어야 한다.

다섯째, 지역사회 청소년보호체계 구축을 위해서는 특정의 단일모델에 의존하는 것보다 조직화대상과 단계에 따라 적합한 모델을 선택·조합하여 접근하는 것이 보다 효과적이다.

2) 모형설계의 방향성

본서에서 지향하는 청소년보호체계는 지역사회를 중심으로 다양한 주체들의 참여와 협력을 통하여 청소년보호의 시너지효과를 높이고 나아가서 청소년보호를 위한 지역사회역량의 강화와 사회적 자본을 확대할 수 있는 포괄적 청소년보호체계이다. 이러한 청소년보호체계는 네트워크와 지역사회조직화의 이념적 내용과 지향성에 토대를 둔다. 따라서 지역사회 청소년보호체계 모형개발의 방향을 지역사회조직화와 네트워크의 공통성 지표인 협력성, 포괄성, 자발성, 민주성에 기준해서 다음과 같이 설정하였다.

첫째, 협력성 차원에서는 청소년보호라는 목적의 공유와 신뢰를 통해 청소년보호체계의 내적 역량을 강화하면서 청소년보호를 위한 공동활동을 촉진시키고 실천할 수 있는 수준의 협력구조를 지향한다. 또한 민관파트너십, 민과 민의 협력에 토대해서 청소년보호라는 직접적 목적과 더불어 연대의식, 신뢰, 규범 등과 같은 사회적 자본을 형성하여 지역사회의 청소년보호역량을 강화하고 지역사회통합에 기여할 수 있도록 한다.

둘째, 공공 및 민간 청소년관련 기관, 지역주민, 지역사회조직 등 공식적·비공식적 다양한 자원의 참여를 통한 포괄적인 협력체계를 구축한다. 청소년과 지역사회의 청소년보호능력 강화라는 차원에서 청소년보호주체로서 잠재적 역량을 지니고 있는 지역주민과 청소년을 포함시킨다.

셋째, 청소년보호체계 구축에 있어서 중요한 요소는 청소년보호라는 공동의 목적을 위해 참여하고자 하는 의지이다. 참여자들의 자율성과 독립성을 존중하면서 자발적 참여를 유도하기 위해서는 조직화의 목표와 대상의 특성에 따른 접근전략의 활용을 통해 참여유인이 제공되어야 한다. 그러므로 조직화목표와 대상에 적합한 조직화모델들을 다양하게 선택·조합하여 지역사회 청소년보호체계 모형을 설계한다.

넷째, 청소년보호체계가 원활하게 구축되고 기능하기 위해서는 참여자들의 주체적이고 책임성 있는 참여와 역할수행이 원활하게 이루어질 수 있어야 한다. 이를 위해서 청소년보호체계의 운영, 청소년보호활동계획의 수립과 실시 등 참여자들 간의 논의와 합의를 통해 역할을 분담하고 조정해나가는 민주적 의사결정이 가능한 수평적이고 분권적 구조를 지향한다.

2. 모형의 설계

1) 모형도

청소년보호체계 구축을 위한 모형은 청소년보호체계의 방향성과 범주를 집약적으로 표현한 것이다. 청소년보호체계 구축은 이러한 이론적 모델의 적용이라는 실천적 맥락 속에서 이루어지며 또한 지역사회조직화의 제 모델들 중 어떤 모델에 근거하느냐에 따라 실천과정이 달리 전개된다.

지역사회 청소년보호체계 구축을 위한 접근전략으로서의 지역사회 조직화방법에는 다양한 이론적 모델이 존재한다. 그러나 하나의 모델로는 실천현장의 다양하고 복잡한 현상들을 명확하게 설명하거나 포괄하지 못한다는 한계를 지니고 있다. 즉 어떠한 방법이든 아무리 잘 수행된다 하더라도 모든 상황에서 효과적이지는 못한 것이다(Dunham, 1970: 109). 그러므로 특정한 하나의 모델에 근거하여 모형을 형성하는 것은 적절하지 않다. 또한 지역사회조직화를 추진해 나가기 위해서는 단계가 필요하며 각 단계에 따라 접근전략이 다르게 활용되어야 한다. 따라서 본 연구에서는 지역사회 청소년보호체계의 가설모형을 형성함에 있어서 특정한 하나의 모델에 근거하기보다는 청소년보호체계 구축이라는 목적과 지역사회의 현상을 고려하여 다양한 모델의 조합을 통한 모델화를 시도한다.

본서에서 활용하고자 하는 지역사회조직화모델은 Weil & Gamble의 모델이다. 실천현장의 사회복지사들은 대체로 Rothman모델에 친숙한 경향을 보이고 있으나 앞에서도 살펴보았듯이 Rothman모델은 각 유형들이 너무 포괄적이어서 적용하기가 어렵다는 한계를 지니고 있다. 이에 반하여 Weil & Gamble의 모델은 다양한 조직화방법을 포함하고 있어 구체적인 상황이나 단계에 적용하기가 보다 용이하며 조직화의 흐름을 명확하게 할 수 있다는 강점을 지니고 있다. 그러나 각 모델의 개념화가 정치하지 못하고 구체적인 접근전략을 제시하지 못하고 있다는 제한점을 갖고 있다. 따라서 본 연구에서는 지역사회조직화의 기본적인 틀은 Weil & Gamble의 모델을 적용하면서 각 모델의 개념화를 위한 이론과 전략은 Rothman모델과 Weil & Gamble모델을 혼합하여 조직화모형을 설계한다.

모형의 설계에 있어서는 혼합(mixing)과 단계적 이행(phasing)이라는 관점을 적용한다. 혼합이란 필요에 따라 여러 모델들을 동시에 실시

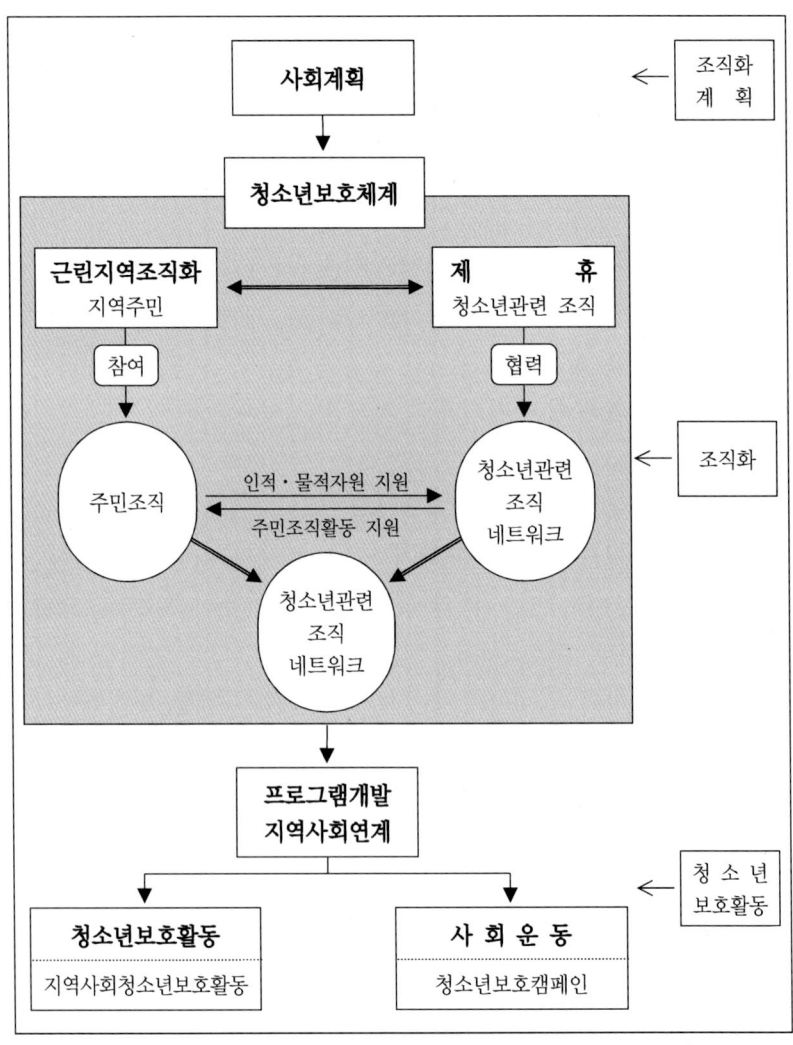

[그림 Ⅲ-6] 지역사회 청소년보호체계 구축모형

하는 것이고 단계적 이행이란 문제해결의 추이에 따라 적절한 모델로 이동하는 것이다(김동배, 1993: 219). 그러므로 지역사회 청소년보호체계 구축을 위한 조직화과정의 각 단계별 과업과 목표 및 개입대상에 따라 다른 모델이 적용된다. 각 단계별 과업을 크게 조직화계획, 조직화, 실천활동으로 구분하고 각각의 과업달성에 적합한 모델들을 선택적으로 재배치하여 [그림 Ⅲ-6]과 같이 전체 조직화과정을 구성한다.

　조직화계획은 청소년보호체계 구축을 위한 기본적이면서도 구체적인 계획을 수립하는 것이다. 지역사회의 청소년문제 및 욕구, 청소년 관련 자원사정에 기초하여 청소년보호체계의 구조와 접근전략, 프로그램개발을 위해서는 사회계획모델을 적용한다. 조직화는 주민조직화와 청소년 관련 조직 간 네트워크 형성으로 구분하여 주민조직화를 위한 모델로는 근린 / 지역사회조직화모델을 적용하며 조직 간 네트워크 구축을 위해서는 제휴모델을 활용한다. 이와 같이 모델을 구분하여 적용하는 것은 조직화대상의 특성과 조직화목적의 강조점에 따른 것이다. 근린 / 지역사회조직화는 지역주민을 대상으로 청소년보호에 대한 관심과 참여의식을 제고하고 실제적인 청소년보호활동을 전개할 활동체계의 조직화에 초점이 주어진다. 제휴모델은 청소년 관련 조직을 대상으로 청소년보호라는 공통의 목표하에 협력할 수 있는 기반의 구축에 중점을 둔다. 그러나 청소년보호체계 구축과정에서 이러한 조직화가 별개로 수행되는 것이 아니라 혼합적으로 이루어진다. 실천활동단계에서는 프로그램개발 / 지역사회연계모델과 사회운동모델을 적용한다. 프로그램개발 / 지역사회연계는 청소년보호를 위한 구체적인 실천프로그램을 개발하기 위한 것이며 사회운동모델은 청소년보호활동의 특성에 따른 것으로 지역사회의 관심과 참여를 유도하는 데 목적이 있다.

2) 모형의 개념화

청소년보호체계 구축모형의 개념화는 이론적 접근을 구체화해서 실천에 응용할 수 있도록 구조화시키는 과정이다. 이와 같은 과정을 거쳐 형성된 이론적 모델은 개입의 초점과 범주, 구성요소, 구성요소 간의 상호관계, 상호작용과 의도적 결과 및 개입의 특징들에 대한 설명과 이해를 가능하게 한다. 또한 특정의 상황에서 개입방법과 적절한 행동양식의 선택을 위한 추상화·단순화의 수준을 제시해줌으로써 (Weil, 1996: 6) 청소년보호체계 구축을 위한 조직화과정에서 각 단계별 또는 상황적 맥락 속에서 적합한 개입을 가능하게 하는 지침을 제공한다. 조직화의 실천은 이와 같은 개념적 틀에 토대해서 실천의 범위 및 접근의 방향성과 목표의 설정, 전략을 선택함으로써 보다 효과적인 개입이 가능해진다.

본서에서는 청소년보호체계 구축을 위한 모형은 Weil & Gamble모델을 혼합적으로 적용하여 구성하였으나 모델의 개념화는 Rothman모델과 Weil & Gamble모델의 개념들을 지역사회 청소년보호체계 구축의 목적과 목표, 지역사회환경, 청소년보호활동 현황 등에 적합하게 변형하여 개념화를 시도하였다. 가정, 목적과 목표, 조직화대상, 표적체계 및 전략의 6가지 변수에 따른 각 모델의 특징을 설명하면 〈표 Ⅲ-9〉와 같다.

〈표 Ⅲ-9〉 지역사회 청소년보호체계 모형의 개념화

구 분	지역사회 청소년보호체계 모형				
	조직화계획	조직화		청소년보호활동	
적용모델	사회계획모델	근린/지역사회 조직화모델	제휴모델	프로그램개발 /지역사회 연계모델	사회운동모델
가 정	청소년보호자원의 산재 및 미조직화로 인한 청소년보호효과 미흡 지역사회의 청소년보호에 대한 무관심 및 청소년유해환경 만연				
	청소년보호를 위한 참여·협력과 청소년보호능력 향상 가능성 존재				
목 적	청소년보호 및 청소년을 위한 지역사회의 보호적 기능 회복				
목 표	청소년보호 체계 구축 계획 수립	지역사회 청소년보호 능력강화 및 자원화	청소년보호 조직 간 협력체계 구축	청소년보호 활동의 시너지 효과	지역사회의 의식화(관심) 청소년보호 정책의 변화
		주민조직화	민관파트너십 형성	새로운 청소년 보호프로그램 개발	
조직화 대 상	전체 지역사회	지역주민, 청소년, 학부모	청소년관련 공식·비공식조직	지역지도자	전체 지역사회
표적체계	지역사회	지역주민 청소년유해 환경	청소년관련 민간·공공 조직 대표	지역주민 청소년유해 환경, 청소년	지역사회인식 청소년유해 환경, 청소년
전 략	청소년보호의 공통과제화	참여와 협동	협 력	지역사회의 참여	집단활동
		교육, 리더십 개발, 자원봉사 육성, 소집단 육성, 홍보	가치의 공유 공동목표 개발 커뮤니케이션 신뢰관계 형성 역할분담		캠페인홍보
방향성	↑	↑	↑	↑	↑
	협력성·포괄성·자발성·민주성				

지역사회 청소년보호체계 구축과정에서 적용되는 각 모델들은 기본적으로 범지역적 청소년보호체계의 구축과 이를 통한 지역사회의 청소년보호능력의 강화라는 지향성을 지니고 있으므로 지역사회현상에 대한 가정과 목적에 있어서는 공통적이다. 또한 본 모형에서 구상하고 있는 청소년보호체계는 전체 지역사회를 대상으로 하고 있으므로 조직화대상이나 표적체계도 명확하게 구분되는 것은 아니며 지역사회에 존재하는 현재적·잠재적 모든 청소년 관련 자원을 포함한다. 그러나 앞에서 설명한 바와 같이 각 모델은 각 단계의 과업에 따라 달리 적용되므로 구체적인 목표가 달리 설정된다. 각 모델의 직접적인 조직화대상과 표적체계 및 전략은 각 모델의 목표에 따라 정해지나 각 모델은 협력성·포괄성·자발성·민주성이라는 공통의 방향성을 갖는다.

3) 실천과정과 단계별 전략

지역사회조직화의 실천과정과 단계의 구분에 대해서는 학자들마다 접근법과 강조점에 따라 〈표 Ⅲ-10〉과 같이 다양한 모델을 제시하고 있다. 이러한 모델들은 단계의 구분의 관점이나 용어 또는 강조점은 다를지라도 기본틀은 같다고 할 수 있다. 이들 모델에서 보여지는 공통적인 전제는 사회복지실천의 문제해결과정에 준하여 지역사회조직화단계를 설정하고 있다는 점이다. 따라서 조직의 형성과정에 초점을 둔 단계구분이라기보다는 구체적인 문제해결에 초점을 둔 접근법이라는 특징을 갖는다.

각 모델들이 지니고 있는 특징을 보면 Dunham(1970: 271-281)과

최일섭·류진석(1995: 185−202)은 지역사회조직화과정을 문제해결 과정으로 규정하고 단계구분을 함으로써 조직화과정이 배제된 채 문제해결 그 자체에 초점을 맞추고 있다. 한편 永田幹夫(1997: 180~ 183)와 최옥채(2001: 107−136), 최종혁(2005: 22)은 용어나 순서는 달라도 공통적으로 조직화단계를 설정하고 있다는 특징을 갖고 있다. 이호 외(2001: 39)의 단계구분은 위의 모델들에 비해 보다 조직 화에 초점을 둔 접근모델이라 할 수 있다. 그러나 지나치게 과정을 세분화함으로써 접근전략적인 내용이 단계에 포함되어 있으며 주민 의 조직화에만 초점을 두고 있어 관점이 제한적이다.

지역사회조직화를 통한 문제해결은 문제에 대해 개인적으로 접근 하는 것보다 집단적 노력을 통한 접근이 더 효과적이라는 인식에 근 거한다. 따라서 지역사회조직화가 실현되기 위해서는 조직의 형성이 필수적이다. 이와 관련하여 Rubin & Rubin(1992: 5)은 지역사회조직 화란 민주적 조직을 형성함으로써 지역사회의 능력을 강화시키는 것 이라 하여 문제해결 그 자체보다 문제해결을 위한 조직의 형성을 강 조하고 있다. Kahn(1995: 572)에 의하면 지역사회조직화에 있어서 조직의 형성은 단기적이고 일회적인 문제해결이 아니라 장기적으로 지역주민들이 문제해결에 참여하면서 발전해나감으로써 지역사회의 변화를 위해 기능할 수 있는 영구적인 시스템을 형성하는 것이다.

〈표 III - 10〉 지역사회조직화 단계구분모델 비교

Dunham (1970)	최일섭 외 (1995)	永田幹夫 (1997)	최종혁 (2005)	최옥채 (2001)	이호 외 (2001)
문제인식	문제발견 및 분석	활동주체 조직화	준비단계	준비단계	지역특성에 맞는 방법선택
문제분석	정책 및 프로그램 개발	문제파악	계획화단계	계획단계	지역주민과의 관계형성
계 획					조직화프로그램 기획 / 실행
활 동	프로그램 실시	계획수립	조직화단계	조직화단계	주민조직구성
평 가		계획의 실천	지역활동 / 복지운동단계	문제해결 단계	이슈설정
					대중행동
다음단계	평 가	평 가	평가 / 과제전환 단계	평가단계	평가 / 성찰

　　이러한 관점에서 본서는 특정의 구체적 청소년문제를 해결하기 위한 방안으로서의 조직화를 시도하지 않는다. 본서의 주안점은 지역사회 전체가 청소년보호의 필요성을 인식하고 협력하여 청소년보호를 위한 지역사회 조건을 만들어나갈 수 있는 지속가능한 청소년보호체계의 구축가능성 탐색에 있다. 그러므로 조직화의 실천단계 구분에 있어 청소년보호체계라는 조직의 형성에 초점을 둔 단계구분을 시도한다. 이에 따라 조직화의 실천단계를 크게 조직화단계, 실천활동단계, 확대조직화단계로 구분한다.

조직화단계에서는 청소년보호체계 구축에 초점이 맞추어지며 실천
활동단계에서는 청소년보호체계의 기능화, 확대조직화단계에서는 청
소년보호체계의 유지·발전이라는 지속가능성에 초점이 두어진다. 그
러나 모든 단계는 청소년보호체계의 역량강화라는 지향점을 갖는다.

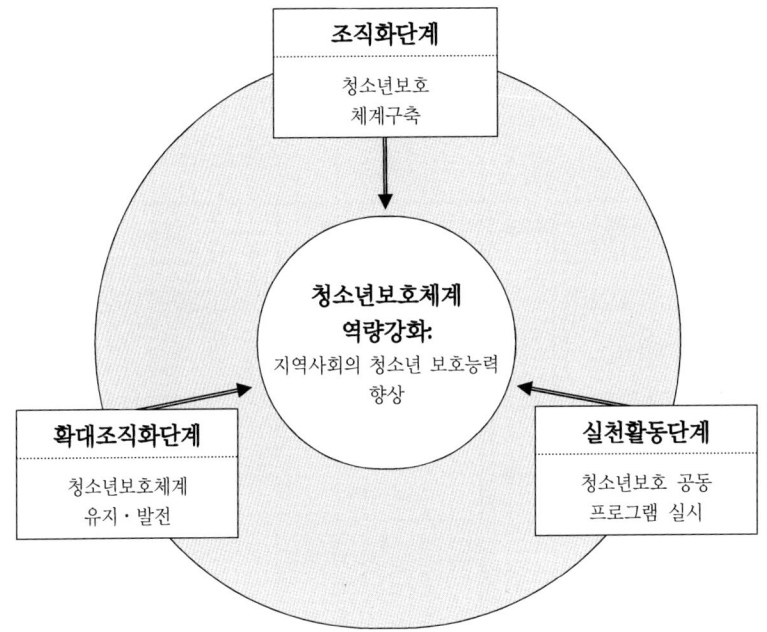

[그림 Ⅲ-7] 청소년보호체계 구축을 위한 지역사회조직화과정

각 단계들은 내부적으로 준비 → 계획 → 조직화 → 활동 → 평가 및
과제전환의 과정을 포함하나 본 연구에서는 각 단계의 목표에 따라
세부과정을 [그림 Ⅲ-8]과 같이 제시한다.

조직화단계에서는 청소년보호체계 구축을 위한 준비와 계획의 수립 및 계획에 따른 조직화가 이루어짐으로써 조직화의 일차목표인 청소년보호체계가 구축된다. 실천활동단계에서는 청소년보호체계의 기능과 역량을 강화하고 지속가능성을 탐색하기 위하여 구체적인 공동 활동프로그램을 개발하고 실천활동을 전개한다. 마지막 단계인 확대 조직화단계에서는 청소년보호체계의 실천활동 및 지속가능성에 대한 평가 및 지속적인 유지·운영을 위한 체제의 정비와 더불어 확대발전을 위한 다양한 노력이 시도된다.

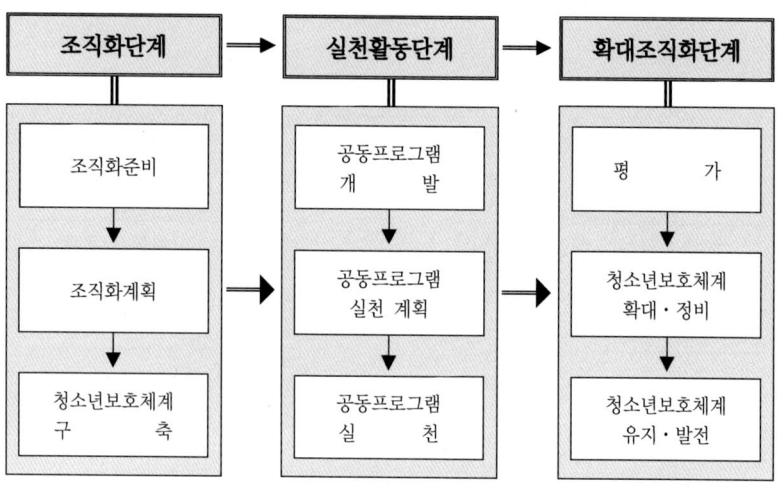

[그림 Ⅲ-8] 청소년보호체계 구축단계별 세부과정

각 세부단계별 추진전략을 살펴보면 조직화준비단계에서는 조직화 사업 수행을 위한 기관 내의 인적자원 확인 및 직원의 역할분담, 재원의 확보, 지역사회 자원탐색, 지역범주의 설정 등의 과업이 이루어진다. 조직화계획단계에서는 지역사회문제 및 욕구사정, 지역사회 자원사정, 프로그램 및 전략이 개발된다. 다음 단계인 청소년보호체계 구축단계에서는 홍보와 참여자 모집, 청소년문제의 이슈화, 모임과 교육을 통한 청소년보호체계 추진기구 및 활동소집단을 구성함으로써 청소년보호체계가 형성된다. 공동프로그램 개발단계에서는 청소년보호체계 추진기구에 의한 실천프로그램이 개발되며 프로그램 실천계획 수립단계에서는 프로그램 실천을 위한 세부사항 검토 및 실천준비가 이루어지고 프로그램이 실시된다. 평가단계에서는 평가계획의 수립과 평가, 청소년보호체계 확대 및 유지방안이 마련된다. 청소년보호체계 확대정비단계에서는 청소년보호체계 중심기관의 선정, 네트워크모임의 정례화 등 운영방안의 모색과 공동사업 실시를 통해 청소년보호체계가 유지발전할 수 있는 기반이 마련된다.

Ⅳ. 지역사회 청소년보호체계 모형 실천사례

본서에서 구상한 청소년보호체계 모형의 실천 대상지역은 수원시 장안구 Y동으로서 지역적 특성은 인구이동이 적고 장기거주 주민들이 많아 아파트지역에 비해 전통적 성향이 많이 남아 있는 일반주택지역이다. 중류 또는 중하 정도의 생활수준을 영위하고 있다. 지역적으로는 광교산이 인접해 있고 재래식 시장을 중심으로 상가가 형성되어 있다. 또한 모텔촌이 형성되어 있으며 대학교가 있어 대학생들을 대상으로 한 유흥업소가 밀집해 있다. 7개의 중·고등학교가 위치하고 있는데 특별히 청소년들을 위한 놀이공간이나 문화공간은 없으며 특히 모텔들의 홍보를 위한 음란성 전단지가 널려 있어 청소년들이 이를 쉽게 접할 수 있는 환경이다. 지역주민들은 청소년들에게 나쁜 영향을 주는 이러한 지역사회환경의 유해성을 심각하게 받아들이고 있으며 이를 해결하기 위한 노력의 필요성을 인식하고 있다.

이 지역에 위치한 M종합사회복지관은 그동안 BBS청소년집단상담 프로그램, 청소년관련 기관과의 연계를 통한 청소년보호활동, 수원보호관찰소와 연계한 보호관찰청소년 사회봉사프로그램 등의 청소년보호프로그램을 실시해왔다. 그러나 지역사회 내외의 유해환경의 증가로 인해 청소년의 비행위험이 더욱 높아지고 있어 이러한 프로그램만으로는 청소년보호에 한계를 느끼고 보다 적극적인 청소년보호프로그램의 필요성을 인식하게 되었다. M복지관은 그동안의 경험을 통하여 효과적인 청소년보호를 위해서는 관련조직 간의 네트워크를 통한 접근이 필수적이라는 인식하에 지역사회조직화방법을 활용한 청소년보호체계 구축프로그램을 계획하였다.

제1절 지역사회 청소년보호체계 구축과정

지역사회 청소년보호체계 구축은 앞에서 제시한 조직화단계, 실천 활동단계, 확대조직화단계의 과정을 거치면서 전개된다. 각 단계에서는 청소년보호체계 구축과정에 영향을 주는 여러 변수요인들을 고려하여 평가 및 수정의 순환적인 피드백과정을 거치며 이루어진다. 여기에서는 각 단계별로 진행된 내용을 중심으로 청소년보호체계 구축 과정을 살펴본다.

1. 조직화단계

1) 조직화 준비단계

조직화 준비단계에서는 복지관의 청소년보호체계 구축사업 추진을 위한 기관 내의 인적자원 확인 및 실무팀 구성, 재원의 확보, 지역사회자원 탐색, 대상지역 범주설정 등의 과업이 수행되었다.

(1) 실무팀 구성 및 재원확보

본 프로그램을 담당할 인력으로는 복지관의 부관장을 비롯하여 지역사회조직사업 담당자, 청소년프로그램 담당자, 복지사업 담당자 등 총 4명의 사회복지사로 실무팀이 구성되었다. 실무팀 내에서의 실무자들의 업무는 그들의 업무성격에 따라 이루어졌다.

프로그램 추진을 위한 재원은 경기도사회복지공동모금회의 기획제
안사업 지원금으로 충당되었다.

(2) 대상지역 범주의 설정 및 지역사회 자원탐색

본 청소년보호체계 구축사업은 일차적으로 복지관이 위치하고 있
는 장안구를 대상지역으로 설정하였다. 그러나 청소년관련 기관이
시단위로 1개소만 있는 경우도 있으므로 프로그램은 장안구를 대상
으로 실시하되 참여자원의 폭을 넓히기 위하여 시단위의 청소년관련
자원을 참여시키기로 하였다. 이 단계에서의 자원탐색은 과학적인
조사라기보다는 본 사업의 실천가능성을 탐색하는 차원이다. 프로그
램 대상지역인 장안구의 경우에는 어떤 공식·비공식 조직들이 있는
가를 파악하는 데 초점을 두었으며 시단위로는 청소년관련 기관을
파악하였다.

2) 조직화계획 수립단계

조직화계획은 사회계획모델을 적용하여 청소년보호체계 구축을 위
한 객관적이고 실증적인 자료를 수집하고 이에 토대하여 계획을 수
립하였다. 이 단계에서는 프로그램 설계, 지역사회 청소년문제 및 관
련자원 조사와 사정, 청소년보호체계 구조의 설계를 위한 작업이 이
루어졌다.

(1) 프로그램 설계

지역사회 청소년보호체계 구축을 위한 프로그램의 목적은 지역사회중심 통합적 청소년보호체계 구축에 있으며 이를 위한 목표는 청소년 관련기관 협조체계 구축, 청소년보호활동을 위한 주민조직 육성, 청소년보호체계의 역량강화, 청소년보호체계 지속기반 마련의 4가지로 설정하였다. 이러한 목표는 단계별로 전개되는 프로그램에 의해 구체화된다.

각 목표에 따른 프로그램의 세부내용을 간략하게 정리하여 제시하면 [그림 Ⅳ-1]과 같다.

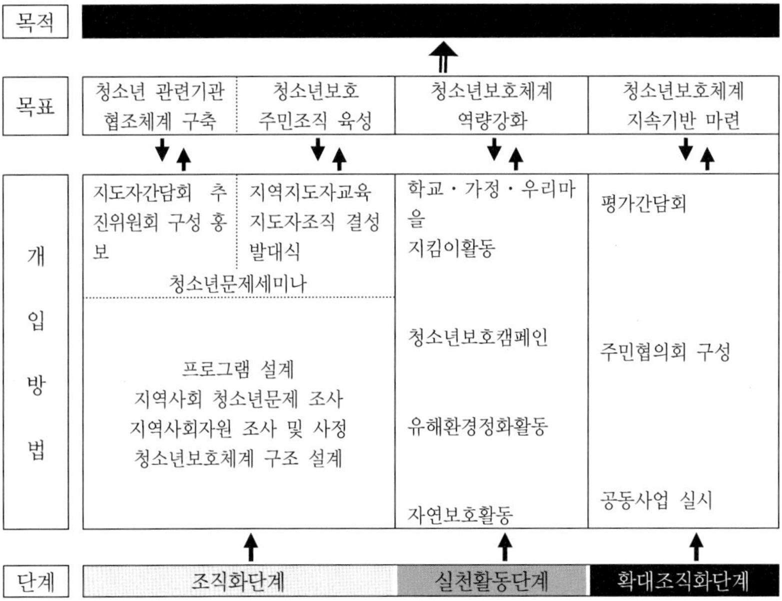

[그림 Ⅳ-1] 지역사회 청소년보호체계 구축프로그램 흐름도

(2) 지역사회 청소년문제 조사

지역사회 청소년문제 조사는 청소년문제를 이슈화하고 객관적이고 구체적인 자료를 통해 청소년문제의 심각성과 보호의 필요성을 지역사회에 인식시키기 위한 것이다.

장안구 소재 중·고등학교의 남녀학생 480명을 대상으로 학교폭력에 초점을 맞추어 청소년들의 생활행태, 청소년폭력 실태와 유해환경 현황, 청소년의 유해업소 출입시 걸름 장치의 존재여부, 지역사회 내에서의 청소년들의 건전한 성장을 방해하는 요인에 대한 인식 등을 파악하였다.

조사결과에 의하면 총 응답자의 9.4%(45명)가 학교폭력을 당한 경험이 있으며 학교폭력을 가한 경험이 있는 학생도 11.3%(54명)로 나타났다. 장안구의 유해환경 정도에 대해서는 50.7%(243명)가 술집 등 유해업소가 많다고 응답하였으며 동네의 골목길 등이 위험한 요소라고 응답한 빈도가 42.1%(202명)라는 높은 응답률을 나타내고 있어 지역사회의 청소년유해환경 및 위험환경의 심각성을 보여주고 있다. 특히 어른들의 역할모델과 관련하여 398명(82.0%)이 어른들이 술을 마시고 행패를 부리는 등 청소년들에게 보여주어서는 안 될 행동을 보여줌으로써 청소년들의 올바른 성장에 방해요소가 되고 있다고 응답하였으며 많은 청소년들이(58.8%) 어른들로부터 보호받아야 한다고 생각하고 있었다. 이와 같은 조사결과는 성인들이 청소년문제의 심각성과 청소년보호 및 건전육성에 대한 책임을 인식하고 청소년에게 유익한 지역사회환경 조성을 위해 총합적인 노력을 하지 않으면 안 된다는 것을 일깨워주는 지표라 할 수 있다.

(3) 청소년관련 자원조사 및 사정

자원조사 및 사정은 전 단계에서 행한 자원탐색결과에 의거하여 청소년보호체계 구축에 참여할 필요가 있거나 참여가능성이 있다고 판단되는 자원들을 선별하기 위한 작업이다. 이를 토대로 해서 접촉 대상자가 선정된다. 작업은 본 프로그램의 대상지역인 장안구뿐만 아니라 경기도, 수원시를 대상으로 청소년 관련단체와 공공기관, 장안구의 공식·비공식조직 지도자를 파악하고 이를 리스트화하는 방식으로 진행되었다. 2차로 이들을 대상으로 참여대상자를 선정하였다. 대상자 선정기준은 참여가능성이 있는 공식·비공식 지도자로서 학교, 관공서, 민간 청소년관련단체, 언론계, 종교계, 사회복지기관, 자원봉사단체, 주민자치조직 등 총 57개 조직을 선정하였다.

〈표 Ⅳ-1〉지역사회 청소년보호체계 자원 분류

구 분	계	관공서	학교	청소년 단체	사회복지 기관	자원봉사 단체	주민자치 조직	종교계	언론계	기타
	54	11	7	9	5	3	16	1	2	3

(4) 청소년보호체계 구조의 설계

청소년보호체계의 구조설계에 있어서는 네트워크에 참여할 필요가 있다고 판단되는 참여자들의 참여가능성 정도, 참여자들의 업무특성, 참여자들의 역할 등의 속성을 구분하여 [그림 Ⅳ-2]와 같이 후원체계, 지원체계, 활동체계로 다중구조화하였다.

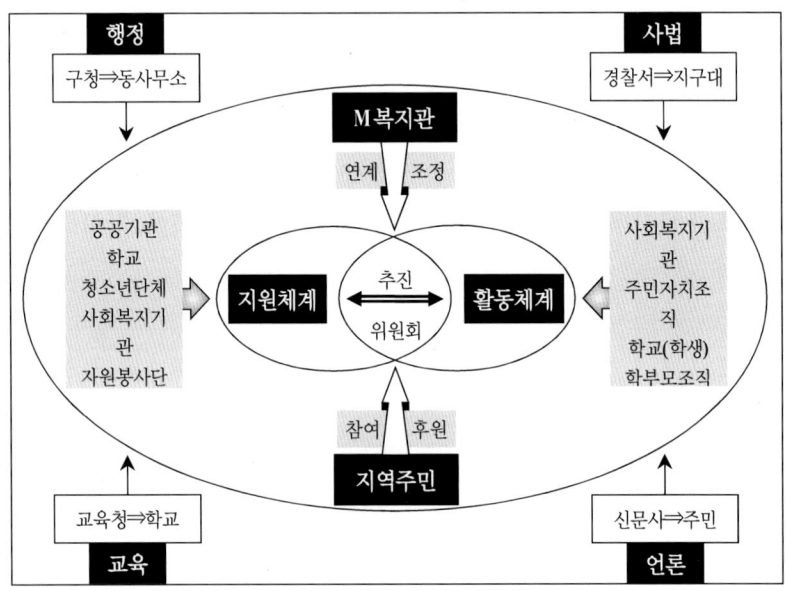

[그림 Ⅳ - 2] 지역사회 청소년보호체계의 구조

• 후원체계: 범주에는 행정, 교육, 경찰, 언론이 포함된다. 청소년보호활동지역을 장안구로 설정하였으므로 행정기관으로는 구청, 사법기관으로는 중부경찰서, 교육청을 포함하였다. 후원체계는 실질적으로 청소년보호활동에 참여하기보다는 외부에서 필요한 지원을 제공하는 역할을 담당하게 된다. 이들 공공기관은 민관파트너십이라는 측면에서 참여가 중요시된다. 언론은 홍보를 담당하여 지역사회에 청소년보호의 필요성을 주지시키고 주민들의 참여를 유도하는 역할을 하게 되며 K일보사가 참여하였다.

• 지원체계: 지역사회에서 실제로 청소년보호활동을 전개할 활동체

계를 지원하는 조직으로 공공기관, 장안구뿐만 아니라 수원시 또는 경기도를 대상으로 활동하는 청소년단체와 지역사회 민관의 단체장(실무자), 지역지도자, 학교의 대표들로 구성된다. 이들은 개인적 또는 공식적 수준에서 지역사회 일에 관여하고 있는 사람들로 지원체계의 형성은 이들의 활동을 연결시켜 활동체계에 대한 지원효과를 높이기 위한 것이다. 기능은 민관파트너십 형성, 공동사업의 계획·실행, 활동체계 지원 등이며 실제 역할은 참여조직의 실무자들이 담당한다. 지원체계에 대한 초점은 장기적 관점에서 참여자들이 청소년보호체계 구축에 대한 동의를 토대로 협력관계를 유지하면서 공동사업을 추진해갈 수 있도록 하는 것이다. 그러나 캠페인과 같이 집합적인 힘을 과시할 필요가 있는 경우에는 함께 참여한다. 따라서 참여조직들이 어느 정도 신뢰에 토대한 협력관계를 형성·유지하는가가 청소년보호체계의 형성과 발전가능성을 가늠하는 잣대가 된다고 할 수 있다.

• 활동체계: 지원체계와는 별도로 지역사회 지도자교육을 받은 사람들로 실제 청소년보호활동을 전개해나가기 위해 구성된 주민조직을 말한다. 참여자는 지역사회단체 또는 조직의 구성원, 개인이다. 목표가 청소년보호이므로 활동 시에는 학생과 교사도 참여하게 된다. 활동체계는 직접적인 청소년보호활동뿐만 아니라 지역사회를 대상으로 청소년보호의 필요성을 홍보하고 지역주민들에게 참여동기를 제공하는 역할을 하게 된다. 활동체계의 참여자들은 바로 그 지역의 주민들이며 학생들이 참여함으로써 이들의 활동이 지역사회에 주는 효과는 상당히 클 것으로 판단되었다.

활동체계는 지원체계의 부분체계로서의 성격을 가지나 양 조직은 서로 다른 기능을 수행하므로 이를 효율적으로 연계·조정해줄 매개체가 필요하다. 특히 활동체계의 능력향상이라는 측면에서 지원체계의 적극적인 후원이 필요하며 활동체계와 지원체계 간에 상호교류가 원활히 이루어질 수 있어야 한다. 본 프로그램에서는 복지관과 새로이 구성되는 청소년보호체계 구축 추진위원회로 하여금 그 역할을 담당하도록 설계하였다. 복지관은 외부에서 양 조직을 연계·조정하는 역할을 담당하게 된다. 또한 두 조직 간의 유기적인 관계를 보다 원활하게 연계할 내부통로서 [그림 Ⅳ-2]에서 보는 바와 같이 공동 구성원을 통한 인적인 유대관계를 가질 수 있도록 하였다. 즉 지역사회의 대표들을 지원체계의 구성원이면서 활동체계의 구성원으로서 양 조직에 소속시키는 것이다. 그리고 이들을 중심으로 추진위원회를 구성하여 양 조직 간의 상호교류를 촉진시키고 조정하도록 하였다.

3) 청소년보호체계 구축단계

이 단계에서는 청소년보호체계 구축을 위하여 일차적으로 청소년문제세미나를 개최하여 청소년문제 및 청소년보호문제를 이슈화하고 지역사회의 관심과 참여를 유도한다. 조직화를 위한 접근방법은 조직화대상에 따라 두 가지 모델이 활용된다. 청소년 관련기관 간 네트워크 구축을 위해서는 제휴모델이 적용되며 청소년 관련기관 및 지도자간담회, 추진위원회 구성, 홍보 등을 통해 가치와 목적의 공유, 신뢰관계의 형성, 커뮤니케이션 통로의 구축과 역할분담 등을 통하여 상호지지의 강화를 목표로 한다. 주민조직화에는 교육을 통해 지역사회리더십을 개발하고 자원봉사 육성, 소집단 육성, 발대식 등의 개입방법을 통하여 지역사회의 참여와 협동을 강화한다.

(1) 청소년문제세미나

본 세미나는 청소년문제의 심각성과 청소년보호에 대한 책임, 청소년문제 예방·해결 및 청소년보호를 위한 공동노력의 필요성을 인식시키고 청소년보호체계 참여동기를 유발하기 위한 목적으로 실시되었다.

세미나명은 '청소년의 밝은 미래를 위한 살기 좋은 우리마을 만들기 세미나'로 청소년복지와 학교폭력, 청소년보호활동의 문제점과 현황에 대한 발표와 토론, 질의응답으로 이루어졌다. 당초 일정에 대한 홍보와 초청장이 발송된 상태에서 시 주최의 '광교산 자연환경보호의 날' 행사와 중복되어 일정이 연기되어 다시 대상자 전원에게 초청장을 재발송하고 전화로 참석여부를 확인하는 과정을 거쳤다. 그러나 세미나 당일 마침 비슷한 시간에 시 주최로 '북한용천주민돕기' 행사가 있어 참석을 약속했던 대부분의 지역사회지도자들과 기관·단체장들이 그 행사에 참여함으로써 참여율이 매우 저조하였다. 세미나를 통해 지역사회 청소년보호체계 구축의 필요성과 참여동기를 제공하고자 했으나 이로 인하여 소기의 성과를 거두지 못한 결과가 되었다. 이러한 결과는 조직화사업 수행에 있어 내부적 변수뿐 아니라 외부환경적 변수를 고려한 계획과 실행이 중요함을 말해준다.

(2) 청소년 관련기관 간 네트워크 구축

① 지도자간담회

간담회는 청소년보호체계를 구체화하기 위한 기본적인 과정으로 청소년보호를 위한 공감대 형성과 공동의 목적을 위한 협력의 필요성을 인식시킴으로써 청소년보호체계 구축의 토대를 마련하기 위한 것이다. 이는 복지관과 참여자 간의 관계형성, 참여자 간의 관계형성이라는 면에서 이 단계에서 가장 중요한 과정으로 2차에 걸쳐서 실시되었다.

1차 간담회는 지역사회의 각 조직의 개별적인 목표를 청소년보호라는 공동의 목표로 집약하고 청소년보호체계 구축에 대한 합의를 도출하기 위해서 각 조직의 대표들을 대상으로 하였다. 자원조사결과에 기초하여 청소년보호체계에 참여해야 할 필요가 있다고 생각되는 조직을 선별하여 총 30명에게 공문과 함께 간담회 취지와 목적 및 프로그램에 대한 간략한 소개서를 발송하였으며 이어서 전화로 권유와 참석여부를 확인하는 작업을 거쳤다. 전화접촉과정에서 자기와는 무관한 또는 귀찮다는 반응을 보이는 사람들도 있었으나 동장, 파출소장, 주민자치조직 대표, 지역지도자, 학교, 청소년단체 및 사회복지기관 실무자 등 22명이 참석하였다.

회의에서는 청소년문제 조사분석결과를 자료로 제시하고 지역사회 청소년보호체계 구축의 취지와 목적, 추진일정 설명에 이어서 참여자 확대방안, 활동방법, 기타 사항을 주제로 자유롭게 토의가 진행되었다. 이 과정은 지역사회 청소년보호체계 구축의 가능성을 탐색할 수 있는 매우 중요한 과정이라 할 수 있다. 참석자 간에 신뢰와 상호협조의 분위기가 형성되고 공동목표에 대한 합의를 도출할 수 있을 때 차후의 활동에서 긍정적인 상호작용과 협력이 보다 원활하게 이루어질 수 있기 때문이다. 참석자들 중에는 청소년보호체계 구축의 목적과 가능성에 대해 회의적인 발언과 왜 복지관에서 이런 일을 하는지 모르겠다거나 참석에 대한 불만을 토로하기도 하였다. 그러나 대부분의 참석자들이 청소년문제의 심각성과 청소년보호를 위한 공동노력의 필요성에 공감함으로써 청소년보호체계의 구축에 대한 합의가 도출되었고 이들을 중심으로 지원체계를 형성하기로 의견이 모아졌다. 또한 협력을 위한 구체적인 대안을 모색할 것과 다양한 참여자의 확대방안이 제안되었으며 이를 담당할 추진위원회를 구성하기로 하였다.

간담회는 이와 같이 긍정적인 결과를 끌어내기는 하였으나 사업설명에 있어 전반적인 자료의 부족과 설명의 초점이 명확하지 못하여 사업의 취지나 내용전달이 미흡하였다. 이로 인해 전혀 사업에 대한 이해가 없는 참석자들은 소극적 또는 부정적 태도를 보이고 이후 모임에도 참석하지 않았다. 또한 참석자 간의 연령 및 업무성격, 인식정도에 대한 갭이 커서 토의가 원활하게 이루어지지 못하였다.

2차 간담회는 추진위원회의 구성과 더불어 지역지도자들을 대상으로 청소년보호체계에 대한 이해를 높이고 조직력과 활동을 강화하고자 하는 목적에서 실시되었다. 이를 위하여 차후의 추진일정과 청소년보호체계가 수행할 수 있는 청소년보호프로그램을 논의할 계획이었다. 참석대상은 1차 간담회 참석자들 외에도 참석이 필요하다고 판단되는 지역지도자들을 포함시켰다. 진행과정은 1차 간담회와 동일하게 진행되었다. 그러나 대통령선거를 앞둔 시점인데다 연말이라 대부분 바쁜 일정이어서 시기적으로 모임을 갖는다는 것에 대해 매우 부담스

러워하였다. 그 결과 모임일정이 두 차례나 변경되고 참석률도 매주 저조하였다. 이는 토의에도 영향을 미쳐 주제와는 다른 방향으로 토의가 진행되어 뚜렷한 성과를 보이지 못하였으며 추진위원회의 구성에 대해서도 복지관에 일임하는 것으로 결정되었다.

1차와 2차 간담회의 결과는 사업추진에 대한 보다 정확한 판단과 신뢰를 줄 수 있는 철저한 준비, 사전접촉을 통한 충분한 취지전달과 더불어 상호유대관계 형성노력이 필요함을 보여주었다.

② 추진위원회 구성

추진위원회의 구성은 청소년보호체계 구축을 위한 추진체계로서뿐 아니라 자조조직화하여 지속적으로 청소년보호활동과 지역사회활동을 추진할 수 있도록 한다는 관점에서 접근하였다. 참여인원을 대략 10~15명으로 정하고 학교, 지역사회, 사회자원 등으로 범주화하여 참여대상자 범위를 정하고 추진위원회 모임을 진행하였다. 학교 측에서는 학부모대표와 학생부장, 지역사회에서는 주민자치위원장, 바르게살기운동본부, 새마을부녀회, 기동순찰대, 금빛봉사단을 선정하였다. 그리고 사회자원에는 교회, 스카우트, 복지관 및 청소년단체 실무자 등이었다. 모임에는 교회 등 몇몇 대상자들이 참여하지 않았으나 참석자들을 중심으로 추진위원회 구성이 이루어졌으며 주민자치위원회 위원장이 추진위원장으로 선정되었다. 정식명칭은 청소년이 밝고 건강하게 성장할 수 있는 지역사회환경 조성을 목적으로 한다는 의미에서 '살기 좋은 우리마을 만들기' 추진위원회로 결정하였다.

추진위는 청소년보호체계의 활동에 있어 다양한 참여자들의 의견을 수렴하여 이루어진 의사결정을 실제적으로 추진하는 중심체로서의 역할을 수행하게 되며 청소년보호활동체계 형성을 위한 주민조직화의 토대가 된다는 점에서 의의를 갖는다. 추진위원회가 얼마나 적극적이고 주체적으로 활동하느냐가 주민조직화의 원활한 진행과 활동체계의 활동수준을 결정하는 중요한 요소이다. 그러나 구성원들이 모두 생업을 갖고 있기 때문에 추진위원회의 활동에는 제약이 따른다. 따라서 추진위원회와 복지관과의 관계설정에 있어서는 추진위원회가 본 사업뿐만 아니라 차후 지역사회를 위한 활동의 주체로서 기능하고 복지관은 이를 지원하는 매개체로서 간사역할을 담당하는 것으로 역할규정이 이루어졌다.

③ 홍 보

청소년보호 및 청소년 건전육성을 위한 지역사회 환경조성을 위해 지역사회의 다양한 관련조직 및 주민들의 적극적이고 능동적인 참여와 협력의 필요성을 주지시키기 위해서는 청소년보호체계 구축의 취지와 목적, 청소년보호의 필요성을 정확하게 인식시킬 필요가 있다. 참여자들의 관심과 참여동기는 이에 대한 명확한 이해가 있을 때 유발될 수 있는 것이다. 홍보는 참여자를 모집하기 위해서뿐 아니라 청소년보호체계의 활동에 대한 홍보가 이루어지는 것이 효과적이다. 이는 주민조직의 활동에 대한 보상기능을 하게 되며 이를 통하여 지속적인 활동가능성이 높아지게 된다.

이와 같은 적극적인 홍보의 필요성에 따라 단순히 참여동기를 유발하는 차원이 아니라 청소년보호체계 구축과 이를 통한 청소년보호활동이 지역주민들의 복지향상으로 연결된다는 점을 강조하고 지역사회의 주인으로서 적극적이고 능동적인 참여를 유도하는 방향에서 접근전략을 수립하였다.

홍보는 플래카드의 게시, 홍보지 배포, 동회보 활용, 영향력 있는 인사를 통한 홍보, 지역신문 및 캠페인활동 등 다양한 방법이 활용되었다. 특히 지역지도자들의 참여와 활동을 유도하는 방안으로 이들의 활동을 홍보하는 것도 전략이 될 수 있으므로 초기부터 그러한 전략을 구사하였다.

(3) 주민조직 육성

① 지역지도자교육

지역지도자교육은 지역지도자로서의 자기인식, 청소년보호활동에 주민들의 자발적인 참여동기를 부여하고 지역사회 연대감을 형성하여 청소년보호활동체계를 구축하기 위한 목적을 갖는다.

교육프로그램은 지역사회에서 지도자로 활동하고 있는 지역사회단체의 구성원들을 대상으로 지도자로서의 정체성 확립과 자질 및 능력 향상, 결속력과 소속감의 강화, 지역사회에 대한 인식 제고와 바람직한 지역사회상에 대한 비전확립, 청소년보호를 위한 실천능력 향상을 도모하고 이를 토대로 지도자조직을 형성하여 청소년보호활동을 주체적으로 전개할 수 있도록 계획되었다. 접근방법으로는 지역사회에 대한 이해, 지역지도자의 역할과 자질, 지역사회복지활동의 의의와 방법 등에 대한 교육과 더불어 직접적인 실천활동으로서 학교·가정·우리마을지킴이활동을 전개하는 것이다.

교육대상자의 범위는 반드시 지역사회단체의 장이나 구성원이 아닌 일반주민들 중에서도 교육 또는 활동희망자를 포함시키기로 하였다. 이러한 방향은 주민조직화의 궁극적인 목적을 위해 지역사회의 잠재적 지도자를 발굴한다는 점에서 중요한 의미를 갖는다.

　교육대상자 모집방법은 동회보, 전단지, 플래카드, 추진위원회 구성원을 통하여 모집하였다. 교육 진행일정은 참여자들의 참여율을 높이기 위해서 참여자들이 가장 편리하게 참여할 수 있는 시간대를 조사하여 주 2회 1시간 반씩 실시하였다. 교육과정은 총 9세션으로 각 세션의 목적과 성격에 따라 지도자로서의 자질향상 및 의식변화를 위한 소양교육과 복지교육, 학교·가정·우리마을지킴이 실천활동으로 구분되며 교육내용은 교육 → 실천 → 조직화의 3단계로 연결성을 갖도록 구성되었다.

소양교육: 지역지도자로서의 자기인식을 통해 정체성을 확립하고 자긍심을 갖도록 하여 자발적인 지역사회활동주체로서의 역할을 감당할 수 있도록 하는 것이 목적이다. 청소년문제의 심각성을 피부로 느끼고 청소년보호활동의 효과성을 높이기 위해서 학교와 가정, 지역사회가 함께하는 청소년지도와 유해환경 정화활동의 필요성을 깨닫도록 함으로써 청소년에 대한 관심을 제고하고 적극적으로 청소년보호 및 유해환경 정화활동에 참여할 수 있도록 동기를 부여하고자 하였다. 강의 및 소집단토의를 통하여 청소년문제의 예방과 해결, 보호방안들을 모색하는 기회를 갖도록 하였다.

복지교육: 복지교육에 있어서는 지역주민으로서 지역사회에 대한 관심과 이해를 높이고 지역사회 발전에 대한 책임과 솔선수범하는 사명감의 인식, 지역사회 문제인식, 문제해결을 위한 참여동기의 개발, 지역사회의 재공동체화 및 청소년이 밝고 건강하게 성장할 수 있는

'살기 좋은 우리마을 만들기'의 필요성 인식에 초점을 맞추었다. 또한 앞으로 지도자들이 청소년보호활동을 전개해나가는 데 필요한 실제적인 지식과 기술로서 지역사회자원 개발과 대인관계능력을 배양할 수 있도록 하였다. 이는 지도자조직의 원활한 활동을 위해 주민들의 참여와 지원을 끌어낼 수 있는 방법을 습득하도록 하기 위한 것이다. 이와 더불어 지도자들 스스로의 지역사회에 대한 인식과 지역사회에 대해 어떤 미래상을 지니고 있는가를 토의를 통해 정리해볼 수 있는 시간을 갖도록 하였다. 우리마을의 문제에 대한 토의를 통하여 나타난 내용을 보면 대부분의 참여자들이 지역사회 유해환경의 심각성과 지역주민들의 낮은 의식이 문제임을 지적하였다. 장안구에서도 특히 Y동은 K대 주변을 중심으로 모텔촌이 형성되어 있어 청소년들에게 나쁜 영향을 주고 있음을 심각하게 받아들이고 있었다.

본 교육에서 보인 특징은 참여자가 대부분 여성들이었다는 점이다. 이는 지역사회에서 활동주체로 역할을 할 수 있는 대상층이 주로 여성들이라는 사실과 함께 여성리더십 개발과 그들에 적합한 청소년보호를 위한 지역사회활동프로그램 개발의 필요성을 말해준다. 또한 참여자들이 지역사회의 가장 좋은 점으로 지적한 것이 주민들의 이동이 적어 타 지역에 비해 이웃 간에 관계형성이 잘되어 있고 인간적인 정이 흐르고 있다는 점이었다. 이 역시 지역사회조직화가 어떤 방향성을 가져야 할 것인가를 시사해준다. 한편 문제점으로는 참여자가 적었다는 점이다. 본 프로그램은 장안구를 대상지역으로 하였으나 청소년보호체계 구축 추진주체인 M복지관이 Y동에 위치하고 있음으로써 다른 동 주민의 참여가 원활하게 이루어지지 못하였다. 교육참여자의 범위가 좁아 극히 제한적인 범위에서 주민조직화가 이루어질 수밖에 없었으며 활동 역시 활성화되지 못하는 결과를 가져왔다.

② 청소년보호활동체계 조직 및 발대식

교육참여자들이 지속적으로 지역사회에 관심을 갖고 청소년보호활동뿐만 아니라 다양한 지역사회활동을 전개하기 위해서는 체계화된 조직이 구성되어야 한다. 그리고 조직이 자생력을 키워나갈 수 있도록 이들의 활동을 지원·지지하기 위한 방안이 마련되어야 한다. 이를 위해서 본 지역지도자교육은 단순히 교육을 하는 데 그치지 않고 교육참여자들을 대상으로 지도자조직을 구성하였다. 지도자조직은 지역사회에서 실질적으로 청소년보호활동을 전개해나갈 활동체계로서의 성격을 갖는다. 활동체계의 활성화를 위해서는 이미 구축되어 있는 지원체계 및 추진위원회와의 통합화를 통해 보다 효과적인 청소년보호활동을 추진할 수 있도록 하였다.

발대식은 청소년보호활동체계로서의 지도자조직의 연대감과 결속력을 강화하고 지역지도자로서 적극적이고 능동적으로 청소년보호를 위해 노력할 것을 다짐하는 의식이다. 지도자들은 청소년보호를 위한 결의문을 채택하고 유해환경으로부터 청소년보호와 선도에 대한 책임, 지역지도자로서의 자긍심과 정체성 및 사명감, 청소년보호활동과 청소년이 건전하게 자랄 수 있는 '살기 좋은 우리마을 만들기'를 위해 헌신할 것 등을 다짐하였다.

2. 실천활동단계

이 단계에서는 청소년보호체계의 협력과 실천능력 향상을 목적으로 지도자교육을 통하여 조직된 활동체계가 지원체계의 지지와 협력하에 직접적인 지역사회 청소년보호활동을 전개해나가는 단계이다. 먼저 청소년보호활동프로그램의 개발과 실천계획을 수립하고 이에 따라 실천을 위한 준비가 이루어지고 실제적인 청소년보호활동이 이루어진다.

프로그램개발 및 실천계획의 수립은 프로그램개발 / 지역사회연계모델에 의거하여 추진위원회를 중심으로 한 지역지도자들을 참여시킴으로써 보다 참여자들의 특성과 욕구를 반영하면서 실천가능성을 높이는 방향에서 계획을 수립하였다. 프로그램은 청소년들에게 직접적인 보호서비스를 제공하는 것보다는 지역사회에 청소년문제의 심각성과 보호의 필요성을 주지시키는 방향에서 사회운동모델을 적용하여 계획하였다.

1) 프로그램 개발 및 실시계획 수립

복지관에서 마련한 개략적인 실천프로그램을 토대로 추진위원회에서 구체적인 실천방법, 실시일시 및 장소, 참여자범위, 준비 및 실천활동에서의 역할분담 등에 대한 세부적인 계획을 수립하였다.

프로그램내용은 학교·가정·우리마을지킴이활동, 청소년보호캠페인, 유해환경정화활동과 자연보호활동으로 구성되었다. 학교·가정·우리마을지킴이활동은 청소년보호활동체계를 중심으로 가족과 함께 참여하는 지역사회순찰프로그램으로 주 1회 야간에 실시한다. 유해환경정화활동, 자연보호활동 등은 다른 지역사회조직과 연합프로그램으로 월 1회 정기적으로 실시하기로 계획되었다. 이러한 활동들은 모두 사회운동적인 성격을 지닌 프로그램이지만 그중 가장 사회운동으로서의 성격이 강한 청소년보호캠페인은 캠페인효과를 높이기 위하여 청소년보호체계와 지역주민뿐 아니라 학교와 연계하여 학생들을 다수 참여시키는 방향으로 계획이 세워졌다. 즉 학생들이 참여할 수 있도록 토요일 오후로 일정을 정하고 봉사활동실적으로 인정해줌으로써 보다 많은 학생들의 참여를 유도하였다.

2) 프로그램 실천

(1) 청소년보호캠페인

캠페인은 지역주민들에게 청소년보호 및 청소년 건전육성을 위한 지역사회 환경조성의 필요성을 인식시키고 이를 위한 지역사회의 관심과 참여를 유도하기 위한 것이다. 아울러 구체적인 공동프로그램을 통해 청소년보호체계의 결속과 협력을 강화하기 위한 목적을 지니고 있다.

캠페인 참여범위는 추진위원회, 파출소, 금빛봉사단, 민간기동순찰대, 학부모봉사단, 청소년자원봉사센터, 주민자치위원회와 5개 학교의 자원봉사활동동아리 및 교사들로 총 102명이 참여하였다. 캠페인이 일회성의 퍼포먼스가 아니라는 점을 주지시키기 위하여 경찰서장 등 지역사회 지도자의 격려사와 함께 오리엔테이션을 실시한 후 어깨띠, 플래카드, 피켓, 전단지를 나누어주고 가두행진을 시작하였다.

본 캠페인의 성과로는 청소년들이 건전한 지역사회환경 속에서 어른들의 관심과 사랑을 받으며 밝고 건강하게 자랄 권리와 이를 성인들에게 요구할 권리가 있음을 인식하고 동시에 그러한 환경을 위해 노력하는 것이 자신들의 책임이라는 점을 인식하는 계기가 되었다는 점이다. 또한 추진위원회 멤버들에게는 청소년 건전육성을 위한 지역사회환경의 조성과 학교-가정-지역사회가 함께하는 청소년보호 및 유해환경 정화활동의 필요성에 대한 인식을 강화시키는 계기가 되었다. 동시에 추진위원회의 앞으로의 활동방향을 모색하고 구상하는 기회를 제공하였다. 캠페인이라는 공동참여활동을 통해 추진위원회의 정체성이 형성되고 구성원들의 추진위원회에 대한 소속감과 결속력이 커지는 것을 알 수 있었다. 부정적인 면으로는 학생들에 비해 어른참여자가 너무 적었다는 점이다. 이로 인하여 지역주민에게 본 캠페인에 대한 신뢰감을 심어주기에는 부족하였다고 평가할 수 있겠다.

(2) 학교·가정·우리마을지킴이활동 및 청소년유해환경 정화활동

학교·가정·우리마을지킴이활동[5]은 청소년보호활동체계의 실천능력과 공동체의식을 함양하여 앞으로 다른 지역사회활동으로 발전할 수 있도록 한다는 취지로 시도되었다. 동시에 지역사회 청소년유해환경 정화 및 청소년보호의 필요성을 주민들에게 인식시키고 지도자조직의 활동을 홍보하는 의미도 지니고 있다. 이를 위하여 지도자조직뿐 아니라 학생들도 참여하도록 하였으며 특히 가족단위 참여를 권장하고 학

---

[5] 학교·가정·우리마을지킴이프로그램은 청소년 건전육성과 더불어 사는 복지공동체 만들기를 위한 통합적 자원봉사활동프로그램으로 김영호 교수(강남대)에 의해 개발되어 2000년 8월~12월까지 수지고등학교에서 학생·학부모·교사·지역사회주민·지역사회조직이 함께 참여하여 그 효과성이 입증되었다(김영호 외, 2000 참조).

생들의 참여를 높이기 위하여 자원봉사활동점수를 부여하였다.

활동은 민간기동순찰대와 연계하여 시범적으로 주 1회씩 총 3회에 걸쳐 실시되었으며 이후 지도자조직의 주체적인 활동으로 연결되었다. 활동시간은 밤 8:00~10:00까지로 1시간의 순찰활동과 활동 전 소집단토의, 활동 후 평가회의가 각 30분씩이었다. 활동 전 소집단토의는 보다 효과적인 활동을 위하여 유의해야 할 사항이나 활동방법에 대하여 토의하고 활동 시 생각해볼 과제를 제시하였다. 평가모임은 사전에 제시한 과제를 중심으로 청소년 성장환경과 관련한 지역사회의 문제점, 청소년보호를 위해 우리가 해야 할 일, 활동에 있어서의 문제 등에 대한 토의로 이루어졌다. 활동코스는 유흥업소나 모텔이 밀집해 있는 지역을 중심으로 매회 코스를 달리하였으며 징을 치면서 지역주민들의 관심을 유도하고 행인이나 상점 등에 청소년보호 및 유해환경 정화 전단지를 배포하는 방식으로 이루어졌다.

활동효과로는 지역주민들이 참여자들과 안면이 있어서 강한 관심을 표하고 전단지를 유심히 읽고 고개를 끄덕이거나 격려의 말을 건네는 등 그만큼 홍보효과가 높았다고 할 수 있다. 이는 지역사회의 문제해결에 지역주민의 참여가 효과적임을 보여주는 예라 하겠다. 이 과정에서 지역주민과 참여자들은 평소 무관심하게 지나쳤던 지역사회의 청소년유해환경 실태를 재인식하게 되었으며 특히 모텔들이 무차별적으로 살포하는 음란성 광고물과 유흥업소 취객들의 행태의 심각성을 다시 확인하는 계기가 되었다.

시범활동이 끝난 이후에는 지도자조직이 교육과 시범프로그램의 실천경험을 토대로 주체적으로 청소년보호활동을 전개하였다. 활동은 크게 두 가지로 구분되는데 시범프로그램인 학교·가정·우리마을지킴이활동과 청소년유해환경 정화활동이다. 학교·가정·우리마을지킴이활동은 시범활동과 같은 형태로 월 2회씩 밤 8시부터 9시까지 1시간 야간순찰활동을 실시하였다. 다른 활동으로는 환경보호 및 유해환경정화캠페인으로 이들 활동들은 모두 다른 지역사회조직들과 연합활동으로 이루어졌다. 이 단계에서는 지도자조직이 추진위원회와 긴밀하게 연계되면서 통합활동을 전개하였으며 청소년보호체계 구축프로그램을 주관한 복지관은 지도자조직의 활동에 실질적인 개입은 점차 줄여나가면서 자문이나 조언을 제공함으로써 지도자조직의 독자적인 활동으로 발전할 수 있도록 지원하였다.

이상과 같은 활동과정에서 참여자들은 청소년보호를 위한 지역사회활동 참여에 상당한 부담감을 드러내었다. 이들이 느끼는 부담감은 자신들의 바쁜 일상생활에서 별도의 시간을 투자해야 한다는 것으로 이는 청소년보호활동 활성화의 주요 장애요인으로 작용하게 된다. 특히 자원봉사활동이나 지역사회활동 경험이 없는 주민들의 경우 부담감이 더욱 크게 작용하였다.

3. 확대조직화단계

이 단계는 청소년보호체계의 지속기반을 공고히 하는 단계로 청소년보호체계의 재정비를 위한 노력이 이루어졌다. 그러한 노력은 청소년보호체계 구축 이후의 과정과 활동에 대한 평가와 더불어 청소년보호체계의 유지를 위한 간담회, 주민협의회 구성, 공동사업의 실시로 나타났다.

1) 평가간담회

간담회에는 청소년보호체계 참여조직 중 20개 조직에서 참석하였다. 특히 청소년보호체계 구축을 위한 처음의 간담회에 비하여 청소년 관련기관, 경찰서, 방범기동대, 학교사회사업실 등 직접적인 청소년보호활동을 하고 있는 기관의 실무자들이 많이 참석한 것이 특징이었다.

그동안의 청소년보호체계 활동에 대한 평가로는 먼저 각 기관 간에 긴밀한 협력이 이루어지지 못했다는 반성이 있었다. 둘째는 인력면에서 캠페인 등과 같은 프로그램에 참여 또는 동원할 수 있는 여력이 없다는 것과 청소년보호체계 구축의 필요성을 느끼고는 있지만 실무자의 입장에서 기관의 업무와 청소년보호체계의 활동을 병행하는 데 많은 어려움이 있다고 하였다. 셋째는 청소년보호체계의 정체성이 모호하여 각 참여기관들의 역할이 불명확하다는 것이다.

이와 같이 청소년보호체계에 대한 부정적인 평가가 있었음에도 참여자들은 청소년문제의 심각성과 예방의 필요성 및 네트워크 구축을 통한 예방활동의 효과성에 대해서는 모두 공감하였다. 이러한 인식의 공유를 바탕으로 청소년보호체계 유지·운영방안과 기관 간 협력방안에 대한 논의를 통해 청소년보호체계의 존재를 기정사실화하고 네트워크의 지속적인 모임의 필요성과 정례화에 대한 합의가 이루어졌다. 논의과정을 거치면서 참여자들은 청소년보호체계의 지속가능성에 대해 네트워크가 확고하게 활동방향을 설정하고 활동해나간다면 유지·발전할 수 있을 것이라는 인식을 공유하고 청소년보호체계를 유지하기 위한 방안들을 나름대로 제시하였다.

청소년보호체계의 지속가능성을 탐색하기 위한 토의안건으로는 명칭 및 성격규정에 대한 사항과 구성원의 참여범위, 활동방향의 3가지로 요약된다.

참석자들은 청소년보호체계의 명칭이 네트워크의 정체성을 규정한다는 점에서 매우 중요하게 인식하고 있었다. 토의결과 네트워크의 발전방향과 관련하여 청소년보호체계가 청소년문제의 예방과 청소년 건전육성을 위한 지역사회의 구심점이 되어야 하며 수원시의 청소년에 관심을 가지고 있는 시민단체나 학교들이 함께할 수 있는 모태가 되어야 한다는 관점에서 유해환경에 초점을 맞추어 '수원청소년유해환경예방네트워크'로 명명하였다.

구성원의 참여범위에 대해서는 네트워크를 완전 개방체계로 하여 누구나가 구성원이 될 수 있도록 하자는 의견도 있었으나 완전개방체계로 갈 경우 구성원 간의 이질성이 발생할 수 있고 그로 인하여 갈등구조가 형성될 수 있다는 우려가 제기되었다. 이에 따라 네트워크에 참여하고자 하는 기관의 성격과 업무 등에 대한 정확한 진단을 통해 네트워크의 목적과 부합하는지 여부를 판단하여 구성원을 선별하기로 결정되었다.

활동방향에 대해서는 캠페인과 같은 사회행동이나 운동의 성격을 지닌 활동도 필요하지만 공동프로포절사업, 세미나, 교육, 청소년관련 정책제안 등 청소년보호체계가 점차적으로 활동영역을 넓혀가는 것이 바람직하다는 의견에 모두 동의하였다. 그러나 청소년보호체계가 아직은 기반이나 체계가 잡혀 있지 않으므로 당분간은 네트워크의 유지·강화에 중점을 두고 공동사업에 대해서는 점차적으로 반영하는 방안을 검토하기로 하였다. 또한 조직 간 정보교류, 현장활동과 관련한 토론의 장, 네트워크 참여자 간의 peer supervision을 제공할 수 있는 방향에서 기능할 필요성도 제기되었다.

청소년보호체계의 원활한 운영을 위해 정기적으로 월 1~2회 모임을 갖되 긴급상황 시 등에는 보다 융통성 있게 운영하는 방향으로 의견이 모아졌다. 또한 청소년보호체계를 유지하기 위해서는 중심기관(coordinator)이 있어야 하므로 M복지관이 간사역할을 담당하기로 결정되었다.

이상의 토의·결정된 내용에 토대하여 청소년보호체계의 존재와 성격 및 활동방향을 구체화하기 위한 규정 제정의 필요성이 제기되었으며 5개 기관을 중심으로 규정을 만들기 위한 실무위원회가 구성되었다.

2) 주민협의회 구성

이 단계에서 복지관은 지도자조직을 지지하고 피드백을 제공하면서 주체적이고 지속적인 청소년보호활동을 전개할 수 있도록 유도하였다. 이에 따라 지도자조직은 지원체계의 지원을 토대로 '살기 좋은 우리마을 만들기' 추진위원회와 연계하여 주민협의회를 구성하고 공동으로 지역사회활동을 전개한다는 방향설정을 하였다.

지도자조직이 활성화되기 위해서는 지원체계의 지원과 더불어 지역주민들의 적극적인 지지와 참여가 필수적이다. 지도자조직은 지역주민의 참여와 후원을 통하여 활동에너지를 공급받게 된다. 지역사회에서 지도자조직의 활동기반은 [그림 Ⅳ-3]과 같이 나타난다.

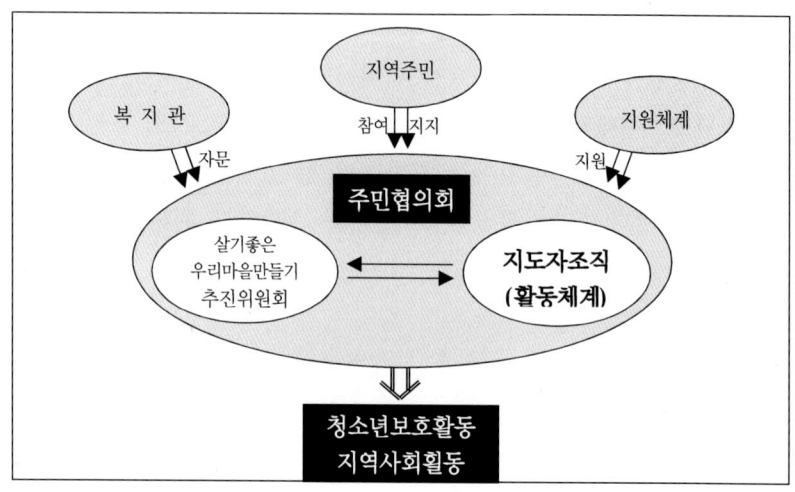

[그림 Ⅳ-3] 지역지도자조직의 활동기반

3) 공동사업의 실시

청소년보호체계가 실시한 공동사업은 2회의 청소년폭력 예방캠페인으로 학교와 연계하여 실시되었다. 목적은 두 가지로 청소년보호체계에 참여한 각 조직 간의 협력가능성 정도를 탐색하고 청소년보호체계의 응집력과 협력을 강화하기 위한 것이다. 또한 학생들의 주체적인 참여를 통한 대지역사회 홍보에 초점을 두었다. 따라서 캠페인의 주 참여자는 학생들이었으며 청소년보호체계는 캠페인의 계획, 준비, 평가와 지원을 담당하였다. 청소년중심 캠페인은 청소년문제의 예방과 해결을 위해 주체적이고 능동적으로 참여할 수 있는 청소년의 능력개발이라는 의도를 지니고 있다. 동시에 청소년폭력의 심각성과 예방의 필요성, 자신들이 밝고 건강하게 자랄 수 있는 지역사회환경 조성의 필요성을 당사자인 청소년들이 직접 지역주민들에게 호소함으로써 더 설득력을 가질 것이라는 판단에 따른 것이다.

캠페인에 참여한 학교는 수원시내 봉사활동시범학교로 1차에는 10개 학교와 청소년보호체계 소속의 6개 조직이 함께하여 총 620여 명이 참여하였다. 2차에서는 9개 학교와 8개의 조직 등 총 600여 명이 참여하였다. 캠페인 장소는 5개 지역으로 나누어 집결지에서 학생들에게 캠페인의 목적과 주의사항을 주지시킨 다음 어깨띠, 플래카드, 피켓, 전단지를 나누어주고 교사의 인솔하에 각 학교별로 지정된 코스와 장소에서 활동하도록 하였다. 1차 캠페인에서는 한 곳에 머물러서 홍보하는 방식을, 2차는 가두행진하는 방식을 취하였으며 지나가는 행인과 상점가에 청소년폭력의 심각성과 예방의 필요성을 알리는 홍보지를 나누어주었다.

캠페인은 일회성의 전시효과를 노리는 면도 있으나 청소년폭력의 심각성에 대한 지역주민들의 경각심을 일깨우고 청소년보호활동에 참여할 수 있도록 동기를 부여한다는 목적을 지닌 사회운동적 특성을 갖는다. 청소년들이 자신들의 건강한 성장권과 학교폭력 예방을 위한 노력이 자신들의 책임이라는 점을 인식할 수 있는 계기가 되었다는 점에서 본 캠페인의 의의를 찾을 수 있다. 또한 청소년보호체계 참여조직중 비록 일부만 참여하였지만 적극적으로 협력하려는 의지를 보여줌으로써 청소년보호체계의 활동가능성을 엿볼 수 있었다.

1. 청소년보호체계 구축에 대한 인식

지역사회 청소년보호체계 구축과 관련한 참여자들의 인식에 있어서는 자신들의 위치와 역할에 따라 접근관점과 인식이 다르게 표출된다. 위치와 역할에 따른 참여자들의 범주는 청소년보호와 관련한 민관 지역사회단체의 리더, 청소년 관련기관 실무자, 지역주민으로 구분된다. 민관리더는 지역사회단체의 특성과 관계구조에 착안하여 청소년보호체계 구축의 가능성을 전망하고 있으며 실무자들은 자신들의 업무와의 연관성상에서 접근하는 경향을 보인다. 한편 지역주민들은 자녀교육이나 지역사회봉사활동이라는 측면에서 참여여부에 대한 인식을 하고 있다.

1) 민관리더의 의식과 전망

(1) 의사표현의 이중구조

민관리더들은 기본적으로 지역사회 각 단체들의 관계구조를 갈등과 경쟁구조로 이해하고 이러한 관점에서 청소년보호체계에 대한 인식을 표현한다. 이들은 단체 간 갈등구조 속에서 복지관의 청소년보호체계 형성시도에 이중적인 반응을 보인다. 겉으로는 누군가 해야 할 일을 앞장서서 추진하는 것에 대하여 긍정적으로 보는 표면적 관망과 민간기관인 복지관이 네트워크 구성의 구심점이라는 사실에 기관 역량에 회의적인 반응을 보이는 심층적 관망이다. 표면적 관망과 심층적 관망은 의사표현의 강조점에 따라 구분된다. 단체 간 네트워크에 대하여 긍정적 혹은 회의적 관점에서 보는가, 미래지향적 혹은 현실에 근거한 관점인가에 따른 것이다.

표면적 관망이 복지관의 네트워크사업에 대하여 긍정적이고 미래지향적인 시각에서 표출되었다면 심층적 관망은 네트워크사업에 대한 회의적이고 현실에 근거한 시각이라 볼 수 있다. 표면적 관망은 복지관의 단체 간 네트워크구축 시도에 대하여 그 실현가능성을 염두에 둔 표현이라기보다는 장래의 희망 섞인 바람 차원의 표현이라고 보아야 할 것이다. 그러므로 표면적인 관망은 목적지향적이고 미래희망적인 성격을 띠고 있다. 그러나 그 이면에는 현실적으로 단체 간의 네트워크가 순조롭게 진행되지 못할 것이라는 회의적인 시각이 함께 깔려 있다. 다시 말해서 겉으로 표현된 표면적 관망은 행정도 쉽게 접근하지 못하는 경쟁과 갈등관계의 단체 간 네트워크화사업을 민간단체인 복지관이 한다는 것에 대한 회의적인 시각과 함께 그래도 '누군가는 해야 한다'는 희망 섞인 전망도 함께 담고 있는 것이다. 이에 대하여 심층적 관망이란 표면적인 관망 속에 감추어진 회의적인 의중이 겉으로 표출된 것이라 할 수 있다. 그것은 표면적 관망의 이면에 자리잡고 있는 회의적인 시각과 현실적인 경험적 사실에 근거한 성격을 띠고 있다. 이러한 회의적 반응은 새로운 조직등장에 대한 경계, 네트워크 구축에서의 지역성 작용, 행정의 역할모호성 강조로 나타난다.

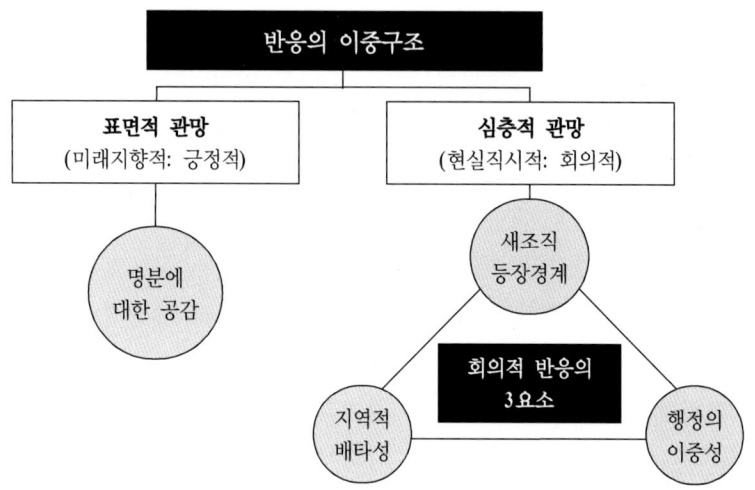

[그림 Ⅳ - 4] 민관리더의 청소년보호체계 구축에 대한 의사표현의 이중구조

① 표면적 관망

행정은 청소년보호체계 구축시도에 대하여 지역사회에서 아주 필요한 일이고 바람직하다는 입장을 취한다. 따라서 복지관의 네트워크사업에 적극적으로 참여하고 협력하려는 의사를 표시한다. 주민자치위원장도 사업취지에 공감하고 협력에 적극적인 의사를 나타낸다. 시민단체에서도 조직의 목적과 운동방향에 부합하므로 복지관과 연계하여 사업을 추진할 수 있다는 의사를 보이고 있다. 이와 같이 각 단체의 장들은 단체 간 네트워크화사업에 대하여 명분상으로 매우 필요하고 이상적인 사업이라고 강조한다. 이러한 사업이 잘 진행되어 단체 간의 협력이 이루어지고 주민들도 자신들이 사는 마을에 대하여 보다 관심을 갖게 된다면 청소년들이 건강하고 행복하게 자랄

수 있는 살기 좋은 마을이 달성될 것이라는 기대를 갖는다.

지역리더들은 성숙한 민주시민이 되기 위해서는 주민들이 솔선하여 지역사회를 위한 일에 적극 참여해야 한다고 강조한다. 지역사회의 일은 특정단체나 행정이 주도해서 하기보다는 여러 단체들이 상호 협력하여 추진하는 것이 바람직하다는 점에 대해서도 이견을 달지 않는다. 특히 행정의 리더들은 주민들이 지역사회에 어떠한 문제가 있고 그 문제의 해결을 위해 주민들이 할 일이 무엇인가를 찾는 노력이 중요하다고 강조한다. 그럼으로써 주민들은 자신들이 해야할 일을 행정에 미루지 않고 행정의 한계와 역할도 이해하게 될 것이라 기대한다. 나아가서 주민 상호간, 주민과 행정과의 이해 속에서 단체 간의 갈등과 마찰이 줄어들 것이라는 입장이다.

또한 복지관에 기대를 갖는 것은 다른 단체보다 정치적이지 않다는 점이다. 복지관의 주요업무는 주민들의 복지향상을 위한 일이므로 복지관의 네트워크사업은 비정치적이다. 따라서 이 사업에 대한 단체들의 경계심은 상대적으로 낮다. 지역리더들은 복지관에서는 그동안 주민복리 향상을 위한 일을 해왔으므로 지역단체 간 네트워크화사업에 대한 전문적인 역량과 know-how를 갖고 있다고 본다. 그러므로 표면적으로 행정이나 지역리더들은 복지관의 이러한 사업추진에 협력과 적극적 지원의사를 표시한다. 하지만 그 이면에 회의적인 시각이 자리잡고 있다는 점을 부인하지 않는다.

② 심층적 관망

지역리더들이 복지관의 네트워크사업에 긍정적이고 적극적 참여의사를 표현하는 표면적 관망 이면에는 보다 현실적인 회의적 시각이 자리잡고 있다. 그것은 각 단체 간, 행정과 단체 간에 상호 신뢰관계가 형성되어 있지 않은 현실에서 행정도 쉽게 다루지 못하는 각양각색의 단체들을 과연 네트워크화할 수 있을 것인가에 대한 의구심이다. 이들은 청소년보호체계 구축의 취지에 대해서는 공감하고 복지관이 지역주민의 복리향상을 위하여 많은 일을 해왔다는 것은 인정하면서도 단체들을 네트워크화하는 구심적 역할을 수행할 수 있는 역량에 대해서는 회의적인 시각이 지배적이다.

이러한 회의적인 시각을 불러일으키는 가장 중요한 요소 중의 하나가 참여에서 얻는 이익의 불투명성이다. '일을 통하여 자기개인이나 단체에 어떠한 구체적인 이익이 돌아온다든가 아니면 정말 커다란 보람을 느낄 수 있다든가 해야 한다'는 표현은 이들의 속성을 단적으로 보여준다. 이들은 비록 명분상으로는 지역사회를 위한 가치 있는 일이라고 말하지만 실제적으로 회원이나 단체들에게 돌아오는 이익은 없다고 본다. 오히려 일만 더 늘어나고 개인의 시간이나 돈만 투자될 뿐이라는 시각이다.

심층적 관망에서 보이는 이와 같은 회의적 시각을 배경으로 지역리더들은 청소년보호체계 구축가능성과 관련하여 세 가지 우려로 반응한다. 그들은 복지관의 네트워크사업에 대하여 '개인이나 단체에게 어떠한 이익이 돌아오는가'라는 노골적인 표현은 삼가지만 이러한 회의적인 인식 위에서 네트워크화의 실현가능성에 대해 현실적인 회의적 반응을 나타내고 있다.

③ 심층적 관망에서 회의적 반응의 세 요소

심층적인 관망에서 '개인의 이익추구'를 대신하여 지역리더들이 표현한 회의적인 반응에는 새로운 조직등장에 대한 경계, 네트워크 구축에서의 지역성 작용, 행정의 역할모호성 강조 등이다.

새로운 조직 등장에 대한 경계: 복지관의 지역사회단체 간 네트워크 형성의 목적은 청소년보호를 위한 민관협력체계를 구축하려는 것이다. 복지관에서는 장안구를 중심으로 학교, 경찰서, 교회, 동사무소, 각종 민간단체 등과 협의기구를 구축하고 이를 통하여 동단위로 실질적인 청소년보호활동이 체계적으로 이루어질 수 있는 체제를 확립하고자 한다. 이에 대하여 지역리더들은 현재 각 동단위에서 혹은 단체별로 청소년보호활동이 이루어지고 있는데 새로운 기구를 만든다는 것에 대해 이해하기 어렵다는 반응이다. 구단위로 학교를 비롯한 행정채널과 민간단체, 민간비영리기관 등과 연대하여 보다 효율적이고 체계적으로 청소년보호활동을 전개하자는 복지관의 의도에 대하여 그들은 쉽게 납득하지 못한다. 그들은 이러한 접근의 효과성보다는 새롭고 큰 조직체가 등장함에 따라 나타날 수 있는 지역사회단체 간 역학구도에 더욱 관심을 갖는다. '이 일을 추진하기 위해서 또 다른 협의체를 만든다는 것에 대하여 단체들이 어떻게 생각할지 모르겠다. 그들은 자기단체가 또 다른 단체의 하부조직으로 참여한다고 생각할 것'이라는 시각을 갖고 있다. 대부분의 단체들은 지역사회의 일의 추진이나 단체 간의 연대활동에서 자신들의 단체가 핵심주체가 되어야 한다는 의식이 강하며 최소한 독립적이고 수평적인 위치에 있어야 한다고 강조한다. 더욱이 그들은 새로운 조직의 등장으로 단체 간 교류가 활성화될 경우 그 과정에서 발생할 수 있는 회원이탈을 우려한다. 대부분의 지역사회단체들은 회원의 수와 중심적 활동을 지역사회에서의 영향력 확보의 주요변수로 간주하므로 회원 수의 유지와 확대를 위하여 폐쇄적인 구조 속에서 운영된다. 따라서 단체 간 연합활동이 전개될 경우 자기단체의 회원들을 빼앗기지 않을까 우려한다. 지역리더들은 이와 같은 이유로 단체 간 협력을 전제로 하는 새로운 협의기구 구성에 쉽게 지지의사를 보이지 않고 있다. 이러한 분위기에서 협의체 구성에 대한 동의를 얻어내기란 쉽지 않다.

네트워크 구축에서의 지역성 작용: 단체 간 네트워크 구축작업에서 무시할 수 없는 또 하나의 요소로 단체가 속한 지역성을 들 수 있다. 복지관이 속해 있는 동은 장안구내에서도 Y동이다. 청소년보호체계 구축은 처음부터 장안구를 대상으로 하여 추진하였으므로 초기 모임이나 활동에는 Y동 이외의 다른 동의 단체회원들도 참여의사를 표시하고 또 참여하였다. 그러나 시간이 경과하면서 다른 동의 단체회원들은 거의 중도탈락하는 현상이 일어났다. 결국 Y동의 단체회원들만 남게 되어 Y동의 사업으로 축소되는 결과가 초래되었다. 복지관이 Y동에 위치하고 있기 때문에 Y동의 단체회원들은 이 사업이 자기동네일이라는 인식을 갖고 있는 반면에 다른 동의 단체회원들은 남의 동네일을 도와주고 있다는 생각을 갖고 있다. 따라서 Y동 단체회원들은 일을 주체적으로 추진하려는 데 반하여 다른 동의 회원들은 들러리라는 인식에서 참여를 포기하였다. 이와 같이 단지 복지관이 Y동에 위치하고 있다는 사실만으로도 청소년보호활동을 자기동네일 혹은 남의 동네일로 구분해서 접근한다. 이들은 그 동안 자신들이 거주하는 동 안에서 활동을 해왔으므로 동을 넘어서 다른 동의 사람들과 상호 연대하여 활동한다는 사고가 없으며 그럴 필요도 느끼지 않는다. 복지관에서는 비록 Y동에 위치하고 있지만 사업범위는 Y동에 한정된 것이 아니고 장안구 전체를 대상으로 한다고 강조한다. 하지만 동단위로 활동해온 단체들은 복지관의 그와 같은 주장을 관심 있게 받아들이지 않는다. 다른 동의 사람들은 사업추진주체인 복지관에 대해 왜 남의 동네일에 관여하느냐는 반응을 보인다. 이들은 자기지역이라는 의식이 뚜렷하며 지역 밖의 일에 대해서는 관심을 갖지 않는다. 복지관에서는 실질적인 청소년보호활동은 동단위로 이루어지므로 다른 동네의 일이 아니라는 사실을 강조하지만 그들에게는 복지관이 위치한 지역이 '어느 동이냐'가 중요하다.

행정의 역할 모호성 강조: 지역사회단체 간의 네트워크화를 통한 청소년보호체계 구축의 이유는 청소년보호가 어느 특정단체의 노력으로 가능한 성질이 아니기 때문이다. 따라서 지역과 관련해서도 어느 특정지역에 한정하여 접근하기보다는 지역을 초월해 협력한다는 사고가 필요하다. 하지만 이러한 사고는 각 동에 소속해 있는 단체들에게는 설득력이 떨어진다. 단체의 회원들은 아무리 명분이 좋다고 하더라도 자신들에게 돌아오는 것이 무엇이냐가 중요하다. '우선 내 피부에 와 닿는 일, 나와 직접적인 관련이 있거나 나에게 이익을 가져다주는 일'을 우선한다. 행정의 리더는 이러한 성향의 단체들을 대상으로 민관기관인 복지관이 일을 주도적으로 이끌어 가기란 매우 힘들다는 반응이다. 적극형의 행정리더는 단체 간의 연대, 민과 관의 협력사업 등에 대하여 적극적인 관심을 보이며 복지관의 단체 간 네트워크사업에 대하여 기본적으로 찬동한다. 단지 복지관 역시 민간기관이므로 지역사회단체들의 동의를 얻고 네트워크화하는 것에는 역량이 부족할 것이라는 인식을 갖고 있다. 행정은 복지관의 청소년보호체계 구축사업에서 할 수 있는 역할이 있을 것으로 기대한다. 하지만 자신들의 역할이 어떤 것인지 불분명하다는 인식을 갖고 있다. 그러므로 행정이 도와주고 싶어도 과연 무엇을 도와주어야 하는지 알 수 없다는 것이다. 복지관에서는 민관협의체를 구성하여 복지관에서 일을 주도적으로 이끌어 나가는 것이 아니라 지역사회단체들이 주체가 되어 활동할 것을 기대한다. 따라서 복지관에서는 지역사회 청소년문제의 심각성과 청소년보호를 위한 협력활동의 필요성을 제기하고 단체 간 네트워크 구축과 함께 교육을 통하여 실제 동단위별 활동에 필요한 주민조직을 육성하고자 한다. 네트워크 구축에 있어서도 복지관이 주도하는 것이 아니라 각 단체가 주체가 되어 동단위별로 일을 추진할 수 있도록 지원하는 안내자 혹은 지지자 역할을 취하고 있다. 하지만 행정리더는 복지관이 주도적으로 행정을 비롯한 각 단체에 대하여 해야 할 역할을 명확하게 정해줄 것을 기대한다. 복지관에서는 청소년보호체계 구축과정에서 상호 협의하고 각자의 역할을 발견할 수 있도록 안내하지만 행정에서는 명백한 역할이 없으므로 도와주고 싶어도 무엇을 도와주어야 할지 모르겠다는 반응이다. 이와 같이 행정에서는 민간기관인 복지관의 역량에 대하여 회의적인 시각을 갖고 있으면서도 다른 한편으로는 복지관이 각 단체들에게 구체적인 특정 역할을 정해주어야 한다는 생각도 갖는다. 이러한 상반된 의식 속에는 행정의 이중성이 내포되어 있다. 즉 행정은 복지관의 청소년보호체계 구축의 취지에 대해서는 찬동을 표하지만 구체적인 역할수행에 대해서는 소극적인 자세를 드러내고 있다.

(2) 민간주도의 청소년보호체계 형성에 대한 결론과 전망

지역리더들은 앞에서 살펴본 바와 같이 청소년보호체계 구축에 대해 강한 회의적 반응을 보이면서 이러한 회의적 관망 속에서 나름대로 전략적 방안을 모색하여 제시하고 있다.

① 민간주도의 청소년보호체계 형성에 대한 결론

민간기관인 복지관 주도의 네트워크 형성에 대한 지역리더들의 결론은 회의적 반응에서 나타난 바와 같이 어렵다는 것이다. 그들이 표면적으로 어떠한 관망과 표현을 하든 궁극적으로는 힘들다는 결론이다. 지역리더들의 이러한 인식은 현재까지 지역사회에서 단체들이 활동해 온 성격에서 쉽게 알 수 있다. 지역사회의 각 단체들은 지역사회에서 나름대로의 기득권을 확보하고 이를 유지하고 확대해 나가기 위하여 보이지 않는 경쟁을 펼치고 있다. 이러한 분위기 속에서 각기 목적이 다른 단체들을 한데 모아 협력관계를 도모한다는 것은 쉽지 않은 시도라는 것이다.

이와 같은 결론으로 지역리더들은 네트워크사업의 참여에는 표면적으로 찬동하면서도 사업의 성공에는 회의적인 입장을 취하고 있다. 즉 사업의 명분에는 공감하지만 네트워크사업에 직접적으로 참여하겠다는 의지는 보이지 않고 있는 것이다. 그들은 기본적으로 청소년보호를 위한 단체 간 네트워크 구축은 내 일이 아니라 남의 일이라는 사고를 갖고 있다. 뿐만 아니라 참여해봐야 지속되지 못할 것이라는 생각을 갖고 있다. 그러므로 자신들이 네트워크사업에 참여하여 상호 협력하고 청소년보호활동과 관련한 다양한 역할을 논의하는 것에는 회의적인 반응을 보인다. 지신들은 참여하기 힘들다는

전제하에 네트워크 구축사업에 대한 새로운 전망을 그리면서 앞으로의 희망사항과 전략들에 대해서는 다양한 의견과 조언을 제시한다. 복지관에서는 네트워크 구축사업에서 매개자적인 역할을 하고자 하지만 지역리더들은 복지관에 대하여 조언자적인 역할을 하고 있는 것이다.

② 새로운 전망 모색

지역리더들은 청소년보호체계 구축의 필요성에 대해서는 공감하는 태도를 보이면서도 참여에 대해서는 회의적이다. 또한 성공여부에 대해서도 회의적인 전망을 하면서도 사업에 대한 새로운 전망을 모색한다. 이러한 그들의 태도는 모순적이다. 지역리더들은 네트워크 구축사업에 대해 '앞으로 이렇게 했으면 좋겠다'는 식의 반응을 보인다. 따라서 그들의 전망은 실현가능성에 근거하기보다는 하나의 희망사항이라 할 수 있다.

지역리더들은 결론적으로는 네트워크 구축이 불가능할 것이라는 인식을 보이면서도 지역사회의 일에 대한 공동 협력의 필요성을 강조한다. 또한 추진방향에 대해서 '주민의식의 변화'와 민관파트너십에 토대한 추진을 강조한다. '지역사회 일은 공동으로 추진되어야 한다. ……이 사업은 시간이 많이 걸리고 어려운 일이다. ……사회통합이라는 차원에서 함께하는 장을 마련하는 것이 필요하다', '중요한 것은 주민의식의 변화가 아닐까 생각한다. 그렇다면 사업의 외형적 성공보다는 참여자들의 의식변화에 초점을 맞추고 개입하는 것이 필요하다.' 이들은 복지관에서 추진하려는 방향에 대해 자신들의 의견을 제시하면서 섣부른 실현보다는 시간이 걸리더라도 점진적인 발전을 모색해야 한다고 주장한다. '모든 문제를 한꺼번에 다 해결한다는 것은 불가능하다. 하나하나 힘을 모아 해결해 나간다면 언젠가는 정말 사업이 목적하는 청소년이 안심하고 살 수 있는 살기 좋은 우리마을 만들기를 실현할 수 있지 않겠는가?', '처음에는 비록 협력이 안 되고 참여도 적겠으나 일을 열심히 하다 보면 정말 좋은 일이구나 생각하게 되고 주민들도 협조하고 단체들도 협력할 것이다', '처음부터 일이 정말 성공할 수 있을까? 가능할까? 하는 생각보다는 희망을 가지고 시작하는 것이 중요하다.' 이와 같이 지역리더들은 네트워크사업에 대하여 회의적인 반응을 보이지만 한편으로는 단체들의 반응이 초기에는 미미하나 희망을 가지고 점진적으로 접근해 나가면 가능할 것이라는 기대를 갖고 있다.

지금까지의 단체들의 성향에서 볼 때 복지관이 추구하는 협력체계의 구축은 회의적일 수 있다. 그러나 그들의 잠재의식 속에는 긍정적인 반응이 내재되어 있으므로 청소년보호체계 구축에 찬동하는 단체와 개인을 중심으로 실행해 나갈 수 있는 가능성은 열려져 있다. 이는 그들의 경험에서 나오는 구체적인 전략을 제시하는 방식에서도 찾아볼 수 있다.

③ 새로운 전망을 실현하기 위한 전략들

지역리더들은 청소년보호체계 구축에 회의적인 반응을 보이지만 시간을 가지고 점진적으로 추진한다면 가능성이 보일 것이라는 전망과 함께 다음과 같이 나름대로의 실행전략을 제시하고 있다.

첫째, 민관 파트너십의 관계형성

둘째, 조직 내의 분과위원회는 수평적 관계유지

셋째, 동단위의 분과위원회 설치

넷째, 조직의 인원규모는 2~30명 정도

다섯째, 조직의 장은 권력지향인물 배제

여섯째, 개별적 접촉에서 전체적 접촉으로 전개

일곱째, 사업취지 찬동단체부터 시작

여덟째, 새로운 주민 찾기 시도

아홉째, 구성원들의 참여동기가 중요한 관건

열째, 부녀회를 중심으로 한 활동 전개가 효과적

이상의 전략들을 분류하면 조직구조의 성격, 조직리더의 자격과 조직구성의 접근법, 활동중심단체 등 크게 네 가지로 정리할 수 있다.

조직구조의 성격에 있어서는 조직은 민관의 파트너관계 속에서 구성되어야 하며 조직 내의 분과도 수평적 관계로 이루어져야 함을 강조한다. 또한 각 동별로 분과위원회를 설치하는 것이 단체 간 갈등과 분열을 예방할 수 있다고 본다. 조직규모는 동단위로 약 2~3명으로 하여 전체적으로 30명 이내를 제시하고 있다. 조직리더의 조건에 대해서는 그들의 경험에서 나온 것으로 권력지향형 리더는 가능한 배제하고 사심 없이 앞장설 수 있는 자가 조직리더가 되어야 한다는 것을 강조한다. 조직구성을 위한 접근에서는 참여가 가능한 단체리더에 대한 개별적 접근에서 전체적인 접근으로 전개해 나가는 것이 유효하다는 입장이다. 단체리더들과 개별적 접촉을 하면서 취지와 목적을 설명하고 그들에게 협력을 요청하는 작업이 필요하다는 것이다. 이에 더하여 기존의 단체의 구성원도 중요하지만 새로운 주민을 찾는 방법도 모색해야 된다는 것이다. 그들은 지역사회 청소년 보호체계 구축사업이 성공하기 위해서는 구성원들의 참여동기가 중요하게 작용할 것이라는 관점에서 기존의 조직에 익숙한 자보다는 지역사회를 위하여 순수하게 봉사하고자 하는 자를 찾는 것도 중요하다는 견해이다. 활동중심단체로는 낮시간 동안 시간을 많이 낼 수 있고 지금까지의 활동능력과 성과에 비추어 볼 때 부녀회가 적격이라는 입장이다.

이상과 같이 지역리더들은 앞으로 복지관이 지역사회단체 간의 네트워크 구축에 필요한 전략들을 제시하고 있다. 그러나 문제는 이러한 전략들을 복지관이 관심을 가지고 풀어보라는 입장이다. 그들이 참여하여 이러한 전략들을 구체화시키고 그것을 실행하겠다는 의지는 상당히 미약하다. 따라서 복지관에서는 지역리더들의 이러한 성향을 충분히 인식하고 청소년보호체계 구축사업에 대한 단계적 발전전략을 추진해 나가야 할 것이다. 네트워크사업을 담당하는 사회복지사들 역시 지역사회 내의 이러한 성향들을 이해하여 다각적인 전략과 방안을 마련해야 할 것이다.

2) 청소년 관련기관 실무자들의 인식

직접적으로 청소년 관련업무를 담당하고 있는 실무자들은 청소년보호를 위한 네트워크 구축과 협력의 대의적 명분과 필요성에 대해서는 대부분 공감하나 실제적인 참여의 중요성이나 필요성에 대해서는 크게 공감하지 않는 경향을 보인다. 특히 자신들의 경험을 토대로 청소년보호체계가 실제로 어느 정도 활발하게 기능할 것인가에 대해서 회의적이고 소극적인 입장을 보이고 있다. 이와 같은 소극적인 태도는 앞으로 전개될 청소년보호체계의 활동에 그다지 큰 기대를 갖지 않고 있다는 것을 반영하는 것으로 청소년보호체계의 형성과 유지에 걸림돌로 작용하게 될 수 있다. 그러나 실제 모임에 참여하고 관계가 형성되어 가는 과정에서 이러한 태도는 점차 청소년보호체계에 대한 기대로 전환되어 가면서 보다 적극적으로 청소년보호체계의 미래에 대해 구체적인 방안을 제시하게 된다.

초기 접촉과정에서 보인 실무자들의 네트워크에 대한 인식은 개인적·업무관련 경험, 개인의 업무에 대한 태도와 가치지향성에 따라 각기 다른 형태로 나타난다. 여기에서 업무에 대한 태도와 가치지향성이라 함은 청소년보호서비스 제공에 있어 제공자중심 관점에서 접근하느냐 또는 이용자중심의 접근을 지향하느냐를 의미한다. 이는 참여가능성과 상관관계를 갖는다. 이를 유형화하면 네트워크 불신형, 무관심형, 자원획득형, 네트워크 기대형으로 구분할 수 있다.

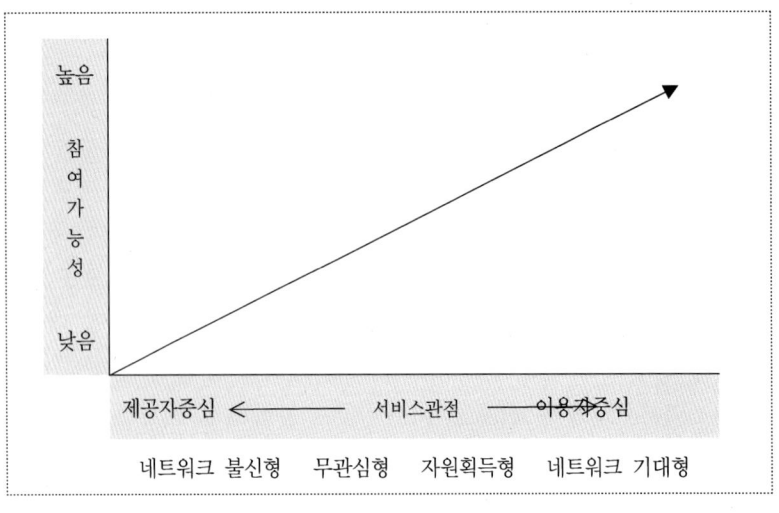

[그림 Ⅳ-5] 실무자의 업무 관점에 따른 청소년보호체계 구축 참여가능성

네트워크 불신형과 무관심형은 제공자중심의 사고이며 자원추구형과 네트워크 기대형은 이용자중심의 사고라 할 수 있다. 이와 같은 유형들은 청소년보호체계 참여가능성이라는 측면에서 전혀 가능성 없음에서 적극적 참여로 차원이 구분되는데 네트워크 불신형은 전혀 참여가능성이 없으며 네트워크 기대형은 적극적으로 참여할 가능성이 가장 높다. 무관심형과 자원추구형은 그 사이에 존재한다.

네트워크 불신형: 이 유형은 기존의 네트워크 활동의 부정적 이미지에 근거하여 네트워크를 인식하고 있는 사람들에게서 보이는 유형이다. 이들은 네트워크의 이념이나 기능보다는 주로 자신의 직·간접적인 경험에 의해 네트워크를 현상적으로 이해한다. 그러므로 네트워크를 통한 협력의 성과를 믿지 않는다. 실제로 네트워크는 일부 소수 조직들 간의 부분적·공식적 관계에 국한되거나 기존에 형성된 연계관계의 기능적 변질 등으로 인하여 네트워크가 기능을 하지 못하는 경우도 자주 보인다. 뿐만 아니라 처음에는 의욕적으로 네트워크를 구축하고 활동도 어느 정도 활발하게 이루어지지만 점차 시간이 지나면서 이름뿐인 수준으로 남거나 와해되는 경우도 주위에서 자주 볼 수 있다. 네트워크의 이러한 현상은 사람들에게 부정적인 인식을 심어주게 된다. 특히 직접 네트워크 활동을 통해서 이러한 경험을 한 사람들은 네트워크의 가능성과 효과성에 대해서 불신을 갖고 있다. 그들은 과연 네트워크가 얼마나 유지될 것인가, 네트워크 활동이 원활하게 이루어질 수 있는가에 대해 극단적인 부정은 하지 않더라도 강한 회의를 갖고 있다. '작년에 모 기관에서 주도한 청소년유해환경 관련 네트워크에 참여했는데 처음에는 야심차게 진행하

다가 흐지부지되는 경향이 있었다. 주도하던 단체에서 손을 놓아버리니까 구심점이 없어지고 조직이 와해되는 지경까지 되었다'라는 경험담 속에는 네트워크 형성과 기능에 대한 강한 불신이 자리잡고 있음을 알 수 있다. 또한 이들은 비록 네트워크가 형성되고 활동을 하더라도 한시적이거나 전시적인 차원에서 활동이 이루어질 것이므로 네트워크 활동의 효과는 기대할 수 없다는 인식을 갖고 있다. 즉 형식적인 네트워크에 불과하여 자신의 업무수행에 실질적인 도움이 되지 않을 뿐만 아니라 오히려 네트워크 활동에 참여함으로써 자신의 업무가 더 증가하고 시간을 빼앗길 뿐이라고 생각한다. 따라서 이들은 네트워크 참여를 귀찮은 것으로 생각하는 경향을 보인다. 이러한 유형은 기존의 자기업무의 범위 내에서 자기스타일대로 청소년 보호서비스를 제공하면 된다는 입장을 보인다. 청소년보호와 관련한 보다 많은 정보를 수집하고 다른 기관에서는 어떤 서비스를 제공하고 있는가, 보다 질 높고 많은 서비스를 제공하기 위해서 어떤 노력을 하고 있는가에 대해서는 전혀 관심을 가지지 않는다. 모두 다 그런 것은 아니지만 보호의 대상인 청소년의 입장에서가 아니라 자신의 입장에서 가능하다고 판단되는 업무만을 처리하고자 한다. 말하자면 현실안주형의 소극적인 태도로 청소년보호업무에 임하는 경향을 보인다. 이러한 유형의 네트워크 참여에 대한 반응은 두 가지로 나타난다. 하나는 아예 네트워크 참여를 거부하는 것이며 또 다른 반응은 네트워크의 명분에 대해 좋은 일이니까 협조는 하지만 적극적인 참여나 도움을 주기는 어렵다는 태도를 보인다. 여기에서 협조를 한다는 차원은 명목적으로 이름만 걸어놓는다는 것을 의미한다. 이들은 자신들의 경험을 통하여 네트워크에 대해 강한 부정적인 확신을 가지고 있기 때문에 이상의 4가지 유형 중에서 참여가능성이 가장 희박한 유형이다.

■무**관심형**: 대부분이 네트워크의 필요성과 효용성에 대해서는 긍정적인 인식을 하고 있으나 한편으로는 네트워크 자체의 필요성을 별로 느끼지 못하거나 불필요하다고 보는 사람들도 존재한다. 이들 역시 그동안의 업무경험에 의해서 굳이 다른 기관과 네트워크를 형성하지 않고도 나름대로 사업을 수행할 수 있다는 인식을 갖고 있다. 각 기관들은 조직 특유의 목적과 성격을 지니고 있다. 그리고 그러한 기관의 목적과 여건에 맞게 청소년보호관련 프로그램을 진행해 왔으며 여러 기관들이 연계하여 공동사업을 구상하고 함께 활동을 해본 경험을 별로 갖고 있지 못하다. 또한 대부분의 경우 기관의 사업을 수행함에 있어서 비록 자원과 인력의 한계성이 존재하더라도 그 한계성 내에서 나름대로 사업을 진행해왔다. '우린 여태까지 다른 기관이나 사람들의 도움을 받지 않고도 잘해왔어요', '각자 청소년관련 사업을 나름대로 진행하고 있으므로 네트워크 활동의 필요성을 느끼지 않고 있다'라는 말은 지금까지의 업무경험에서 다른 기관과 네트워크를 통한 협력을 하지 않아도 기관의 사업이 진행될 수 있다는 인식이 굳어져 있음을 보여준다. 그러므로 다른 기관과 연계하여 활동해야 한다거나 협력해야 할 필요성을 별로 느끼지 못하고 네트워크 자체가 필요 없다는 인식을 갖고 있다. 이러한 인식의 배경에는 네트워크 활동에 대한 오해가 자리잡고 있다. 그러한 오해는 두 가지 차원에서 작용하고 있는 것으로 분석되었다. 첫째는 네트워크 활동이 소속조직의 사업과는 별개라는 차원에서 네트워크를 이해하고

있다. 그러므로 이들은 네트워크 활동을 할 경우 과외의 업무가 부가될 것이라는 인식을 갖고 있으며 네트워크 내에서 이루어지는 프로그램이 자체 조직의 프로그램과 중복될 것이라는 우려를 안고 있다. 둘째는 네트워크에 참여할 경우 자체 조직의 사업이 축소되거나 또는 다른 기관의 간섭이나 지배를 받을 수도 있다는 우려를 갖고 있다. 이러한 유형 역시 네트워크 불신형과 마찬가지로 청소년보호서비스 제공자중심의 관점에서 기존의 청소년보호업무 스타일을 그대로 고수하려는 경향을 갖고 있다. 그러나 이 유형은 네트워크 불신형에 비해 네트워크 참여가능성은 있다고 볼 수 있다. 누군가가 적극적으로 권유하거나 협력수준의 네트워크에 대한 이해 등의 동기유인이 제공될 경우 그 효용성과 필요성을 인식하게 되고 네트워크 참여로 연결될 수 있는 가능성이 존재한다.

자원획득형: 네트워크를 간단한 수준에서 일상적으로 이루어지는 정보교류 또는 자신이 필요로 하는 자원의 소재와 획득방법이나 필요한 자원을 얻을 수 있는 방안으로 네트워크를 이해하고 있는 유형이다. 이들은 앞의 두 유형에 비해 다른 기관과의 연계경험을 어느 정도 갖고 있다. 예를 들어 다른 기관과의 사이에 클라이언트의 의뢰나 서비스 연계 또는 업무수행에 필요한 자원을 주고받으면서 업무를 수행해나간다. 그러나 이들 역시 서비스 제공을 위한 팀 접근이나 공동사업의 수행경험은 거의 없으며 대부분의 연계활동이 공식적인 네트워크를 통하여 이루어지기보다는 개인적 관계를 이용해서 이루어지고 있다. 그러므로 높은 수준의 협력네트워크 활동의 중요성과 필요성이나 공동사업의 실시 등에 대해서는 깊은 인식을 갖고 있

지는 못하다. 이는 신뢰와 호혜주의와 같은 협력을 촉진하고 공동체 형성에 도움이 되는 규범의 생성을 통해 사회의 효율성을 높이는 기제로서 네트워크의 본질에 대한 이해 부족을 의미한다고 볼 수 있다. 그러나 이러한 유형은 앞의 네트워크 불신형이나 무관심형에 비해서 네트워크에 대해 보다 호의적인 태도를 보인다. 이들은 서비스의 질 향상이나 자신의 업무성과 제고에 관심을 갖고 있으므로 보다 많은 양의 정보와 자원을 얻고자 하는 욕구를 가지고 있다. 따라서 네트워크 참여에 대하여 자신들이 필요로 하는 정보와 자원을 획득할 수 있는 기회로 생각한다. 그런 점에서 네트워크의 효용성을 인정하고 네트워크 참여에 대한 동기와 욕구를 가지고 있다. 이러한 유형은 자신의 정보망이나 자원망의 확대라는 측면에서 네트워크에 대한 기대를 가지고 네트워크에 참여하고자 하므로 보다 자발적으로 참여할 가능성은 상대적으로 높다.

네트워크 기대형: 이 유형에 속하는 사람들은 네트워크에 대하여 거시적인 차원에서 이해하고 있는 유형이다. 즉 이들은 네트워크를 통한 접근이 다양하고 복합적인 사회문제를 해결하는 데 매우 효과적이라는 인식을 갖고 있다. 그러므로 이들은 그동안 청소년 관련조직들의 청소년보호활동에 대해서 개별 조직단위로 활동이 전개되어 옴으로써 프로그램의 중복과 자원의 낭비를 가져왔다는 점에 동의한다. '각 기관별로 운영되고 있는 청소년보호프로그램들을 하나로 모아서 좀 더 조직적으로 접근할 때 시너지효과가 있지 않을까…….'라는 표현에서 알 수 있듯이 제한적인 자원을 보다 효율적으로 활용하여 청소년문제의 예방과 해결의 시너지효과를 높일 수 있는 방안으

로 네트워크적 접근의 필요성을 강조한다. 이러한 유형에서 보이는 또 하나의 특성은 네트워크의 기능적 측면뿐만 아니라 네트워크가 갖고 있는 신뢰, 호혜성, 공동체성과 같은 이념적 측면을 포함하여 보다 폭넓게 네트워크를 이해하고 있다는 점이다. 이들은 네트워크에 대한 확신을 가지고 개별 조직차원에서의 활동을 통합하여 하나의 구심점을 가지고 활동할 경우보다 높은 효과를 거둘 수 있을 것이라는 기대를 갖고 있다. 나아가서 네트워크 활동을 통하여 청소년보호뿐만 아니라 지역사회를 청소년들이 건전하게 성장할 수 있는 환경으로 만들고 공동체화하는 데 기여할 것이라고 본다. 특히 이들은 청소년들의 건강한 성장권을 보장해주기 위해서는 지역사회가 건강하게 변화해야 한다는 관점에서 청소년보호에 접근하는 경향을 보인다. 그리고 네트워크의 가능성에 대하여 '처음에는 별로 효과가 없고 어렵더라도 네트워크를 구축하고 힘을 합쳐서 청소년보호활동을 전개할 때 네트워크도 성장하고 그것을 통해 청소년문제 예방이라든지 건전육성을 위한 지역사회를 만들어 나가는 데 주춧돌이 될 것'이라는 기대를 갖고 있다. 그런 점에서 네트워크 구축과 유지발전의 핵심적인 주체로 역할을 할 가능성이 높은 유형이다.

3) 지역주민의 의식

지역주민들의 청소년보호체계 구축과 관련한 인식에 있어서는 두 가지로 확연하게 구분된다. 즉 적극동조형과 냉담형 또는 무관심형이다.

적극동조형: 적극동조형은 현재 중·고등학교에 다니는 자녀를 두고 있거나 지역사회봉사활동 등 사회참여를 적극적으로 하고 있는 주민

들에게 주로 보인다. 이들은 '우리 아이가 맞고 들어오지나 않을까, 밤늦게 돌아오다가 으슥한 골목 같은 데서 깡패들한테 돈이나 빼앗기지 않을까'라는 걱정을 한다. 그리고 지역사회에 아이들에게 유해한 환경이 너무 많다고 강조한다. 그러므로 청소년보호체계를 형성하여 지역주민들이 함께 청소년이 밝고 건강하게 자랄 수 있는 '살기 좋은 우리마을'을 만들자고 하는 것에 대해 환영하며 적극적으로 참여의사를 밝힌다. 이들은 학교를 중심으로 학부모지도단을 구성하고 학생들과 함께 정기적으로 자원봉사활동을 하거나 새마을부녀회 등의 지역사회단체 회원으로서 지역사회활동에 참여하고 있으므로 이러한 활동의 의의를 높게 평가한다.

담형: 그러나 지역주민에게 있어서의 문제는 이와 같은 생각을 지닌 주민들이 많지 않다는 것이다. 대부분의 지역주민들은 겉으로는 '좋은 일이네요'라는 반응을 보이면서도 자기와는 상관없다는 태도를 보인다. 지역리더들과 마찬가지로 '좋은 일이고 누군가 나서서 해야 할 일'이지만 나는 아니라는 식이다. 이러한 유형은 대부분 지역사회의 청소년문제에 대한 인식이 별로 없다. 그저 내 자식만 잘되면 된다는 생각이다. 자녀교육과 관련해서도 학교성적에 집착한다. 이러한 유형은 본 사업에 참여할 가능성이 매우 희박하지만 설사 청소년보호활동에 참여하더라도 순수한 의도에서가 아니라 자녀의 자원봉사활동점수를 받을 수 있을 것이라는 기대에서 참여한다. 다시 말해서 아이들은 학원에서 공부하고 자신이 대신해서 자원봉사활동을 하고 그것을 아이의 자원봉사활동 실적으로 인정해달라는 것이다. 이로 인해 복지관과 참여자 간에 갈등이 야기되기도 한다.

2. 청소년보호체계 참여형태

1) 행정의 참여형태

복지관의 청소년보호체계 구축사업에서 행정 특히 동장의 태도와 관여가 중요한 변수로 작용한다. 대부분의 지역사회단체들은 행정과 긴밀한 관계를 맺기를 원하며 또 행정의 지원하에 지역사회활동을 하고 있다. 그러므로 행정의 관여 정도에 따라 적지 않게 영향을 받는 특성을 갖고 있다. 지역사회단체들에게 있어서 행정과의 관계의 밀접성 정도는 지역사회에서 자기단체의 힘의 정도를 평가하는 기준이 된다. 즉 행정 또는 동장이 단체의 활동에 관심을 갖고 지원한다는 것은 그 단체에 대한 힘을 실어주는 것이 되므로 단체활동도 활성화되고 지역사회에서 위상도 높아지게 된다. 이들은 가능한 한 행정과 가까운 관계를 유지하기 위해서 행정이 주도하는 지역행사에는 자의든 타의든 참여하여 행정에 협력한다. 여기에는 만약 협력하지 않을 경우 행정으로부터 소외될 것이라는 우려가 작용한다. 이는 곧 지역사회에서 영향력의 축소로 연결된다. 행정과 지역사회단체와의 이러한 힘의 역학관계 속에서 행정이 청소년보호체계 구축사업에 어떤 태도를 취하느냐는 지역사회단체들의 관심과 참여에 큰 영향을 미친다.

한편 행정이 지역사회를 위한 일을 추진하는 데는 인력이나 재정 면에서 한계가 있다. 그러므로 행정에서는 지역사회단체의 리더들과 긴밀한 관계를 유지하면서 지역사회활동을 민관협동으로 진행시켜 나가기를 기대한다. 따라서 행정은 민과 일정한 관계를 유지하면서 민의 자발적인 활동이 생산적으로 이루어지도록 지원하는 방책을 취한다. 그러나 선출직이 아닌 임명직의 동장들의 지역사회의 일에 대한 태도는 적극적으로 일을 찾아 지역주민들에게 봉사하고자 하는 경우, 주어진 임기를 무사하게 마치기만을 바라는 경우 등 개인적 성향에 따라 다르게 나타난다. 이러한 성향은 복지관의 청소년보호체계 구축사업에 대한 반응과 관심의 차이를 결정하는 요소가 되고 있다. 청소년보호체계 구축에 대한 행정의 관심유형은 크게 세 가지로 유형화할 수 있다. 즉 적극관심형, 방임형, 지역경계고수형 등이다.

적극관심형: 이 유형은 지역사회의 현안에 대하여 적극적인 관심을 가지고 지역사회단체의 장들과 유기적인 인적 교류를 통하여 문제해결을 위해 노력하는 유형이다. 그들은 지역주민의 욕구가 어디에 있는지, 지역의 단체들이 보다 역동적으로 지역사회를 위한 활동을 할 수 있도록 하기 위해서는 관의 입장에서 어떠한 지원이 필요한지 등에 대하여 보다 적극적인 관심을 갖고 지원하고자 한다. 따라서 적극관심형의 동장들은 단체들과의 관계에 있어서도 인적 교류가 활발하고 민간의 활동을 관심 있게 지켜보며 필요한 지원을 한다. 그들은 살기 좋은 지역사회를 만들기 위해서는 행정의 힘만으로는 안 되며 지역사회단체는 물론 지역주민들의 노력이 함께해야 한다는 인식을 갖고 있다. 또한 행정의 역할은 지역사회문제를 지역주민 스스로 해결할 수 있도록 지원하는 것이라고 생각한다. 이러한 유형은 복지관의 청소년보호체계 구축사업에 대하여 적극적인 관심과 지원의사를 공개적으로 밝힌다. 그들은 이 사업을 통하여 지역사회단체들과 주민들이 협력하여 지역사회의 문제를 해결하기 위해 노력하고 행정과 파트너관계에서 행정의 역할을 지원해줄 수 있을 것이라는 기대

를 갖는다. 이와 같이 지역사회에서 강한 영향력 있는 행정의 적극적 찬성, 협조와 지원의지는 지역사회단체들의 참여의지를 강화시켜주는 역할을 한다.

방임형: 임기 중에 별 탈 없이 업무를 마무리하기만을 바라는 무관심형으로 일부러 일을 만들려고 하지 않는다. 지역사회의 문제가 무엇이며 이를 어떤 방식으로 해결함으로써 지역주민의 편의나 복지를 향상시킬 것인가에 대해서는 별로 고민하지 않는다. 뿐만 아니라 지역사회단체나 주민들이 행정에 앞서서 지역사회의 문제를 해결하기 위한 사업을 추진하거나 이를 위하여 지원이나 참여를 요청하는 것을 별로 달갑게 생각하지 않는다. 그러므로 지역사회의 일에 대하여 주어진 행정의 범위 내에서 처리하고자 하며 지역사회단체나 지역주민의 활동에 대해서도 소극적인 태도로 기존의 해오던 일에서 벗어나지 않는 범위 내에서만 지원한다. 즉 민관협동을 통한 지역사회문제 해결에 대한 의식이 없다고 할 수 있다. 이러한 유형은 복지관의 청소년보호체계 구축사업에 대해서도 오히려 일을 만든다는 인식으로 귀찮게 여긴다. 참여요청에 대해서는 취지에는 공감하지만 그렇다고 행정이 나서서 그런 일에 참여하기에는 인력과 시간이 없다는 이유로 대응한다. 이러한 반응의 이면에는 민간기관에서 하는 일이니 민간차원에서 알아서 하라는 메시지가 내포되어 있다.

지역경계고수형: 행정은 관할구역이 명확하게 정해져 있으므로 업무영역 역시 그 지역의 일에 한정된다. 그러므로 타 지역에 관여할 필요도 없을 뿐만 아니라 자기 관할구역에 타 지역에서 개입하는 것에 대해서도 부정적인 태도를 갖고 있다. 행정업무의 처리를 위해 타

지역과 관계를 갖는 경우에도 지역적 경계를 명확히 하면서 임하는 경향을 보인다. 지역주민들이 자신이 살고 있는 지역사회에 소속감을 느끼지 못한다 해도 타 지역과의 관계에서는 지역성을 강하게 나타내는 것이 일반적인 현상이다. 이러한 현상은 특히 파출소, 동사무소 등 공식기관에서 더 강하게 나타났다. 이들은 Y동에 위치하고 있는 M복지관에서 청소년보호체계 구축을 추진한다는 점에 대해 다른 동의 동장들은 왜 Y동에서 우리 지역일에 관여하느냐는 부정적인 태도를 보였다. 이와 같은 행정의 태도는 그 지역의 단체나 주민들에게도 영향을 주어 본 사업 추진과정에서 Y동을 제외한 타 동의 참여를 어렵게 만드는 요인으로 작용하였다.

2) 지역리더의 참여유형

복지관은 청소년보호체계 구축사업을 복지관 주도적으로 추진할 것이 아니라 지역사회의 각 단체들이 참여하여 그들이 주체가 되어야 한다는 입장에서 접근하고 있다. 그러나 이러한 접근은 지역사회단체들이 적극적으로 참여할 때 가능하다. 지역사회단체들의 참여는 앞에서도 살펴보았듯이 행정이 어느 수준에서 참여하느냐에 따라 많은 영향을 받는다. 이와 더불어 자신들이 이 사업에 참여하여 얼마나 영향력을 확대할 수 있을 것인가에 관심을 갖고 있다. 이러한 요소들은 지역리더의 개인적 성향과 지역사회활동 목적과 함께 참여형태를 결정한다. 이러한 복합적 요소들의 작용하에 지역리더들의 참여형태는 크게 활동참여형, 후원형, 명함관리형의 세 가지로 분류된다.

활동참여형: 활동참여형은 지역사회활동에 직접적으로 참여하여 봉

사활동을 하는 형으로 새마을부녀회장 등 여성들이 대부분이다. 이들은 지역사회활동에 있어서 소속단체 구성원들과 함께 새마을청소, 노인잔치 그리고 마을축제 등에 참여하여 어려운 일을 도맡아 한다. 이들은 상당수가 봉사경험이 많으며 자신의 동과 관련된 활동뿐 아니라 구단위, 시단위의 행사 등에도 적극적으로 참여하여 행정을 지원한다. 그런 의미에서 지역사회활동의 중심세력이라 할 수 있다. 본 사업에 있어서도 이들이 주로 참여하여 교육을 받고 직접적인 청소년보호활동을 전개하였다.

후원형: 후원형은 본인이 지역사회활동에 직접적으로 참여하지는 않으나 그 대신에 재정적인 지원이나 기타 필요한 후원을 하는 형태이다. 이러한 유형은 지역사회활동에 대해 많은 관심을 갖고 있으나 개인적인 업무나 생업으로 인해 직접 참여가 불가능한 리더들에게서 보인다. 따라서 이들은 심리적으로 다른 사람들이 직접 참여하여 활동하는 데 반해 본인들이 직접 참여하지 못한다는 사실에 대해 약간은 미안한 감을 느끼고 있으며 대신에 재정적인 지원을 통하여 다른 참여자들의 활동을 격려한다. 예를 들어 지도자교육이나 지도자조직이 활동할 때 간식을 사다준다든지 또는 얼굴을 내밀고 격려하는 형태로 나타난다.

명함관리형: 명함관리형은 이름만 걸어놓고 실질적으로 지역사회를 위한 활동은 거의 안 하는 유형이다. 이들에게 있어서 지역사회활동은 자신의 이익추구에 도움이 되는 사람들을 만나기 위해서이다. 그러므로 지역사회의 현안문제를 해결한다든지 하는 지역사회를 위한 활동에는 그다지 관심을 두지 않으며 행정과의 관계 또는 지역사회

에서 자신의 위치를 공고하게 하기 위하여 인맥 쌓기에 열심이다. 이들이 지역사회의 행사나 활동에 거의 빠지지 않고 얼굴을 내미는 이유는 행정과의 관계 맺기를 통해 자기사업이나 지역사회에서의 영향력을 확대할 수 있을 것이라는 기대와 안면을 익히고 자신의 존재를 드러내기 위한 것이다. 그런데 지역사회에서의 문제는 이러한 지역리더가 많다는 것이다. 이런 지역리더들이 행정과 밀접한 관계를 가지면서 지역사회의 일을 도모하지만 행정공무원들은 이들을 신뢰하지 않는다. 이러한 현상은 청소년보호체계 구축과정에서도 그대로 나타난다. 겉으로는 좋은 일이고 꼭 필요한 일이며 자신도 적극적으로 참여하겠다고 약속한다. 그리고 동장이나 공무원이 참여하는 모임에는 참여하지만 실제 활동 시에는 여러 이유를 대며 참여하기를 거부한다.

3) 실무자의 참여형태

청소년관련 업무를 수행하는 조직의 실무자들의 참여유형은 참여 동기 수준에 따라 달라진다. 네트워크 참여자들의 참여유형을 보면 관망형, 실익추구형, 적극적 주도형으로 유형화할 수 있다. 초기의 참여유형은 네트워크 활동이 진행됨에 따라 적극적 참여, 소극적 참여, 탈락으로 변화를 보인다. 이하에서는 초기 참여유형인 관망형, 실익추구형, 적극적 주도형에 대하여 살펴보기로 하겠다.

관망형: 관망형은 네트워크에 그다지 큰 기대를 하지 않고 참여하는 사람들에게서 보이는 유형이다. 그만큼 참여동기는 낮다고 할 수 있다. 이들은 대부분 네트워크에 대한 인식수준의 무관심형에 속한다.

별로 네트워크에 참여할 필요성은 느끼지 않으면서 과연 네트워크가 무엇인가, 무슨 일을 하려고 하는가, 어떤 사람들이 참여하는가 하는 정도의 관심을 갖고 참여하는 경우에 나타난다. 그렇기 때문에 네트워크 모임에서도 의사표시를 하지 않고 가만히 앉아서 토의내용에는 별 관심 없이 주위에서 무슨 일이 벌어지고 어떤 대화가 오고가는가를 바라만 보고 있거나 낙서를 하는 태도를 보인다. 또는 자신의 업무수첩에 스케줄을 정리하기도 하고 몸을 뒤로 뺀 채 방관자로서 관망하는 듯한 태도를 보이기도 한다. 이러한 유형은 네트워크 내에서 어떤 역할이나 책임을 맡는 것을 거부한다. 또한 중도탈락 가능성이 매우 높고 비록 참여하더라도 정기적인 참여보다는 자신의 사정에 따라 참여하기도 하고 참여하지 않기도 한다.

실익추구형: 실익추구형은 주로 낮은 수준의 네트워크 활동인 정보교류나 기관 또는 자기의 업무에 도움을 얻기 위한 정도의 동기를 가지고 참여하는 유형이다. 네트워크에 대한 인식수준의 자원획득형이 여기에 속한다. 이 유형은 관망형에 비해서는 네트워크 참여도가 높다. 정보나 자기에게 도움이 되는 자원의 확보라는 목적이 뚜렷하므로 이러한 목적을 달성하기 위하여 노력한다. 따라서 네트워크의 다른 구성원들과 잘 어울리고 적극적으로 관계를 형성해나간다. 이러한 유형은 네트워크가 역동성을 가지고 움직여나가게 되면 적극적 참여자로 발전할 수 있는 가능성이 높다. 또한 관계를 형성하기 위해 적극적으로 노력하기 때문에 네트워크 내의 역동성을 증가시킴으로써 네트워크의 지속과 발전에 기여하기도 한다. 그러나 한편으로는 네트워크가 자신의 욕구를 충족시켜 주지 못한다고 판단될 때는

언제든지 네트워크를 떠날 위험성을 안고 있다.

적극적 주도형: 상호교환적 동기나 자기성장의 욕구, 자원에 대한 관심과 욕구가 높을수록 네트워크에 대한 인식수준이 높고 긍정적 참여태도를 나타내는 경향을 보인다. 네트워크 인식수준의 네트워크 기대형이 이 유형에 속한다. 이 유형은 적극적이고 능동적으로 자신의 욕구를 충족시키기 위하여 노력하며 이러한 노력이 네트워크의 역동성과 지속에 긍정적인 작용을 한다. 이 유형은 네트워크의 목적이나 이념 등에 보다 관심을 가지며 이를 실현하려는 의지를 갖고 있다. 그러므로 네트워크모임에서 네트워크의 방향성이나 활동 등에 대해 적극적으로 자신의 견해를 피력하면서 네트워크를 끌어간다. '지금은 별로 효과가 없고 어렵더라도 네트워크를 구축하고 힘을 합쳐서 활동해나갈 때 서서히 우리 힘도 더 성장하고 그것을 통해서 청소년문제의 예방과 청소년 건전육성을 위한 지역사회를 만들어 나갈 수 있을 것'이라는 말에서도 알 수 있듯이 이들은 네트워크의 지속과 발전가능성에 대해 긍정적인 인식을 갖고 있다. 따라서 비록 지금의 네트워크가 만족스럽지 못해도 네트워크의 발전방향에 대한 신념을 갖고 네트워크의 유지와 발전을 위하여 노력한다. 네트워크는 이들의 노력에 의해 체계와 기반을 다져나가면서 지속가능성을 증대시키게 된다.

3. 청소년보호체계 참여의 영향요인

복지관의 청소년보호체계 구축사업 참여여부에 영향을 주는 요인과 관련해서는 지역리더와 주민을 대상으로 하는 주민조직화와 청소년 관련조직 간 네트워크로 범주화된다. 주민조직화에서는 취지와 목적 및 필요성에 대한 이해도, 지역적 배타성, 개인적 성향 등이 작용하고 있다. 반면에 청소년 관련조직의 경우에는 실무자의 업무와의 관련성과 조직 내에서의 업무에 따른 부담, 네트워크의 구축과 활동에 대한 확실성 정도에 따라 참여와 탈락이 결정되는 것으로 나타났다.

1) 주민조직화의 영향요인

청소년보호체계를 형성해가는 과정에서 나타난 현상은 두 가지 측면의 서로 상반된 경향을 보인다. 이와 같은 현상은 청소년보호체계 형성과 유지에 작용하는 힘의 대립현상으로 참여와 비참여에 결정적인 역할을 한다. 긍정적인 방향의 힘은 청소년보호체계 구축을 위한 지역리더 및 주민들의 참여에 동기유인으로 작용하는 반면에 반대방향의 힘은 참여의 장애요인으로 비참여 또는 탈락이라는 결과를 초래한다.

(1) 긍정적 피드백 요소

청소년보호체계 추진과정에서 긍정적 피드백 요소로 주제선정의 적절성과 참여자의 긍정적 반응을 들 수 있다. 참여자의 긍정적 반응은 지역사회에서 영향력 있는 인사의 적극적 참여와 지원의사의 표현, 공동사업 수행을 통한 인식의 변화, 활동체계 대상자들의 적극적 태도 등이다.

주제선정의 적절성: 지역사회의 문제를 해결하기 위한 주민조직화는

구체적이고 모든 사람들이 해결의 필요성과 시급성에 공감하는 주제일 때 보다 많은 관심과 참여를 끌어낼 수 있다. 많은 어른들은 자녀교육과 청소년문제의 심각성에 대해 공감하고 있다. 대부분의 가정이 자녀를 양육하고 있으며 크든 작든 자녀양육에 대한 고민을 갖고 있다. 또한 사회적으로도 청소년문제는 심각한 사회문제로 부각되어 있고 청소년 건전육성과 이를 위한 지역사회 환경 만들기에 대한 필요성도 강하게 느끼고 있다. 이와 같이 대부분의 사람들이 피부로 느끼는 민감한 청소년문제 해결과 예방, 더 나아가서는 청소년 건전육성을 위한 지역사회 환경조성이라는 목표는 쉽게 지역주민들의 공감과 협력을 기대할 수 있는 목표이다. 그러므로 비교적 용이하게 공동활동에 대한 공감대가 형성될 수 있었다. 이러한 사실은 주민조직화 추진 시 지역주민들의 참여동기화에 있어 그들의 직접적인 관심사로부터 출발해야 한다는 기본적인 명제를 재확인시켜 준다.

든한 후원자: 다양한 의견을 가진 사람들이 모여 어떤 안건을 토의하는 과정에서 지역사회에서 영향력 있는 사람이 적극적으로 찬성하고 협조와 지원의지를 밝힐 경우 다른 참여자들의 참여의지를 강화시켜 주는 역할을 한다. 동장, 파출소장, 주민자치위원장, 민간기동순찰대장, 통장협의회장 등은 지역사회에서 강한 영향력을 행사하는 위치에 있다. 그중에서도 동장이나 파출소장 등 공공기관의 장들의 참여와 적극적이고 긍정적인 반응은 지역사회단체들의 참여의지를 높이고 참여를 촉진하는 역할을 한다. 대부분의 지역사회단체들은 가능한 한 행정과 가까운 관계를 유지하고자 한다. 그러므로 행정이 본 사업의 중요성을 강조하고 보다 많은 단체들이 참여하고 협력해서

청소년보호를 위한 '살기 좋은 우리마을 만들기'가 성공적으로 이루어질 수 있기를 기대한다는 발언을 하거나 적극적인 지원의사를 밝힐 경우 수사적 표현이건 또는 진심이건 간에 일단은 동조를 표한다.

공동활동 수행에 따른 성취감: 조직성원들이 함께 힘을 모아 어떤 일을 수행해내었다는 경험은 성원들에게 동지의식을 키워준다. 특히 지역사회단체들은 지역사회를 위한다는 명분하에 활동하고 있지만 행정이 주도하는 행사에 공동참여하는 경우를 제외하고는 공동의 목표를 가지고 연대해서 활동한 경험은 거의 없다. 그런 점에서 지역사회단체들의 연합체인 추진위원회가 중심이 되어 청소년보호캠페인이라는 연합활동을 계획하고 함께 수행했다는 경험은 매우 중요한 의미를 갖는다. 캠페인은 그 자체의 성공여부를 떠나서 추진위에 대한 소속감과 결속력을 강화시키는 효과를 가져왔다. 추진위 멤버들은 캠페인이라는 공동참여활동을 통해서 추진위의 활성화와 앞으로의 활동방향에 대해 새로운 시각에서 방법을 모색할 필요성을 인식하게 되었다고 평가한다. 즉 청소년문제의 심각성을 재인식하고 청소년보호와 청소년을 밝고 건강하게 육성하기 위한 지역사회환경 조성운동의 필요성과 책임의 인식, 특히 청소년보호활동이 특정단체나 개인이 할 수 있는 활동이 아니라 학교-가정-지역사회가 함께할 때 효과적이라는 생각과 함께 협력의 필요성을 더욱 강하게 느끼게 되었다는 것이다.

참여자들의 적극적인 태도: 본 프로그램 진행과정에서 실제로 활동체계를 구축하고 청소년보호활동을 담당할 주체는 주로 여성들이다. 그런 의미에서 여성참여자들이 적극적이고 긍정적인 태도와 반응을 보였다는 것은 매우 고무적인 현상이다. 이들은 자녀교육의 어려움을 직접 체험하였거나 현재 중·고등학생을 자녀로 두고 있으므로 지역사회의 청소년유해환경에 대해 보다 민감하게 반응하고 청소년보호의 필요성에 대한 공감도가 상대적으로 높다. 여기에 더하여 지역지도자라는 사회적 위상은 그들의 자긍심을 강화하는 역할을 한다. 그러므로 여성참여자의 대부분을 차지하고 있는 통장단과 새마을부녀회 구성원들에게 지역지도자라는 위상을 부여하고 지도자란 그에 맞게 풍부한 지식과 능력을 구비해야 하며 이를 위한 교육의 필요성과 지도자에 걸맞은 지역사회활동을 해야 한다는 설명에 쉽게 수긍한다. 지역지도자는 나름대로 지역사회에서 높은 위상을 갖기 때문에 이들은 자신들이 지역지도자라는 인정을 받는 것에 대단히 만족해하는 반응을 보인다. 이들이 실제 활동체계를 구성하고 청소년보호활동을 전개하는 중요한 구성원임을 감안할 때 이들의 자긍심을 높이고 참여동기를 자극하기 위한 전략으로 지역지도자라는 사회적 위치의 부여가 효과적이었음을 보여주는 예가 되겠다.

(2) 청소년보호체계 구축 추진의 장애요소

청소년보호체계 구축 과정에서 나타난 장애요소는 참여자들의 특성으로서 사업에 대한 이해부족, 구성원의 이질성, 활동에 대한 부담감, 지역사회에 대한 무관심, 문제인식과 참여의 괴리를 들 수 있다. 두 번째는 지역적 배타성과 복지관의 인지도와 관련한 조직구성의 불균형, 세 번째는 복지관의 구조적 차원에서의 한계를 들 수 있다.

① 참여자 특성

사업에 대한 이해 부족: 참여자들이 청소년보호체계 구축의 목적이나 취지에 얼마나 동조하느냐는 이들의 앞으로의 참여여부에 커다란 영향을 주는 요소라는 점에서 매우 중요하다. 사업의 목적과 취지가 참여자들의 관심과 참여동기를 유발할 수 있어야 되는 것이다. 네트워크사업의 목적에 공감하고 그 필요성을 크게 느끼는 참여자일수록 보다 적극적이고 능동적으로 활동에 참여할 가능성이 높다. 그러나 아무리 좋은 목적과 취지를 갖고 있는 사업이라 해도 모든 사람들이 그 사업에 공감하고 적극적인 의지를 갖고 참여하기는 어렵다. 본래 부터 이러한 사업에 대한 이해를 갖고 있고 청소년 건전육성과 관련된 활동을 해본 경험이 있는 조직의 대표들은 적극적으로 찬동하면서 어떻게 이러한 사업을 추진할 것인가에 대한 관심을 표명한다. 이들은 청소년선도의 효과성을 높이기 위해서는 경찰, 교사, 학부모 등 다양한 집단의 연계활동의 필요성을 주장한다. 반면에 전혀 사업에 대한 이해가 없는 참여자는 소극적 또는 부정적 태도를 보인다. 특히 자신의 자발적인 의지보다는 어쩔 수 없이 참석한 경우에는 '왜 왔는지 모르겠다'고 불만을 토로하기도 한다. 이와 같이 불만을 가진 참여자는 다른 참여자에게도 부정적인 영향을 주고 사업에 대한 동의나 합의를 끌어내는 데 방해요소가 된다. 사업에 대한 이해도는 조직의 지역사회활동 정도와 관련하여 차이를 보이고 있다. 대체로 지역사회활동을 활발하게 해온 조직의 경우 여러 단체가 연합해서 청소년보호체계를 구축하고 연합활동을 전개하고자 하는 것에 대해 쉽게 동의하고 참여의지를 표명한다. 그러나 지역사회활동이 별로 없는 유명무실한 조직은 청소년보호체계 구축의 필요성에 대한 인식이 없고 따라서 참여에도 부정적인 반응을 보인다. 더욱이 이들은 지금까지 독자적으로 활동해왔을 뿐 연합해서 지역사회활동을 전개한 경험도 없으며 별로 그 필요성도 느끼지 못한다. 따라서 M복지관에서 네트워크를 구축하려는 의도에 의구심을 갖는다.

문제인식과 참여의 괴리: 문제인식과 문제해결을 위한 참여는 별개의 차원을 갖는다. 청소년문제를 예방하고 해결하기 위한 네트워크 구축이나 청소년이 밝고 건강하게 자랄 수 있는 '살기 좋은 우리마을 만들기' 사업이 필요하고 해야 할 일이라고 인정하면서도 참여는 하지 않는다. 이러한 사람들은 지역사회문제에 대해 자신과는 상관없는, 따라서 해결을 위한 노력은 자신이 할 일이 아니라 다른 사람이 해야 할 일로 간주한다. 즉 문제의식은 있으나 나와는 무관하며 내 문제가 아니라는 입장이다. '좋은 일이고 해야 할 일'이라고 인정한다 해도 참여로 인해 자신의 일이 많아질 것이라는 부담감으로 귀찮은 일로 생각한다. 참여를 거절한 사람들이 내세우는 가장 큰 이유는 시간이 없다는 것이었다. 다시 말해서 취지에는 동의하고 필요성은 인정하나 자신들도 하는 일이 있으므로 시간을 내기가 어렵다는 것이다. 이는 아무리 좋은 취지일지라도 그것이 대상자들의 참여 동기를 자극하는 충분조건은 되지 못한다는 것을 반영한다.

성원의 이질성: 지역사회의 여러 단체들을 규합하여 청소년보호체계를 구축해가는 과정에서의 어려움은 참여자들이 서로 다른 경험과 특성을 지니고 있는 이질적인 사람들이라는 점이다. 이들은 나름대로 목적과 특성을 갖고 있으며 그 대표들 역시 개인적 성향이 다르다. 네트워크 구축사업에 대한 이해도도 다르고 참여동기도 다르다. 또한 지역사회단체 간에는 보이지 않는 경쟁과 갈등이 존재한다. 그러므로 참여한다 해도 응집력을 갖기가 어렵고 이해관계 역시 다양

하여 합의를 끌어내기가 어렵다.

활동에 대한 부담감: 지역사회활동 참여에의 장애요소의 하나가 자신들의 일상적인 생활스케줄과 별도로 과외의 시간과 노력을 투자해 활동을 해야 한다는 부담감이다. 아무리 좋은 목적과 취지를 갖는 일이라 해도 참여자들에게 지나친 부담을 줄 때는 참여동기를 약화시키거나 참여하지 않게 된다. 특히 참여를 통하여 실질적이고 구체적인 이득을 얻는 것은 아니다. 어떤 의미에서는 지역사회를 위한다는 명분하에 시간과 노력의 희생을 요구하는 것이다. 그러므로 이들은 일단은 자신에게 얼마만한 부담이 돌아올 것인가를 먼저 계산한다. 자신의 일상적 생활의 희생을 요구하지 않는 범위 내에서 참여 가능성을 고려한다. 지역사회활동 경험이 없는 사람들은 더욱 큰 부담감을 갖게 마련이다. 참여자들의 참여를 촉진하기 위해서는 가능한 한 참여자들이 자기희생을 줄이고 부담 없이 참여할 수 있도록 활동계획이 세워져야 한다. 또한 참여자들이 갖는 부담감을 완화시키기 위해서는 참여자들에게 활동에 대한 상세한 설명을 통하여 활동에 대한 두려움을 제거해줄 필요가 있다.

지역사회에 무관심: 주민조직화 과정에서 겪게 되는 또 다른 어려움 중 하나는 지역사회에 대한 관심이 희박하고 바쁜 사회생활로 인해 지역사회활동에 시간을 할애하기가 힘든 주민들을 대상으로 한다는 데서 오는 애로점이다. 지역주민들의 일반적인 경향은 지역사회 일이나 이웃에 관심이 적거나 아예 무관심하다는 것이다. 현대생활의 특징인 바쁘게 쫓기는 생활과 생활반경의 확대 역시 지역사회에 대한 관심을 갖지 못하게 하는 요인으로 작용한다. 따라서 가시적이고

실질적인 이익이 없는 지역사회활동에 시간을 내기가 어려울 뿐 아니라 시간을 할애하려고도 하지 않는 경향이 강하다. 활동범위가 확대되고 바쁜 생활 속에서 이웃 간의 교류가 거의 이루어지지 않기 때문에 지역사회에 대한 소속감이나 공동체의식을 키울 수 있는 기회가 거의 없으며 이웃 간의 상부상조하는 정신을 기대하기는 어렵다. 자신들만 편하면 된다는 의식 속에서 주체적으로 나서서 지역사회문제를 해결하려는 노력은 거의 하지 않는다.

② 조직구성의 지역적 불균형

복지관에 대한 인지도: 사업의 추진주체와 관련해서 복지관의 존재나 복지관이 하는 일에 대해 알고 있는 경우에는 쉽게 복지관의 사업에 신뢰감을 느낄 수 있다. 따라서 복지관에서 추진하는 사업에의 참여도 쉽게 이루어진다. 복지관의 존재나 과연 복지관이 무슨 일을 하는지에 대해 잘 알지 못하는 경우 복지관이 중심이 되어 청소년보호체계를 구축하는 것에 대해 왜 복지관에서 이러한 사업을 추진하는가에 대한 의문을 표출한다. 이는 결국 비참여로 연결된다. 지역적으로는 복지관이 위치한 Y동 주민들은 복지관에 대해 알고 있으므로 훨씬 긍정적인 반응을 보이고 참여의사도 강하게 표현한 반면에 다른 동 주민들은 부정적인 태도를 보이고 참여거절로 반응한다.

지역적 배타성: 지역주민들이 자신이 살고 있는 지역사회에 소속감을 느끼지 못한다 해도 타 지역과의 관계에서는 지역성을 강하게 나타내는 것이 일반적인 현상이다. 이러한 현상은 특히 파출소, 동사무소 등 공식기관에서 더 강하게 나타났다. 관공서의 경우 관할구역이 명확하게 정해져 있기 때문에 타 지역에 관여할 필요도 없을 뿐만

아니라 자기 관할구역에 타 지역에서 개입하는 것에 대해서도 반감을 갖고 있다. Y동에 위치하고 있는 복지관에서 본 사업을 추진한다는 점에 대해 다른 동은 왜 남의 동에 관여하느냐는 부정적인 태도를 보인다. 이와 같은 지역적 배타성은 청소년보호체계 구축범위에 있어서 다른 동과의 공감대를 형성하지 못하고 Y동을 제외한 타 동의 참여를 어렵게 만드는 요인으로 작용한다. 처음에는 다른 지역에서도 참여하였으나 남의 동네에 왔다는 서먹함, Y동 참여자들이 다수를 점하고 주도해나가는 데 대한 반감과 들러리라는 인식이 작용하여 참여탈락으로 나타났다. 이는 청소년 관련조직에서도 보이는 현상이다. 특히 경기도나 수원시를 활동대상으로 하는 조직의 경우 비록 청소년관련 일을 하고는 있지만 지역적으로 볼 때 장안구로 한정되어 있는 사업에 자신들이 어떤 역할을 할 것인지에 대해 막연하다는 반응을 보이거나 자신들의 활동영역과 부합하지 않다는 이유로 참여를 거부하였다.

③ 복지관의 구조적 한계

청소년보호체계 구축과 추진위원회의 구성 및 관리에 있어서의 담당실무자의 애로점은 과중한 업무량과 인력부족으로 인한 업무부담의 증가로 나타났다. 본 사업을 추진하고 있는 복지관의 인력구성을 보면 총 8명인데 이와 같은 소수 인력으로는 사회복지사업법에 규정되어 있는 업무를 감당하기에도 벅찬 상황에서 본 사업은 사회복지사에게 더욱 큰 부담이 되고 있다. 한 사람의 사회복지사가 몇 사람분의 업무를 감당해야 하는 상황에서 가장 어렵다고 여겨지는 지역사회조직사업을 추진한다는 것은 거의 매일 과외의 일을 하도록 요구하고 있다. 이와 같이 과중한 업무는 본 사업의 원활한 추진을 가로막는 장애로 작용한다.

뿐만 아니라 본 사업은 참여자들로 하여금 자신의 시간과 노력을 투자하도록 하는 것이다. 지역사회의 일이나 이웃에 관심이 적거나 아예 무관심하고 바쁜 일상에 쫓기는 사람들을 네트워킹하여 공동사업이나 지역사회활동을 하도록 한다는 점에서 그 효과가 단시간에 나타나는 것도 아니고 많은 노력과 시간을 요하는 사업이다. 본 사업이 갖는 이러한 특성으로 인해 사회복지사들 역시 부담감과 두려움을 갖는다. 이는 사회복지사로 하여금 청소년부호체계 구축가능성에 대한 확신을 갖지 못하게 함으로써 사회복지사의 적극적인 사업 수행의지와 행동에 부정적인 영향을 미친다.

2) 실무자참여의 영향요소

(1) 참여의 제약요소

청소년 관련조직의 실무자들은 지역리더나 주민들에 비하여 청소년보호체계의 목적이나 취지에 대한 이해는 높다. 이들은 네트워크에 대한 지식을 구비하고 있으며 업무와 관련하여 네트워크 구축의 당위성 등에 대한 인식도는 높은 편이다. 그러나 현실적으로 이들이 청소년보호체계에 참여하는 데에는 여러 가지 제약요인이 자리잡고 있다. 이들의 네트워크참여와 관련하여 나타난 장애요인을 범주화하면 크게 네트워크 요인, 개인 요인, 조직 요인으로 구분할 수 있다.[6]

---

[6] 기관 간 네트워크에 대한 영향요인은 개인요인과 조직요인으로 구분되기도 하며(김인숙 외, 1999, 이현주, 1998) 개인요인, 조직환경요인, 과정요인(김재엽·박수경, 2001)

네트워크 요인: 대부분의 경우 청소년문제의 심각성과 이의 해결을 위해서는 관련조직들 간의 네트워크를 통한 접근이 효과적이라는 점에 대해서는 인식을 같이 한다. 그러나 청소년보호체계의 목적에 대해서는 공감하고 함께해야 한다는 인식을 하고 있음에도 불구하고 실질적으로 네트워크가 어떻게 추진되고 구성되며 어떤 기능을 할 것인가에 대해서 명확한 인식을 하고 있지 못하다. 이는 청소년보호체계가 갖는 성격에 기인한다. 청소년문제의 예방과 보호라는 목적을 표명하고는 있으나 예방이나 보호라는 의미는 상당히 모호한 개념이라 할 수 있다. 따라서 청소년보호체계의 정체성과 구체적인 네트워크의 활동목표에 대한 불명확성, 자신들이 네트워크 내에서 수행해야 할 임무와 역할에 대한 명확한 인식이 어려운 것이다. '네트워크 내에서 각 기관은 어떤 역할을 하고 네트워크는 어떤 역할을 할 것인가가 명확하지 않아 참여가 어렵다', '네트워크가 하는 역할에 대해 잘 모르겠다. 네트워크에서 하는 일이 정해져야 참여여부를 결정할 수 있다. 또 참여할 경우 네트워크에서 무슨 역할을 할 수 있는지 불분명하다'는 반응은 청소년보호체계의 정체성과 기능, 역할에 대해 혼란을 느끼고 있음을 말해준다. 이러한 반응이 초기의 반응이라면 네트워크 활동과정에서 보이는 불만은 논의과정에서의 절차상의 문제, 네트워크 활동의 효과성에 대한 회의, 미래의 불투명성 등으로 이 역시 참여에 부정적인 영향을 미치는 요인으로 밝혀졌다.

개인 요인: 네트워크의 형성과 유지는 구성원들의 자율적이고 개방

으로 구분하기도 한다. 그러나 본 연구에서는 네트워크 참여에 대한 영향요인으로 네트워크요인과 개인요인, 조직요인으로 나타났으며 이 중 네트워크요인이 중요한 변수로 나타났다.

적인 참여로 이루어지므로 네트워크의 구성원의 개별적 개인특성이 네트워크에 영향을 미치게 된다. 이러한 개인적 요인으로는 참여자 자신의 네트워크에 대한 인식과 경험, 네트워크에 대한 기대 등을 들 수 있다. 참여자가 네트워크에 대한 인식을 어떻게 갖고 있느냐 가 네트워크 참여여부와 참여태도에 영향을 미치게 된다. 네트워크 에 대해 긍정적인 인식을 하고 있는 경우 네트워크 참여 가능성은 높지만 부정적 인식을 갖고 있는 경우에는 참여하고자 하는 동기를 갖지 못한다. 참여자가 갖는 이러한 네트워크에 대한 인식은 네트워 크 관련 교육을 통한 네트워크의 효용성에 대한 인식이나 네트워크 활동 경험 등을 통하여 형성된다. 한편 네트워크 활동에 대한 기대 역시 실무자들의 참여를 결정하는 중요한 요인으로 작용한다. 예를 들어 네트워크 활동을 통해서 자신이 필요로 하는 정보와 자원을 어 느 정도 얻을 수 있을 것인가, 네트워크 활동이 자신의 업무에 어느 정도 도움이 될 수 있는가가 참여여부를 결정하는 판단기준이 된다. 업무와 관련한 정보와 자원의 필요성이 클수록 청소년보호체계 참여 동기는 그만큼 높아지며 네트워크 내에서 적극적으로 관계를 형성하 기 위하여 노력하게 된다.

조직 요인: 조직의 특성은 조직 내 개인의 활동환경을 구성하게 된 다는 점에서 조직구성원의 네트워크 활동에 대한 인식과 참여동기에 영향을 미친다. 조직특성에는 조직의 목적과 기능을 포함한 조직의 형태, 조직 차원의 네트워크에 대한 인식, 조직 리더의 의지 및 노 력, 조직의 분위기, 인력 수준에 따른 업무량 등이 있다. 조직은 조 직의 정체성을 위한 고유의 목적과 기능을 갖는다. 외부와의 관계

역시 조직의 목적과 기능적 특성에 따라 형성되기 마련이다. 조직의 목적에 부합하거나 조직에 유용하다고 판단되는 한에서 외부와의 관계가 형성된다. 소속기관과 성격이 달라서 참여하지 않겠다거나 네트워크의 목적과 활동내용이 부합되지 않으므로 참여할 수 없다는 반응은 조직의 형태가 네트워크 참여에 커다란 영향요인으로 작용하고 있음을 보여준다. 또한 조직구성원의 자율성과 관련하여 조직 내의 분위기가 유연하고 혁신적이며 자유로울수록 업무와 관련되어 타 조직과의 정보교환이나 자원의 교환 등과 같은 협력이 수월해진다. 조직의 리더가 네트워크에 대하여 어떤 인식을 갖고 있는가 하는 것도 조직 내의 분위기와 관련된 요소로서 네트워크 참여의 영향요인으로 작용한다. 조직의 리더가 네트워크 활동의 필요성에 공감할 경우 실무자의 네트워크 활동을 지지하고 지원해줄 확률이 높다. 그러나 기관장이 네트워크 활동의 효용성을 인식하지 못하고 있는 경우 비록 실무자가 네트워크의 필요성을 인식하고 네트워크 활동을 하고자 하더라도 참여에는 많은 제약이 따른다. 또 다른 요인은 조직의 인력이 어느 수준인가 하는 것이다. 이는 실무자의 업무량에 영향을 주게 되며 업무량이 많을 경우 실무자는 네트워크 참여를 위한 시간과 여력을 갖기가 어렵다. 대부분의 사람들이 네트워크 활동의 가장 큰 장애요인으로 시간의 부족을 들고 있다. 각자 조직에서 맡은 업무량이 많다 보니 그 업무를 수행하기에도 벅차고 시간이 모자라는 것이 실무자들의 실정이다. 그렇기 때문에 기존의 업무 이외에 네트워크 활동을 위한 시간을 할애한다는 것은 결국 과외의 일을 해야 한다는 것을 의미한다. 업무량의 과다는 실무자들의 네트워크 참여에 대한 심리적 부담감을 유발한다. 기존의 업무에 네트워크 활동에 따른 또 다른 업무가 부가된다는 생각에서 네트워크 참여에 큰 부담감을 느끼게 되며 실질적인 참여를 못하는 것이다. 이와 같이 업무과중은 실무자들이 실제로 네트워크의 필요성, 정기적인 모임과 활동이 네트워크의 유지와 활성화에 중요한 요소라고 인식하고 있음에도 불구하고 참여를 어렵게 만드는 요인으로 작용하고 있다.

(2) 네트워크 참여의 지속과 탈락에 영향을 주는 요인

네트워크 참여는 참여자의 동기와 참여유인의 결합에 의해 이루어진다. 참여자의 동기는 참여자의 네트워크에 대한 인식과 기대, 참여목적에 의해 결정된다. 즉 조직이나 자기의 업무에 도움을 얻기 위한 동기, 정보의 획득, 새로운 자원의 발견, 새로운 관계의 형성, 배움의 기회, 상호이익의 교환 등이다. 참여유인은 네트워크가 참여자에게 제공할 수 있는 보상적 성격의 것으로서 네트워크의 목적과 추구하는 이념, 가치, 활동방향성, 역할과 책임의 부여, 정보와 자원교류의 장 제공, 배움과 자기성장의 기회 제공, 의미 있는 관계형성의 기회 제공 등이 참여유인이 될 수 있다.

참여자의 목적과 동기 등은 참여자의 초기 참여여부를 결정하는 요인이며 참여자가 추구하는 목적의 달성 정도는 참여의 지속과 탈락에 영향을 주는 요인이다. 네트워크 참여유인은 초기 참여여부와 참여지속과 탈락영향요인으로 작용한다. 특히 참여유인 중 네트워크의 목적과 이념이나 가치, 활동방향성 등은 청소년보호체계의 정체성과 관련되는 사항이며 네트워크의 성격을 규정하는 것으로 대상자의 참여여부에 결정적인 역할을 한다. 청소년보호체계를 형성하기 위한 초기 접촉에서 참여거부의사를 밝힌 대상자들의 참여거부 이유

는 앞에서도 설명했듯이 다양한 요인이 있지만 소속조직과 성격이 다르다거나 조직의 목적과 네트워크의 목적이나 활동이 부합되지 않는다는 이유가 가장 많았다는 것은 네트워크의 목적이나 활동방향성이 초기의 네트워크 참여와 비참여의 중요한 요인임을 말해준다.

네트워크의 역동성과 지속가능성은 네트워크가 얼마나 활발하게 활동을 하느냐와 관련된 것으로 네트워크가 구축된 이후 활동과정에서 참여의 지속과 탈락의 영향요인으로 기능한다. 네트워크의 활동성 정도는 참여자들의 참여목적의 달성에 대한 기대감을 좌우한다. 네트워크가 역동적으로 활발하게 기능할 때 참여자들은 자신의 참여목적을 달성할 것이라는 기대와 더불어 네트워크 활동을 통하여 역할을 찾고 보람을 느끼게 된다. 반면에 네트워크가 별다른 활동을 하지 않은 채 이름뿐인 존재로 존속할 때 참여자들은 네트워크를 떠나게 된다.

4. 청소년보호체계 참여자의 변화

1) 참여태도

참여자들의 초기의 참여태도는 청소년보호체계가 구축되고 활동이 진행되면서 변화하게 된다. 이러한 변화는 청소년보호체계의 활동성과 관심정도, 시간의 흐름과 상관관계가 있는 것으로 드러났다. 즉 청소년보호체계의 구축시점에서는 회의적인 반응과 함께 마지못해 참여하는 소극적 태도에서 네트워크의 활동이 이루어지면서 보다 적극적 참여로 변화하는 경향을 보인다. 또한 시간의 경과에 따라 참여자들의 인식의 변화가 나타나는데 이 역시 참여태도에 적지 않은 영향을 미친다. 청소년보호체계의 참여태도는 이와 같은 세 가지 요인의 변수에 따라 변화를 보인다. 그 관계를 표시하면 [그림 Ⅳ-6]과 같이 나타낼 수 있다.

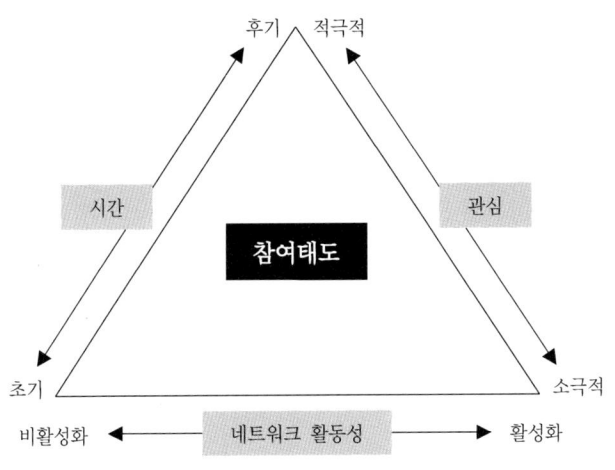

[그림 Ⅳ-6] 네트워크 참여태도의 변화

네트워크의 활동성과 관련한 태도의 변화는 청소년 관련조직의 실무자와 지역주민 사이에 서로 상이한 현상이 나타났다. 실무자들은 모임의 횟수가 많아질수록 처음의 부정적이거나 소극적 태도에서 보다 적극적으로 참여하는 경향을 보인다. 이에 반하여 지역주민들은 활동이 진행될수록 참여의식이 낮아지고 참여율도 저조한 현상을 보인다. 이러한 현상은 시간을 축으로 하여 볼 때도 같은 양상을 보인다. 실무자들의 경우에는 네트워크의 구축과 지속가능성에 대한 회의에서 네트워크가 유지되고 활동해나감으로써 네트워크의 지속가능성에 대한 기대를 갖게 되었기 때문으로 보인다. 이에 따라 업무와 관련하여 다른 기관에 대한 정보나 자원의 획득 등 네트워크 활동이 자신에게 도움이 된다는 인식이 높아지고 네트워크 활동에 보다 적극성을 보인다고 해석된다. 반면에 지역주민들의 경우에는 활동에 따른 부담감이 크게 작용하는 것으로 판단된다. 그러나 그 이면에는 책임의식의 부족과 시민의식의 미성숙이 자리잡고 있음을 볼 수 있다.

지역주민들에게서 보여지는 참여태도의 변화는 적극적 참여와 중도탈락이라는 두 가지 양상으로 나타났다. 이들은 참여초기에는 청소년문제나 청소년보호의 필요성을 크게 인식하지 못한 채 소극적 관심을 보이는 정도였다. 그러나 지도자교육과 청소년보호활동을 통하여 전과는 다른 관점에서 청소년을 이해하고 청소년문제의 심각성을 깨닫게 되면서 적극적 관심으로 변화하는 것을 볼 수 있었다. 이는 청소년과 청소년문제에 대한 인식의 변화, 청소년보호의 필요성에 대한 인식과 책임감의 강화로 나타난다. 이러한 인식의 변화를 경험한 참여자들은 보다 적극적이고 능동적으로 청소년보호활동에 참여하는 경향을 보인다. 반면에 이를 명확하게 인식하지 못한 사람들을 중도에 탈락하거나 자신의 개인적 일을 우선시하며 참여하기도 하고 안 하기도 하는 무책임한 태도를 보인다.

2) 인식의 변화

청소년보호체계 구축 및 활동과정에서 나타난 참여자들의 인식의 변화에 대하여는 개인적 차원의 의식의 변화, 청소년에 대한 인식의 변화, 청소년문제에 대한 인식의 변화로 범주화하여 살펴본다.

(1) 개인적 차원

개인적 차원의 의식변화에 대해서는 지역주민과 청소년 관련조직 실무자, 청소년의 의식변화를 중심으로 살펴본다.

지역주민: 지역주민의 경우 지금까지 나름대로 지역사회활동을 해왔으나 뚜렷한 문제의식을 갖고 있다기보다는 그저 막연히 행정에서 시키니까 한다는 수준으로 참여하는 것이 일반적이다. 이들은 청소년보호활동 참여를 통해 문제의식이 높아지고 자신들이 지역지도자로서 청소년보호와 지역사회를 위해 무엇인가 한다는 것에 대해 자부심을 갖게 되었다고 표현한다. 이와 더불어 청소년과 지역사회에 대한 이해의 폭이 넓어짐을 알 수 있었다. 이들은 지역사회가 청소년의 건전육성에 유해한 환경적 요소를 지나치게 많이 갖고 있다는 점에 대해 보다 인식을 깊이 하고 청소년보호의 필요성을 강하게 제기한다. 그러면서 내 가정, 내 아이에 머물러 있던 사고가 내 아이, 내 가정도 중요하지만 우리가 사는 지역사회가 건강해야 내 아이가 밝고 건강하게 자랄 수 있다는 점에 인식을 같이 한다. 이는 모두가 더불어 사는 지역사회의 일원이라는 생각과 함께 지역사회를 위해, 다른 사람을 위해, 이웃의 청소년을 같이 걱정하면서 서로 배우고 건강한 이웃이 되기를 바라는 공동체의식이 높아진 결과로 볼 수 있겠다. 동시에 작은 힘이 모여 지역사회를 좀 더 바람직한 방향으로 변화시킬 수 있다는 자신감과 더불어 작은 관심이라도 지역사회에 대한 관심을 갖는 것과 이러한 관심을 행동으로 실천하는 것이 중요

하다는 점을 깨닫게 된 것이 중요하다고 소감을 피력하였다.

실무자: 청소년 관련조직 실무자들의 의식변화는 청소년보호체계의 지속가능성에 대한 인식의 표현으로 나타난다. 이들은 초기에는 청소년보호체계가 유명무실한 존재가 되지 않을까, 몇 번의 회의로 끝나는 것은 아닐까 하는 회의적 반응과 함께 네트워크 활동 참여에 소극적인 태도를 보였다. 그러나 별로 네트워크 활동 경험이나 공동사업 수행경험이 없었던 이들로서는 네트워크 참여가 새로운 경험을 할 수 있는 기회였다는 점에 인식을 같이 하였다. 또한 다른 기관에 대한 정보를 획득할 수 있는 기회였다고 평가한다. 청소년문제의 심각성과 예방의 필요성 및 네트워크 구축을 통한 예방활동의 효과성에 대해서도 모두 공감의 반응을 나타냈다. 이들은 비록 네트워크 활동이 활발하지 못하고 실제내용에 있어서도 캠페인이라는 단순한 내용으로 미흡한 점이 많았지만 네트워크의 지속가능성에 대한 기대를 갖게 되었음을 보여준다. 또한 청소년보호체계의 유지와 활동성은 참여자들의 적극적인 참여에 달려 있다는 것과 네트워크가 확고하게 활동방향을 설정하고 활동해나간다면 유지·발전할 수 있을 것이라는 기대를 표출한다. 이러한 기대 속에서 청소년보호체계를 유지하기 위한 방안들을 나름대로 제시하는 적극성을 보였다.

청소년: 청소년들 역시 청소년보호 및 청소년폭력 예방캠페인에 참여하기 전에는 청소년문제가 자기와는 상관이 없는 것으로 인식하는 경향을 보였다. 그리고 왜 이런 활동을 해야 하는지에 대해서도 명확한 이해가 없었으며 호기심에서 또는 장난삼아 참여하거나 부모나 선생님이 참여하라고 하니까 한다는 태도를 보이기도 하였다. 그러

나 캠페인 후 평가에서 나온 청소년들의 발언은 캠페인을 통하여 청소년문제에 대한 방관자적 생각에서 보다 적극적으로 청소년문제를 예방하기 위해서 노력하는 것이 필요하다는 인식으로 변화되었음을 보여주었다. 또한 자신들이 스스로를 보호하고 청소년문제를 예방하기 위해 무언가를 할 수 있다는 사실을 깨달음으로써 자기유용감이 증가되었음을 알 수 있었다. 청소년들에게서 나타난 가장 중요한 변화는 청소년들이 건전한 지역사회환경 속에서 어른들의 관심과 사랑을 받으며 밝고 건강하게 자랄 권리와 이를 성인들에게 요구할 권리가 있음을 인식하고 동시에 그러한 환경을 위해 노력하는 것이 자신들의 책임이라는 점을 인식하는 계기가 되었다는 점이다.

(2) 청소년에 대한 인식

대부분의 기성세대는 청소년을 이해하지 못한다. 청소년 또한 기성세대를 이해하지 못한다. 이는 청소년과 기성세대가 동시에 언급하고 있는 문제유형으로서 상황은 알고 있지만 본인들은 도대체 이해할 수가 없다는 뜻이다. '예전에 우리 세대 때는 안 그랬는데……도대체 이해할 수가 없어요.' 소위 세대 간 격차가 심한 것이다. 그것은 단지 물리적인 시간차를 의미하지 않는다. 기성세대는 자신들의 가치기준과 잣대로 청소년을 판단한다. 그런데 기성세대의 청소년을 판단하는 가치기준이 시대착오적이라는 점이다.

기성세대의 성장환경과 청소년의 성장환경은 확연히 다르다. 기성세대는 이러한 차이를 인식하지 못한다. 인식하더라도 청소년을 이해하지 못하며 청소년의 생활세계 속에 들어가서 그들의 의식과 문화를 이해하려는 노력도 미흡하다. 왜냐하면 기성세대는 청소년을 스스로가 삶을 결정할 수 있는 독립적이고 주체적인 존재라고 인정하지 않기 때문이다. 그러므로 자신들의 가치관에 청소년을 길들이고자 한다.

기성세대와 청소년과의 대화의 단절은 여기에서 비롯된다. 가치관과 사고의 차이가 너무 크므로 대화가 어렵다. 뿐만 아니라 오늘날은 가정 내에서조차 부모자녀 간에 대화의 시간을 갖는다는 것은 의식적인 노력을 해야만 가능한 상황이다. 기성세대들은 자신의 가치관을 자녀들에게 주입시키며 오직 공부만을 강요한다. 입시에 대한 강압과 스트레스로 인한 청소년문제가 빈번하게 발생해도 부모들은 우리 아이는 그렇지 않을 것이라는 생각을 갖는다. 문제가 발생하면 국가정책이나 제도의 탓으로 돌리거나 청소년의 책임으로 전가한다.

이러한 기성세대들이 청소년보호활동에 참여하면서 청소년의 입장에서 서서 청소년을 이해하고자 노력하는 모습을 보였다. 청소년들을 캠페인 등에 참여시키고 청소년보호활동에 자녀와 함께 참여하도록 한 전략이 기성세대들이 청소년을 다른 시각으로 바라볼 수 있는 기회를 제공하였다. 기성세대들은 청소년문제의 원인이 바로 자신들에게 있다는 점과 청소년보호 및 건전육성에 대한 책임을 명확하게 인식하게 되었다. 또한 내 아이만 잘되면 된다는 이기적인 사고에서 내 아이뿐 아니라 다른 청소년들에게도 관심을 돌리는 변화를 볼 수 있었다.

(3) 청소년문제에 대한 인식

청소년문제에 대한 지역주민들의 인식은 대체로 청소년문제가 도를 넘어 매우 심각할 뿐만 아니라 지역사회환경이 청소년들이 건강하게 성장하기에는 부정적인 영향을 미치는 환경으로 인식하고 있는 것으로 나타났다. 이들은 청소년문제의 원인에 대해서는 국가와 부모의 책임이라는 인식을 갖고 있다. 국가의 책임부분에 대해서는 청소년유해환경인 PC방이나 노래방, 모텔, 술집 등이 주택가나 학교주변에 즐비하게 자리잡고 있으며 심야까지 영업을 하면서 청소년들을 유혹하고 있음에도 이에 대한 단속이나 감시를 제대로 이루어지지 않고 있다는 점을 들고 있다.

한편 부모의 책임에 대해서는 지역사회 내 청소년유해환경이 심각한 수준임에도 불구하고 부모들이 그 심각성을 제대로 인식하지 못하고 청소년들을 제대로 감독하지 않음으로써 청소년들이 비행에 노출되고 있다는 것이다. 이는 사회와 부모들이 청소년보호 및 건전육성에 대한 책임을 방기하고 있다는 인식을 보여주는 것이라 할 수 있다.

그러나 이와 같은 인식을 했다 해도 청소년보호체계 구축의 초기 단계에서는 대부분 막연한 인식의 차원이었다. 청소년을 건강하고 밝게 육성하기 위한 지역사회환경 조성의 필요성에 대해서는 모든 참여자들이 공감하는 반응을 보였지만 청소년보호에 대한 자기책임 인식이나 구체적인 방법에 대한 구상은 보이지 않았다. 청소년보호 체계를 구축해가는 과정에서 복지관의 지속적인 청소년보호의 필요성 주지, 청소년보호와 청소년폭력 예방캠페인활동, 교육, 학교·가정·우리마을지킴이활동을 통하여 막연한 인식이 점차 구체적이고 명확한 인식으로 바뀌어 감을 알 수 있었다. 특히 청소년문제의 원인에 대해 참여자들의 자기반성과 더불어 청소년보호 및 건전육성에 대한 책임인식이 명확해지고 참여자들 간에 접근방법에 대한 구체적인 방안들을 모색하기 시작하였다.

그 과정에서 나타난 변화양상을 보면 먼저 청소년문제를 확대시킨 원인은 바로 어른들임에도 불구하고 그동안 청소년 건전육성을 위한 어른들의 노력이 미흡하였다는 반성을 들 수 있다. 둘째, 청소년보호 및 선도활동은 지속적으로 추진되어야 하며 중도에 그쳐서는 효과가 없다는 것과 셋째, 청소년보호 및 선도는 어느 특정 사람들이나 조직이 하기보다는 지역사회의 모든 사람들이 청소년 건전육성에 대한 강한 의지를 갖고 다양한 집단이 참여하여 공동 노력할 필요가 있다는 점을 인식하게 되었다.

5. 청소년보호체계의 구조적 특성

1) 추진위원회의 성격과 역할

추진위원회는 청소년보호체계의 다중구조 속에서 지원체계와 활동체계를 연결하는 매개체로서의 위치를 점하고 있다. 추진위의 구성원은 모두 지원체계의 구성원들로서 동시에 활동체계에 속한다. 그런 의미에서 추진위는 활동체계의 청소년보호활동에 대한 지원체계의 지원을 전달하는 인적 커뮤니케이션 통로이며 그것을 실천하는 활동주체이다.

추진위의 이와 같은 성격은 복지관의 추진위 구성방향에서 알 수 있다. 복지관의 추진위에 대한 접근은 그 구성원을 청소년보호활동을 추진할 수 있는 사람들로 구성하여 항구적인 주민조직으로 기능하게 하고 추진위 구성원을 제외한 동장, 파출소장 등 공공기관장은 외부 지원체계를 형성하여 이들을 지원하고 필요한 도움을 줄 수 있도록 한다는 것이다. 이러한 추진위 구성의 방향성은 추진위가 청소년보호와 동시에 지역사회 발전과 주민복리 향상을 위한 지역사회활동 주체로서 구심점의 역할을 감당할 조직이라는 것을 의미한다. 추진위는 주민조직으로서 본연의 임무는 청소년보호를 위한 '살기 좋은 우리마을'을 만드는 것이다. 추진위의 활동성을 담보하는 것은 추진위의 내부적 역량과 외부적 힘에 의한 격려와 지지이다. 추진위가 지역사회에 허다하게 존재하는 유명무실한 주민조직과 같은 존재가 아니라 지역사회활동 주체로서의 정체성을 확립하고 능동적이고 주체적으로 청소년보호와 지역사회활동을 전개하기 위해서는 내외적으로 다차원의 지원과 지지 및 개입이 요구되며 이와 같은 지지와 개입의 정도에 따라 추진위의 내부역량과 활동능력이 결정된다.

내부적 역량은 구성원들이 얼마나 추진위에 소속감을 갖고 활발하게 참여하는가에 달려 있다. 조직이 활동력 있는 조직으로 성장하기 위해서는 구성원들의 적극적이고 응집력 있는 참여가 필수적인 요소이다. 참여는 활동에 따른 보상을 통한 동기부여의 정도와 관련된다. 이는 지역사회에서 추진위가 점하는 위상에 따른 구성원들의 자긍심, 조직을 이끌어가는 민주적 리더십, 활동 자체가 지니는 의미와 가치로부터 파생되는 존재감, 활동을 통한 성원들 간의 호혜적 신뢰관계의 형성, 자신들의 활동이 지역사회를 위해 필요한 활동이며 그 활동에 참여하는 것이 가치 있는 것이라는 인식, 활동을 통하여 변화발전되어 가는 지역사회의 생활조건과 그에 따른 자기충족감, 외부로부터 주어지는 인정과 신뢰어린 지지 등이다.

외부적 힘에 의한 격려와 지지는 3가지 방향에서 주어지게 된다. 하나는 지원체계로부터의 지원이고 또 하나는 지역주민들의 심리적·정서적 지지와 참여 등이다. 추진위의 활동에 대한 지원체계로부터의 지원은 추진위활동에 필요한 행정적·인적 지원이 될 수 있다. 필요한 경우 물적 자원의 지원을 통해서 추진위활동의 활성화에 기여하게 된다. 주민들로부터는 적극적인 관심과 지지, 인정과 신뢰, 칭찬 및 참여가 중요한 요소가 될 것이다. 또한 한 방향에서의 힘은 복지관과 사회복지사의 개입과 지원·지지이다. 사회복지사는 전문적인 지식과 기술을 바탕으로 추진위의 지역사회활동에 대한 자문과 조언, 구체적이고 직접적인 개입을 통하여 추진위 활동력의 바탕을 제공하게 된다. 추진위에 대한 사회복지사의 개입과 지지의 초점은 추진위의 역량강화에 있다.

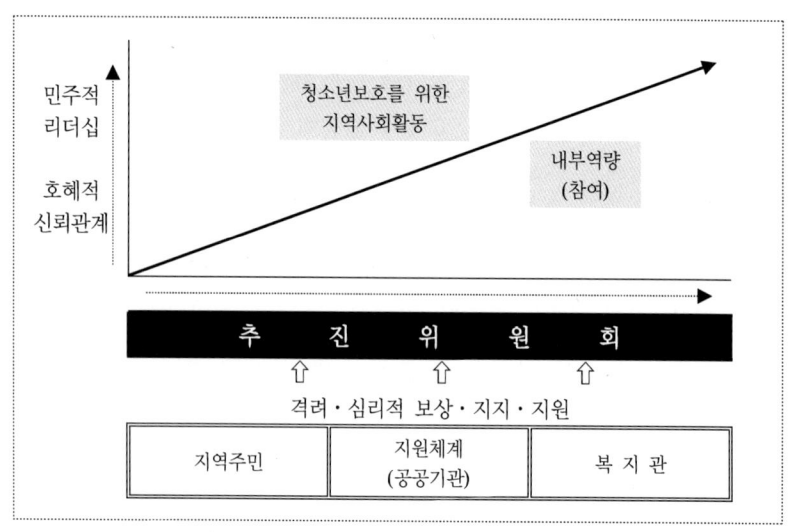

[그림 V - 7] 추진위원회의 내·외적 힘의 방향과 활동성

여기에서 관심 가져야 할 사항은 추진위와 지원체계, 복지관 그리고 지역사회와의 관계의 방향과 내용이다. 청소년보호를 위한 '살기 좋은

우리마을 만들기'라는 공통가치와 목적에 토대하여 상호신뢰에 입각한 파트너십이 형성되고 호혜적 상호작용이 이루어져야 한다는 것이다. 이와 같은 상호 상승적인 관계구조 속에서 추진위와 지원체계, 지역사회 그리고 복지관은 자체 발전의 내부적 역량을 제고하면서 청소년보호를 위한 '살기 좋은 우리마을 만들기' 지역사회활동을 추진할 수 있게 된다. 지역사회에서 추진위, 지역주민, 복지관, 외부 지원체계의 파트너십 구조는 [그림 Ⅴ-8]과 같은 상호관계 속에서 청소년보호를 위한 '살기 좋은 우리마을'을 만들기 위한 활동의 에너지를 충전하게 된다.

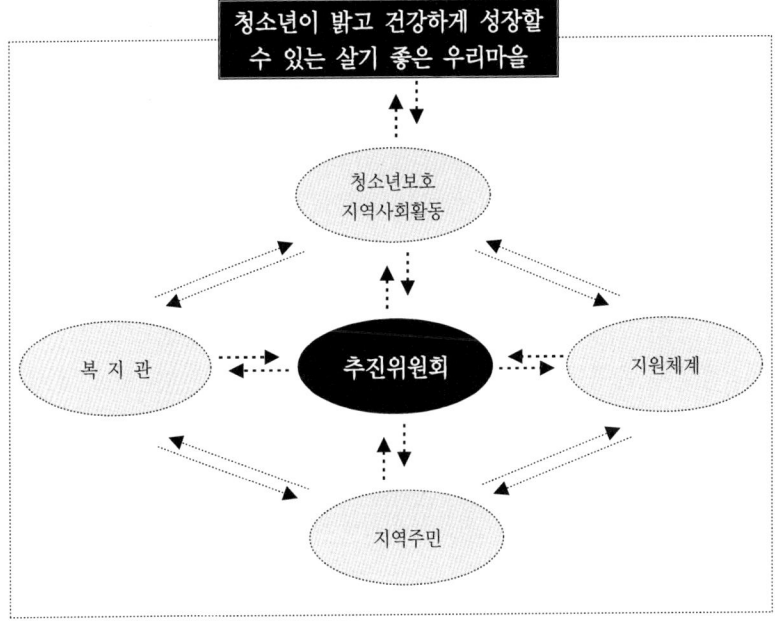

[그림 Ⅴ-8] 지역사회 내 파트너십 구조

추진위가 수행해야 하는 역할은 일차적으로 청소년보호체계의 집행부로서의 기능이다. 청소년보호체계의 다양한 참여자들의 의견을 수렴하여 이루어진 의사결정을 실제적인 청소년보호활동으로 전환시켜 가시적인 효과를 창출하는 행동주체로서의 역할을 수행하게 된다. 둘째로는 추진위는 지역주민들의 관심과 참여를 끌어내어 조직화하는 선도자로서의 역할을 수행하게 된다. 추진위의 구성은 전체 지역사회를 조직화하는 일차단계이다. 청소년이 밝고 건강하게 자랄 수 있는 '살기 좋은 우리마을 만들기'는 주민들의 참여가 필수적이나 초기단계에서부터 주민들의 적극적인 참여를 기대하기는 무리이다. 주민들의 의식을 변화시키고 지역사회활동에 참여하도록 유도하기 위해서는 선구적으로 이를 추진할 리더가 있어야 한다. 추진위는 지역사회에서 청소년보호활동을 전개함에 있어 주민조직이 나아가야 할 방향에 대한 분명한 비전을 제시하고 지역주민의 의견을 수렴하여 합의를 형성할 수 있는 리더로서의 역할을 담당한다.

2) 추진위원회의 활동성과 한계

추진위가 적극적이고 능동적인 활동을 통해 청소년보호의 효과에 어느 정도 기여할 것인가? 또한 어느 정도 주체적이고 다양한 청소년보호활동을 전개할 수 있을 것인가? 복지관의 입장에서는 추진위가 청소년보호활동뿐 아니라 지역사회활동의 핵심적 주체로서 활동능력을 구비하고 적극적이고 능동적으로 이러한 활동들을 추진해나가기를 바라지만 추진위의 활동에는 다양한 현실적인 한계가 존재한다. 추진위활동의 활성화를 제약하는 요소들로는 추진위 자체 내의 한계와 외부적 조건으로서 지역사회단체 간의 갈등구조가 자리잡고 있다.

(1) 추진위원회의 내적 한계

추진위의 내적 한계로는 구성원의 특성, 조직적 특성, 재정적 한계, 리더의 역량한계로 범주화가 이루어진다.

① 구성원의 특성

첫째, 청소년보호를 위한 지역사회활동은 일상성을 갖는다. 추진위 활동은 1회성의 과시적인 활동이 아니라 일상생활 속에서 지속적으로 이루어져야 한다. 그러나 추진위의 구성원들이 지역지도자라고는 해도 몇몇 조직을 제외하고는 활발한 지역사회활동을 전개하고 있는 것은 아니다. 대부분의 경우 지역사회의 행사에 얼굴만 내밀거나 캠페인성 활동에 참여하는 수준에 그치고 있다. 이러한 속성을 지닌 지역지도자들이 일상성을 요구하는 추진위활동에 어느 정도 적극적으로 참여할 것인가는 의문이다.

둘째, 이들에게 있어서 청소년보호를 위한 지역사회활동은 과외의 일이다. 자신들의 본업이 있는 추진위 구성원들이 아무리 지역사회를 위한 일이라 하더라도 바쁜 생활 속에서 지역사회를 위한 시간을 할애하기란 쉽지 않다. 따라서 구성원들이 추진위활동에 헌신적으로 참여하기는 어렵다.

셋째, 서로 이질적인 사람들이 공동의 목표를 위하여 얼마나 협력하여 적극적으로 활동할 수 있을지도 의문이다. 지역사회단체들은 독자적으로 활동해왔을 뿐 연합해서 지역사회활동을 전개한 경험은 그다지 많지 않다. 연합활동의 필요성과 효과성을 인식하고 있으면서도 조직들 간의 네트워크 형성이 어려웠던 이유는 각 단체의 목적과 이해관계가 서로 다르므로 이해관계의 조정이 용이하지 않기 때문이다.

② 조직적 특성

추진위는 위계적 조직이나 이익집단과는 다른 특성을 지닌다. 위계적 조직은 상하관계의 엄격성에 의거하여 조직에의 참여를 구속하며 참여에 따른 책임소재가 분명하다. 또한 이익집단은 상호간에 합의된 공통이익의 확대라는 구체적 목적을 지니고 있으므로 참여자에게 명백한 책임이 주어지고 그 책임의 수행여부가 주어지는 이익을 결정하게 된다.

그러나 추진위는 각양각색의 단체의 대표들로 구성된 수평적 관계 구조이다. 조직의 유지를 위한 구조화는 되어 있으나 비교적 자유로운 형태로서 느슨한 연계로 맺어져 있다. 조직구조의 수평성과 느슨한 연계는 구성원들의 자발성에 기초한 조직운영의 민주성을 높이는 역할을 하기도 하지만 이로 인하여 경계가 모호하며 그 활동도 분명한 규칙성이 없다는 특징을 갖는다. 이들을 연결하는 선은 청소년보호 또는 청소년이 밝고 건강하게 자랄 수 있는 '살기 좋은 우리마을 만들기'라는 비교적 추상적인 목적이다. 조직 목적의 추상성, 경계의 모호성, 불규칙적인 활동, 구성원의 조직에의 공헌이나 참여에 따른 명확한 책임이 주어지지 않는 조직적 특성은 구성원들의 참여를 강제하는 구속력을 갖지 못한다. 구성원들의 추진위활동 참여는 전적으로 그들의 자유의지에 맡겨져 있는 것이다.

③ 재정적 한계

추진위가 청소년보호활동을 전개해나가기 위해서는 재정적 뒷받침이 따라야 한다. 재원의 충분성은 다양한 청소년보호활동을 추진하기 위한 필수조건의 하나이다. 추진위는 주민조직이므로 활동에 필요한 재원을 자체적으로 조달해야 한다는 과제를 안고 있다. 본 청소년보호체계 구축사업에서는 복지관이 공동모금회로부터 지원을 받아 추진하였다. 그러나 이와 같은 지원은 한시적인 것으로서 차후 활동을 위한 재원 확보는 추진위의 책임에 달려 있다. 이는 추진위 구성원들에게 경제적 부담을 안겨주는 요인으로 작용하게 되며 결국은 참여에도 부정적인 영향을 미치게 된다. 뿐만 아니라 재정적 한계로 인하여 추진위활동이 활성화되지 못하거나 공백이 생길 경우 구성원들로 하여금 참여의미의 상실과 추진위 활동에 대한 무관심을 야기하게 되어 추진위 자체가 유명무실화할 위험성을 안고 있다.

④ 리더의 역량 한계

리더의 역할: 다양한 지역사회단체들의 느슨한 연계로 이루어진 추진위가 활동능력을 갖추고 청소년보호를 위한 지역사회활동을 전개해나가기 위해서는 위원장의 리더십이 중요한 역할을 하게 된다. 본 사업의 추진에 있어 추진위원장의 리더십은 추진위의 앞으로 활동에 지대한 영향을 미친다는 점에서 중요한 의미를 갖는다. 추진위원장의 역할은 민주적 리더십에 토대하여 추진위를 이끌어가면서 실제적인 청소년보호활동을 전개하도록 성원들과 지역주민들을 규합하고 격려하는 것이다. 추진위 리더의 역할 중에서 가장 중요한 것은 추진위로 하여금 달성해야 할 목표를 위해 스스로 노력하고 자기발전

을 꾀하도록 유도하는 것이다. 구성원들의 참여동기를 유발하고 구성원들 간의 관계를 조정하면서 조직에의 공헌을 끌어내는 역할이다. 이는 리더가 얼마나 추진위활동을 중요시하고 적극성과 열의를 보이는가에 달려 있다. 리더가 추진위활동에 적극성과 열성을 보일 때 다른 구성원들도 동기화되어 참여의욕을 갖고 참여하게 될 것이며 복지관의 지원노력도 효과를 보게 될 것이다. 반면에 리더가 추진위활동에 별 관심을 갖지 않거나 체면치레로 추진위원장직을 맡았다면 앞으로의 사업전개의 성공을 기대하기는 어렵다고 할 수 있다. 리더가 수행해야 할 또 하나의 중요한 역할은 추진위활동에 대한 지역주민들의 관심과 호응, 참여를 끌어내는 것이다. 청소년보호활동은 추진위의 노력만으로는 효과적인 활동을 추진하기는 어렵다. 추진위는 주민조직이며 살기 좋은 지역사회를 만들기 위한 목적을 가지고 있으므로 추진위 및 청소년보호활동에 대한 지역주민의 관심과 지원 없이는 존재의의를 상실하게 된다. 그러므로 추진위원장은 지역주민과의 접촉을 통하여 긴밀한 관계를 형성하고 추진위활동에 대해 지역주민들의 협조와 이해 및 지원을 얻기 위한 노력을 해야 한다.

추진위원장의 지역사회에서의 위상: 추진위원장은 주민자치위원장의 직함을 가지고 있다. 주민자치위원장은 지역사회에서는 주민대표로서 주도적인 위치를 점하고 있으며 행정이나 경찰서 등 공공기관의 장과도 대등한 위치에서 접촉할 수 있다. 지역주민들에 대해서도 영향력 있는 존재로 청소년보호활동에서 중심적인 역할을 할 통장단이나 새마을부녀회장들을 동원할 수 있는 힘을 가지고 있다. 이러한 사실은 앞으로 사업추진에 있어 추진위원장의 역할이 매우 중요함을 보여준다. 추진위원장이 얼마나 적극적이고 열심인가에 따라 지역주민들의 참여가 결정될 수 있기 때문이다.

추진위원장의 특성: 본 사업을 추진하는 데 있어서는 추진위원장이 어떤 성격의 인물인가가 매우 중요하다. 추진위원장은 실제로 지원체계를 형성하고 이들의 지원하에 지역주민들을 동원하여 청소년보호활동을 전개해나갈 핵심지도자이다. 추진위원장의 리더십 여하에 따라 추진위원회의 활동 정도가 결정된다고 해도 과언이 아니다. 과연 추진위원장이 진정으로 지역사회의 발전을 위해 활동할 수 있는 사람인가 또는 행동은 없이 말만 내세우는 사람은 아닌지에 대한 정확한 판단에 토대하여 추진위원장에 대한 적절한 대응전략을 세울 필요가 있다. 추진위원장이 자치위원장이라는 직함을 가지고 있다는 점에서는 지역사회에서 상당한 위상을 점하고 있고 주민들과의 관계형성에서 신뢰감을 얻고 있으며 지역사회활동을 추진할 능력이 있다고 보인다. 추진위원장이 추진위활동에 대한 신념을 갖고 적극적으로 활동할 경우 추진위원장의 지역사회에서의 위상은 추진위활동의 원동력이 될 수 있다. 추진위원장은 간담회나 추진위원회 모임, 사업진행과정에서 본 사업의 취지와 목적에 적극 찬동하고 이러한 사업전개의 필요성을 강조하며 열심히 하겠다는 뜻을 누차 표현해왔다. 뿐만 아니라 자치위원장으로서 지역사회에 대한 관심과 지역지도자들을 설득할 수 있을 것이라는 자신감을 보여 추진위의 움직임에 대해 기대를 갖게 하였다. 또한 청소년보호의 특성에 대해서도 어느 정도 이해를 갖고 있는 것으로 판단된다. 그는 누차에 걸쳐 청소년보호활동과 유해환경 정화활동이 지속적으로 추진되어야 한다는 견

해를 피력하였다. 올해는 '살기 좋은 우리마을 만들기'를 위한 시작의 해이며 내년에는 부모들이 앞장서서 청소년 건전육성을 위한 지역사회환경 만들기를 추진할 것이라는 포부도 밝혔다. 그러나 이는 말뿐으로 실제적인 움직임은 전혀 보여주지 않았으며 한편으로는 추진위원장으로서의 활동에 상당한 부담감을 느끼고 있는 것으로 나타났다. 여기에는 자신의 바쁜 일상업무로 인한 시간 부족과 추진위활동을 어떻게 전개해나갈 것인가, 추진위활동이 자신에게 얼마만한 시간과 희생을 요구할 것인가에 대한 두려움과 부담감이 큰 요인으로 작용한 것으로 보인다. 뿐만 아니라 복지관이 계속 추진위가 명실상부한 주민조직으로서 지역주민 전체의 참여에 의한 지역사회활동이 전개되도록 해야 한다는 점을 강조함으로써 추진위원장에게 보이지 않는 압력을 가하고 있는 것도 큰 부담이라 할 수 있다. 이로 인하여 추진위원장은 소극적으로 모임에는 참여하지만 추진위활동을 위해 리더로서 수행해야 할 역할이나 책임에 대해서는 아무런 움직임을 보여주지 못하였다.

(2) 지역사회단체 간의 관계구조

지역사회단체는 리더가 어떤 성향을 갖는가, 어떤 목적을 갖고 지역리더가 되고자 하며 특히 행정과 어떤 거리에서 관계를 맺고자 하는가에 따라 특성이 형성된다. 그리고 이러한 리더와 단체의 특성은 다른 단체와의 관계의 성격을 규정한다. 지역사회단체 간 관계구조는 추진위의 활동성과 청소년보호활동의 활성화를 좌우하게 된다. 추진위 구성원이 대부분 지역사회단체 리더들이며 추진위가 지역사회에서 활동을 해나갈 때 다른 단체의 협력여부가 관건이 되기 때문이다. 그런 의미에서 지역사회단체 간 관계구조는 지역사회 청소년 보호체계 구축과 지속가능성에 중요한 변수이다.

① 지역리더의 특성

지역리더들은 '지역사회의 공익을 위한 일'이라는 명분 아래 지역사회활동을 한다. 여기서 지역리더란 지역사회에서 특정의 사회적 역할을 부여받아 그것을 수행하기 위해 지역사회를 위해 봉사하는 사람들을 말한다. 그런데 지역리더들은 다른 리더에 대하여 그다지 호의적인 평가를 내리지 않는다. 서로가 지역사회를 위한 일에 사심 없이 봉사한다고 보지 않기 때문이다. 즉 '지역사회를 위해서'가 아니라 '지역사회 속에서' 자신의 이익을 찾기 위해서 리더역할을 자청한다고 본다. 그러므로 지역리더들 간에는 서로를 존경하거나 존중하기보다는 배타적인 감정을 쉽게 드러낸다.

지역리더들은 행정과 밀접한 관계에서 지역사회의 일을 하지만 공무원들은 그들에 대하여 호의적이지 않다. 어느 동장은 이들을 '명함관리스타일'이라 칭한다. 그들은 전형적으로 지역사회활동이나 봉사에는 그다지 관심을 두지 않는다. 그보다는 자기사업이나 영향력 강화와 같은 '자기이익 추구'에 주력한다. 그들은 지역사회에서 자신의 영향력 확대나 이미지 관리 차원에서 주로 생색내는 일에 관심을 가지며 지역사회의 행사 등에 거의 빠짐없이 얼굴을 내밀지만 지역사회문제의 해결 등 지역사회를 위한 실질적인 활동에는 앞장서지 않는다. 그들의 지역사회활동 참여 기준은 지역주민대표로서 역할행사를 할 수 있는 기회가 많은가와 행정관계자들과 잦은 접촉기회를 가질 수 있는가이다. 동사무소, 파출소나 경찰서, 학교 등의 행정관계자들과 친분관계를 유지하면서 자신이 지역사회대표로서 역할을 행사할 수 있기를 기대한다. 이러한 역할들을 수행할 수 있다면 그들은 얼마간의 시간과 경제적 부담을 안고서라도 기꺼이 지역사회단체 리더로서 참여하려 한다. 그들은 지역사회 내에서 자신들의 영향력을 확보하기 위하여 지역단체의 장들과 인적 관계를 가지며 행정이 요청하는 일에는 가능한 지원하는 경향을 보인다.

그들의 활동 또한 신뢰성이 약하다. 약속을 쉽게 하고 쉽게 어긴다. 동장들은 그들에 대하여 '단체장회의에 나온다고 해놓고 안 나오는 것이 다반사다'라고 푸념한다. 그들이 회의에 나오지 않는다고 해서 어느 누구도 그것에 대하여 직접적으로 이야기하지 않는다. 지역리더들 사이에는 자신은 봉사로 일하는 것이기 때문에 사정이 생겨서 못 나오면 그뿐이라는 인식이 팽배하다. 또한 회의에 나온다고 하더라도 회의참석 그 자체에 의의를 부여하는 경우가 흔하다. 따라서 회의의 성격은 지역리더의 의견 구하기나 행정의 대민홍보 및 전달 수준에서 그치는 것이 일반적이다.

② 지역사회단체의 특성

지역사회단체의 성격을 규정하는 것은 리더의 특성, 행정과의 관계에 의해 결정된다. 단체들의 성격을 중심으로 구분하면 크게 목적추구형 단체, 행정관여형 단체, 주민자발형 단체로 분류된다. 목적추구형 단체는 주로 시민운동단체들로서 지역사회의 현안에 대하여 다양한 프로그램을 펼치면서 지역주민의 참여를 유도한다. 행정관여형 단체들은 행정과 긴밀한 관계 속에서 행정이 의도하는 방향으로 움직이는 단체들을 가리킨다. 주민자발형 단체는 순수한 주민의 자발

적인 참여형태로 지역사회의 중요한 현안이 발생하였을 경우 문제해
결을 위해 자발적으로 조직된 집단이라 할 수 있다.

그러나 지역사회에서는 주로 행정과의 긴밀한 관계에서 움직이는
관변단체들이 상당수를 차지한다. 행정 역시 이들 단체들에 대한 지
원을 우선으로 하며 지역사회의 특정행사 진행을 위해 이들 단체들
의 협력을 얻는다. 행정과 관변적 성격의 단체들은 상호 협력관계를
유지한다. 이러한 관변단체들이 지역주민들에게 직간접으로 영향력
을 행사한다.

한편 단체활동의 적극성 정도에 따라 분류하면 활동주체집단과 활
동객체집단으로 크게 구분된다. 양자는 단체목표의 명확화, 주체적인
핵심프로그램의 유무, 단체에 대한 귀속의식 등에서 명백한 차이를
보인다. 전자는 후자에 비하여 단체목표가 명확하고 정기적으로 진
행되는 핵심프로그램을 갖고 있으며 단체에 대한 구성원들의 귀속의
식이 높다. 또한 지역사회활동에 주체적이고 역동적으로 대응한다.
이러한 단체로는 새마을부녀회, 민간기동순찰대, 재향군인회, 광교산
지킴이 등을 들 수 있다. 이에 반하여 후자는 단체의 뚜렷한 목표가
없고 정기적인 활동프로그램도 불분명하며 단체에 대한 구성원들의
소속의식이 약한 특징을 보이고 있다.

지역사회에서의 문제는 활동객체집단에 속하는 단체들이 많다는
점이다. 주로 행정주도적으로 구성된 단체들이 이에 속한다. 표면적
으로는 주민대표에 의해 운영되나 주체적 역량이 부족하여 구체적인
활동을 하지 못하는 경우가 대부분이다. 대표적인 단체로 주민자치
위원회나 구협의회 등을 들 수 있다. 주민자치위원회는 행정과 상호
보완적인 협력하에 지역주민이 주체가 되어서 지역사회의 일을 해결

한다는 취지로 관주도로 만들어졌지만 실질적으로는 거의 유명무실한 상태로 운영되고 있다. 상당수의 단체장들이 주민자치위원회에 들어와 있지만 자치적으로 운영되지 못하고 모임도 정기적이지 않다. 구협의회 역시 각 동단위의 지역리더가 모여서 활동계획이나 방향 등을 협의하는 기구이나 거의 활성화되지 못하고 있다. 모임의 참여율도 낮아 구체적인 활동이 없는 편이다.

이와 같이 지역사회에는 이름만 있고 실질적으로 활동을 하지 않는 단체들이 많다. 초기에는 어느 정도 활동하는 듯하다가 시간이 지나면서 회원들이 줄어들고 나중에는 활동을 거의 하지 않는다. 이 단체들의 특징은 주체적으로 지역사회활동을 하지 못하고 행정의 요청에 따라 행사에 필요한 인원동원에 응하는 수준 또는 간헐적인 마을청소 등의 활동을 하는 정도로 유명무실하다는 것이다.

③ 지역사회단체들의 갈등구조

지역사회단체들은 행정과의 관계 속에서 각 단체 나름대로의 활동을 하고 있다. 지역사회 문제해결을 위해서는 단체 간의 협력이 필요하다. 행정에서도 단체 간의 연대활동은 지역사회를 위한 활동에 효율성과 효과성을 꾀할 수 있다는 점에서 단체 간의 협력 혹은 단체들로부터의 협조를 구하기 위하여 정기적인 모임을 갖는다. 또한 단체 간의 연대나 협조를 정례화하기 위하여 구협의회나 주민자치위원회를 조직하여 지원하고 있다. 그러나 단체 간의 협력이나 연대활동은 잘 이루어지지 못하고 있다. 그보다는 오히려 갈등관계에 놓여 있다. 단체 간의 갈등은 [그림 Ⅴ-9]에서 보는 바와 같이 리더의 특성, 행정과의 관계 유지를 위한 경쟁 등에 의한 지역사회단체의 특성에서 비롯된다. 갈등의 특성은 심리적 갈등과 사회적 갈등으로 나타난다. 지역사회단체의 특성, 단체리더의 특성에 대해서는 앞에서 설명하였으므로 이하에서는 갈등구조의 양상에 대하여 갈등의 성격과 방향, 갈등구조의 형성배경으로 범주를 한정하여 살펴보기로 하겠다.

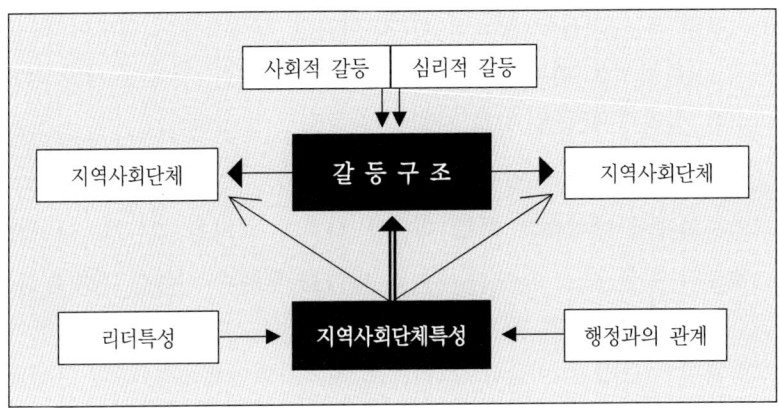

[그림 Ⅴ-9] 지역사회단체의 갈등구조

ⓐ 조직 간 갈등구조의 성격

조직 간 갈등구조는 심리적 갈등과 사회적 갈등으로 나누어진다. 단체 간의 심리적·사회적 갈등을 야기하는 배경에는 좁은 행정영역 안에서 단체회원의 결속력을 다지기 위한 배타적 의식, 다른 단체보다 사회적 우위를 차지하기 위한 특권의식 등에서 비롯된다.

심리적 갈등: 지역리더는 지역사회에서 본인의 영향력을 확대해 나가기 위해서 단체의 영향력을 높이고자 한다. 단체의 힘은 회원의 많고 적음, 왕성한 활동 정도에 따라 결정된다. 따라서 지역리더는

회원의 확보와 그들의 이탈에 대하여 예민하다. 회원의 이탈을 방지하고 수를 늘리기 위하여 다른 단체와의 협력보다는 배타적 관계를 형성한다. 그러나 다른 단체와의 배타적 관계를 형성해 나가는 과정에서 단체 간의 심리적 갈등이 발생하게 된다. 이러한 심리적 갈등을 통하여 다른 단체를 평가절하하면서 단체 내의 성원들에 대해서는 '우리'라는 의식을 공고히 한다. 이러한 갈등작용은 일방이 타방에게 심리적으로 어떠한 배타적 행위를 시도하는 것에서 시작된다. 이러한 심리적 갈등은 바로 사회적 갈등으로 발전된다.

사회적 갈등: 사회적 갈등은 심리적 갈등의 기반 위에서 형성된다. 지역사회에서 단체들은 서로 대등한 사회적 위치를 갖는다. 이러한 단체들이 힘을 갖는 가장 효과적인 방법은 행정과 긴밀한 관계를 갖는 것이다. 행정과의 관계가 밀접하다는 것은 다른 단체에 비하여 영향력이 높음을 의미한다. 그러므로 지역사회단체들은 다른 단체보다 우위적인 사회적 위치를 차지하기 위해서 행정과 긴밀한 관계를 유지하고자 한다. 행정과 근거리 유지를 가능하게 하기 위해서는 행정의 리더들과 친분관계를 유지하는 것이다. 이러한 친분관계 유지 방법 중의 하나가 선거지원이다. 특정단체가 사회적 우위를 점하고자 하는 것은 특권화 의식이 작용하기 때문이다. 그것은 지역사회의 다양한 이해관계가 걸린 문제에 대하여 그것을 처리하는 과정에서 특권적 우위를 차지할 수 있을 것이라는 사고에서 출발한다. 이러한 단체 간의 특권적 우위 선점, 행정과의 근거리 위치 차지 등은 사회적 갈등을 유발하는 요인이 된다.

ⓒ 갈등의 방향

지역사회단체의 갈등구조는 위에서 언급한 심리적·사회적 갈등뿐만 아니라 조직 내의 갈등과 조직 간의 갈등으로도 구분할 수 있다.

조직 내 갈등: 조직 내 갈등구조는 기본적으로 '모든 회원은 동등하다'라는 사회적 위치에서 출발한다. 지역사회단체의 성격은 행정과 같이 위계구조를 갖고 있지 않는 특징이 있다. 그러나 대부분의 지역사회단체들은 단체리더를 중심으로 한 임원진들에 의해서 의사결정이 이루어지는 폐쇄적 조직운영구조를 갖고 있다. 이와 같이 일부 소수자들에 의한 조직운영은 위계구조를 갖는 조직형태를 갖추게 된다. 이러한 조직상황이 만성화될 때 조직은 갈등상태에 빠져들게 된다. 명함관리스타일의 리더는 한 번 단체의 장으로 임명되면 그 기득권을 놓지 않으려 한다. 따라서 일부 성원들은 조직리더의 행태에 불만을 갖게 되고 그것이 개선되지 않는다고 판단될 때 조직 내에서는 편가르기 현상이 발생하게 된다. 이러한 편가르기 현상은 조직갈등을 더욱 심화시켜서 결국 조직이 분리되는 현상도 나타난다. 지역사회단체활동에 참가하는 사람들 중에는 권력지향적인 성향의 사람들이 흔히 등장한다. 그들은 단체운영이 특정 개인에게 놓이는 것에 대해 불만을 갖고 그들 또한 일정시기가 지나면 자신들이 단체를 운영하고자 하는 의도를 갖는다. 이러한 성향의 사람들이 조직을 폐쇄적으로 운영할 경우 조직 내의 갈등이 유발될 수 있는 가능성은 항상 열려 있다. 또한 단체리더 역시 회원들에게 절대적인 영향을 갖고 있지 못하다. 단체활동이 리더들의 경제적 지원에 의해서 운영되기보다는 회원들의 시간, 경제적 투자를 통해서 이루어지기 때문이다.

조직 간의 갈등: 조직 간 갈등구조는 앞에서 언급한 바와 같이 회원의 결속력 다지기, 특권적 우위 점하기 등에서 심리적·사회적 갈등이 야기되어 조직 간의 갈등으로 발전된다. 상호불신에서 비롯된 조직 간의 갈등구조는 행정이 구협의회나 주민자치위원회를 조직하여 상호 협력을 도모하고자 하여도 해소되지 않는다. 조직 간의 갈등구조는 단순히 단체 간의 갈등표출이 아니라 지역주민의 성숙도와 밀접하게 연관되어 있다. 명함관리스타일의 리더가 자주 등장하고 관변단체를 중심으로 권력추구형 지역리더들이 몰리는 현상은 지역주민의 사회적 의식과 성숙도를 반영하는 것이다. 여기에 분파주의가 작용하여 단체 간의 갈등을 더욱 심화시킨다. 이와 같은 단체 간 갈등은 단기간 안에 해소될 수 있는 성질의 것이 아니다. 단체의 리더들은 이와 같은 갈등구조를 명확하게 인지하고 있으므로 복지관의 네트워크사업에 회의적인 반응을 보인다. 그러므로 복지관 역시 지역사회단체들의 이러한 속성들을 정확하게 인식하고 장기적인 계획 하에 시간을 두고 점진적으로 발전시켜 나가도록 하는 방안을 모색해야 할 것이다.

ⓒ 갈등구조의 형성 배경

갈등구조가 나타나게 되는 배경으로 회원확보의 어려움, 조직의 폐쇄적 운영, 기득권 확보 경쟁, 조직리더의 특성에서 찾아볼 수 있다. 이러한 요소들은 상호 복합적으로 얽혀 있다.

갈등구조는 상호불신에서 비롯된다. 다른 단체를 인정하지 않고 상호 비방하거나 비하한다. 조직운영의 폐쇄성은 이러한 관계를 더욱 강화시킨다. 단체 구성원들은 단체 간 협력의 필요성을 느끼지 못한다. 여기에는 단체의 고유한 특성과 더불어 단체는 우리들만의 세계라는 인식이 함께한다. 구성원들은 우리 단체에 다른 단체의 영향이 미치는 것 자체를 달가워하지 않는다. 또한 단체 간의 교류를 통하여 자기 회원이 다른 단체로 이동하는 것을 사전에 차단하려는 의도도 있다. 구조적으로 각 단체들은 동이라는 작은 단위에서 활동하므로 회원확보에 어려움을 겪는다. 그러므로 회원단속을 하기 위해서도 다른 단체를 배타적으로 취급하려는 속성을 갖는다. 구성원의 결속력을 강화하기 위해 다른 단체와 협력이 아니라 평가절하하는 방법을 택한다. 조직의 폐쇄적 운영과 회원확보의 어려움은 현실적인 조건에서 비롯되며 이러한 현실이 단체 간 갈등을 더욱 심화시킨다.

이러한 단체 간 갈등구조는 기득권 경쟁으로 더욱 공고해진다. 단체 간의 기득권 경쟁은 지역사회를 심각하게 분리시킨다. 특히 이러한 갈등을 심화시키는 것이 기초단위선거이다. 지역사회단체들은 선거 후 기득권 확보를 위해서 특정후보의 당선을 위해 총력을 기울인다. 서로 지지후보가 다른 경우 적대감을 갖게 된다. 선거가 끝난 후에도 상호 비방이나 적대감은 그대로 남으며 상호불신은 더욱 깊어진다.

단체 간 갈등을 유발하는 또 다른 요소는 명함관리스타일의 지역 리더가 등장하는 것이다. 지역사회의 일을 우선으로 하기보다는 개인이익에 우선하는 지역리더가 등장함으로써 단체 간의 갈등은 보다 심각하게 전개된다. 지역리더는 자신의 영향력을 확대해 나가기 위하여 자신이 이끄는 단체의 폐쇄성을 더욱 강화시키고 다른 단체들을 보다 배타적으로 취급한다.

이와 같이 회원확보의 어려움, 조직운영의 폐쇄성, 기득권 경쟁,

명함관리스타일의 리더 등장 등은 지역사회단체들의 갈등을 불러일으키는 요소들이다. 이러한 요소들이 해소되지 않는 한 지역사회 내에서 단체들 간의 협력을 얻기란 쉽지 않다.

6. 청소년보호체계의 지속가능성과 활성화과제

지역사회 청소년보호체계의 지속가능성과 활성화과제는 참여자들의 집단적 특성에 따른 범주화이다. 청소년 관련기관 실무자들은 청소년보호체계 지속가능성에 대한 관심을 갖고 이를 위한 다양한 방안들을 제시하는 경향을 보이나 지역리더와 주민들은 이에 대한 인식이 별로 없는 것으로 나타났다. 따라서 여기에서는 청소년보호체계의 지속가능성에 대해서는 실무자들의 태도를 중심으로 분석되었다. 그리고 청소년보호체계의 활성화과제는 지역리더와 주민들을 대상으로 주민조직화를 추진해나가는 과정에서 나타나는 현상들을 분석하여 제시한다.

1) 청소년보호체계의 지속가능성

(1) 지속가능성 확보의 전제

청소년보호체계의 지속가능성을 담보하기 위한 조건으로 네트워크 형성과정에서 나타난 실무자들의 반응을 정리하면 네트워크의 정체성 확립, 신뢰관계의 형성, 네트워크 중심기관(coordinator)의 존재로 요약된다.

네트워크의 정체성의 명확화: 네트워크가 지속적으로 유지·발전하기 위해서는 가장 먼저 네트워크의 정체성이 명확하게 규정되어야 할 것이다. 네트워크에 참여하는 조직들의 목적과 성격이 다르므로 네트워크 내에서 갈등이 발생할 위험성은 언제나 존재한다. 네트워크의 확고한 정체성은 네트워크 내에서 문제가 발생할 경우 네트워크로 하여금 자체적인 해결능력을 가질 수 있도록 한다. 네트워크 구성원들 간의 가치 공유와 목적에 대한 합의가 네트워크의 정체성 확립에 필요한 요소이다. 네트워크 구성원들의 가치 공유와 공유된 가치에 토대한 공동 목적은 구성원들의 소속감과 결속력을 높여주고 협력하게 만드는 보다 효율적인 기제이다. 따라서 공유할 수 있는 가치를 찾아내는 것이 중요하다. 개별적인 목적과 목표하에 활동하고 있는 조직들을 연계하여 네트워크를 형성하고 협력활동을 전개하기 위해서는 공통의 가치기반에 토대하여 개별적인 목표를 집약하여 모두가 공감하는 목적과 비전 있는 목표를 설정하여야 한다. 공동의 목적은 공유된 가치에 토대한다. 이와 같이 가치의 공유와 공동의 목적에 기반한 정체성은 네트워크 구성원들로 하여금 이해관계를 초월하여 협력할 수 있도록 할 뿐 아니라 협력을 공고하게 해주는 요소이다.

호혜적 신뢰관계의 형성: 네트워크의 중요한 이념적 토대는 신뢰(trust)에 기초한다. 신뢰는 사회적 자본의 하나로서 이것이 성숙할수록 협력적 행위를 촉진시킬 수 있다. 네트워크의 구성원들 사이에는 호혜적 신뢰관계를 토대로 해서 인간관계와 교환관계가 성립된다. 네트워크 참여자 간의 신뢰관계가 형성되어 있지 않을 경우 네트워크 구축 자체가 어려울 뿐만 아니라 네트워크가 구축된다 하더라도 구성원 간 협력이 이루어지지 않고 관계가 형식화되거나 네트워크가 유명무실해지게 된다. 네트워크 구축가능성에 대한 지역리더들의 인식은 참여자 간 신뢰가 얼마나 중요한가를 명확하게 입증해준다. 그러므로 처음부터 상호간의 신뢰관계를 형성하기 위한 노력이 필요하다. 네트워크의 형성은 기본적으로 신뢰를 바탕으로 이루어지지만 네트워크관계의 진행과정에서도 신뢰를 계속적으로 유지·발전시키는 것이 대단히 중요하다. 그러나 네트워크 참여자 간의 신뢰관계는 단시간에 형성될 수 있는 것이 아니다. 네트워크가 구축되고 활동을 해가는 과정에서 수평적 관계에 입각한 민주적 의사소통구조를 확립하고 공평하고 명확한 역할분담을 통해 네트워크 활동이 활발하게 이루어질 때 참여자 간 신뢰가 보다 확고해질 수 있다.

네트워크 관리를 위한 중심체의 존재: 네트워크 유지에 있어 중요한 것은 네트워크 구성원 간의 합의를 전제로 서로 협상하고 의견을 조율해가면서 네트워크 활동의 활성화를 도모하는 것이다. 이를 위해서는 구성원 간의 원활한 의사소통과 상호 협력이 필수적이다. 그러나 네트워크 내에는 이해관계와 갈등의 소지가 상존한다. 네트워크는 구성원 간의 느슨한 연계와 구성원 모두가 네트워크 전체에 대하여 책임을 지는 분권적 구조를 갖는다. 이와 같은 분권적 시스템은 수평적인 민주적 커뮤니케이션구조라는 장점을 갖지만 한편으로는 도덕적 해이가 발생할 수 있고 동기부여가 잘되지 않을 수 있다. 그러므로 구성원들 간의 갈등을 최소화하면서 협력적 관계를 유지해나가기 위해서는 네트워크 관리(network management)가 이루어져야 한다. 이를 위해서는 네트워크의 조정체계(coordinator)로서의 역할을 할 중심체의 존재가 필수적이다. 네트워크가 와해되는 대부분의 경우가 중심체적인 조직이 없거나 그 역할을 하지 못하기 때문이다. '주도하는 단체에서 손을 놓아버리니까 구심점이 없어지고 조직이 와해되었다'는 경험담은 네트워크에서 중심체의 역할이 얼마나 중요한가를 말해준다.

(2) 청소년보호체계의 미래에 대한 기대와 유지방안 모색

청소년보호체계의 발전가능성에 대한 기대는 네트워크에 대한 인식수준의 네트워크 기대형 또는 참여유형에서의 적극적 주도형에서 강하게 보인다. 이들은 적극적으로 네트워크의 유지방안을 모색한다.

앞에서도 설명하였듯이 이들은 네트워크의 이념과 가치, 목적에 보다 초점을 두고 있으며 네트워크가 지속적으로 유지·발전할 것이라는 믿음을 갖고 있다. 이들은 비록 현재의 청소년보호체계의 목적은 청소년보호에 있지만 가치와 신념의 공유, 협력을 통하여 네트워크의 궁극적인 목적인 신뢰와 호혜성에 기초한 새로운 공동체의 건설에 역할을 할 수 있을 것이라고 본다. '힘을 보아서 더 큰 일을 했으면 좋겠다', '네트워크 목적의 공유하에 서로 협력한다면 청소년문제의 예방뿐 아니라 청소년들이 건전하게 성장할 수 있는 지역사회환경을 만드는 시너지효과를 갖게 될 것이다', '청소년에 관심을 가지고 있는 수원시의 시민, 사회단체, 학교들이 함께하는 지역복지운동으로 발전해나갔으면 한다'라는 바람은 바로 네트워크가 그런 역할을 할 수 있을 것이라는 신념의 표현이라 할 수 있다. 이와 같은 네트워크에 대한 기대는 관망형 참여자, 소극적 기대형에게도 영향을 미치게 된다. 즉

처음에는 관망 또는 소극적 참여양태를 보였던 참여자들도 보다 긍정적이고 적극적인 태도로 네트워크에 임하는 모습을 보이게 되었다.

이러한 기대는 청소년보호체계를 유지·발전시키기 위하여 제시된 다양한 방안들과 네트워크의 목적과 성격, 발전방향을 설정하기 위한 규정의 제정 필요성 제기로 구체화되었다. 청소년보호체계의 지속가능성을 가늠할 수 있는 잣대는 네트워크 구성원들이 적극적으로 네트워크의 발전방안에 대해 논의함으로써 청소년보호체계의 구체적인 골격이 만들어졌다는 것, 네트워크 참여희망자들이 늘고 있다는 것, 네트워크 활동이 진행됨에 따라 참여자들의 인식과 태도, 관계가 향상되었다는 점이다. 청소년보호체계의 발전방안은 '네트워크가 방향만 잘 잡고 활동해나간다면 발전할 수 있을 것'이라는 전제하에 네트워크 활동영역의 확대, 구성원 자격, 네트워크의 구조, 네트워크 모임, 네트워크 기반의 구축, 네트워크의 운영관리에 대한 의견수렴이 이루어졌다. 이에 대하여는 제Ⅴ장 1절에서 설명하였으므로 여기에서는 생략하기로 한다.

2) 청소년보호체계 활성화과제

청소년보호체계 활성화과제는 청소년보호체계 구축을 위한 초기의 과제, 추진위원회의 활성화과제로 정리하여 설명한다.

(1) 청소년보호체계 구축을 위한 초기의 과제

다양한 이해관계를 갖고 있는 조직들을 공통의 목적하에 네트워크화하기 위해서는 다양한 전제조건이 충족되어야 할 것이다. 청소년보호체계 구축과정에서 나타난 현상들을 중심으로 살펴보면 다음과 같다.

비전 있는 공동목표 제시: 개별적인 조직들을 연계하여 네트워크를 형성하고 협력활동을 전개하기 위해서는 이들 개별적인 목표를 집약하여 모두가 공감하는 비전 있는 목표를 제시할 수 있어야 한다. 참여자들이 공동의 목적과 가치를 지향하여 이해관계를 조화시키면서 협력할 수 있을 때 네트워크가 존재한다. 공동목표는 청소년보호를 위한 지역사회활동에 있어서 가장 중요한 요소의 하나인 참여자들 간에 공감대를 형성하는 기반이다. 목표와 가치에 대한 동의는 조직의 결속력과 구성원들 간의 상호이해를 가능하게 한다. 아무리 좋은 목적을 갖고 있다 해도 구성원들 간의 공감대가 형성되지 않으면 그들의 적극적인 참여나 노력을 유도하기가 어려운 것이다. 공동활동에 대한 공감대가 형성되었다는 것은 조직의 활동목적에 대한 구성원들의 합의와 협력의 토대가 마련되었다는 것을 의미한다. 그러나 협력에 동의했다고 해서 실제적인 활동과정에서 갈등이 없을 것이라는 것을 의미하는 것은 아니다. 각자 나름대로의 의견을 가지고 있으므로 세부적인 활동과정에서 이들의 다양한 의견을 조율하여 갈등을 최소화하고 이들의 협력관계를 더욱 공고하게 하기 위한 노력이 이루어져야 한다.

활동성 있는 리더십의 개발: 다양한 지역조직들의 느슨한 연계로 이루어진 추진위가 활동능력을 갖추고 지역사회활동을 전개해나가기 위해서는 리더십이 중요한 역할을 하게 된다. 리더의 역할 중에서 가장 중요한 것은 추진위로 하여금 달성해야 할 목표를 위해 스스로 노력하고 자기발전을 꾀하도록 유도하는 것이다. 이는 리더가 얼마나 추진위활동을 중요시하고 적극성과 열의를 보이는가에 달려 있다. 리더가 추진위활동에 적극성과 열의를 보일 때 다른 성원들도 동기화되어 의욕적으로 참여하게 될 것이며 보다 다양한 청소년보호 프로그램의 개발과 활동이 이루어질 수 있다.

다양한 조직의 참여와 협력: 청소년보호를 위한 지역사회활동에 있어 중요한 것은 다양한 조직들이 공동의 목적을 위해 함께 참여하고 협력해야 한다는 점이다. 공동노력은 투여된 자원에 의해 산출되는 성과를 배가시킬 수 있는 중요한 요소이다. 문제는 이들의 참여와 협조를 끌어내기 위한 전략이다. 그러기 위해서는 특정조직이나 개인의 이익을 반영하는 활동이 아닌 사회적 가치의 실현과 공동의 이익을 위한 활동으로 목적을 달성하기 위한 과정과 목적 달성 결과가 참여자 모두에게 유익함을 줄 수 있는 것이어야 함은 물론이다. 청소년보호체계에 다양한 조직들이 참여하여야 한다는 것은 지역사회를 실질적인 의견과 욕구를 대표할 수 있는 의사결정이 이루어져야 한다는 것을 의미한다. 또한 협력은 의사결정이 민주적 합의를 통해서 이루어져야 한다는 것을 의미한다. 참여자들이 대등한 입장에서 관계를 맺고 역할을 분담할 수 있을 때 신뢰가 형성되고 청소년보호 체계의 유지가능성과 활발한 활동을 기대할 수 있다.

지속적인 동기부여 노력: 청소년보호체계 구축과 청소년보호활동은 단기간에 가시적인 성과를 보기가 어렵다는 특성을 갖고 있다. 장기적인 비전을 갖고 점진적으로 추진하기 위한 인내와 지구력을 필요로 한다. 특성상 장기적 성격을 지니고 있으며 뚜렷한 결과를 통한 동기부여가 어려우므로 처음에는 아무리 강한 의지를 가지고 시작하더라도 활동과정에서 갈등이 발생하거나 참여자가 낙오할 우려가 크다. 이러한 현상을 방지하기 위해서는 끊임없이 동기부여를 해주어 목적에 대한 확고한 신념을 갖고 스스로 의지를 다질 수 있도록 유도해야 한다. 청소년보호를 위한 지역사회활동에서 기대되는 보상의 하나는 심리적 만족감이다. 참여를 통해서 인간적인 관계를 형성한다든지 지역지도자로서의 자긍심 제고, 인정과 존중, 역할에 대한 자부심과 자기만족감, 활동을 통한 보람과 성취감을 맛보게 하고 자신감을 갖고 활동과정에서 자신의 능력개발과 성장을 도모할 수 있도록 지원할 필요가 있다. 특히 심리적 보상은 활동의 명분을 제공해주고 참여동기를 지속시킬 수 있는 중요한 기제일 뿐만 아니라 구성원들의 조직에 대한 소속감과 응집력을 높이는 역할을 한다. 청소년보호체계의 구성원들은 단체장들로서 수평적 위계와 매우 느슨한 연결고리를 갖고 있다. 청소년보호체계 참여가 가시적인 보상을 줄 수 있는 성질이 아니므로 심리적인 보상을 통해서 끊임없이 참여동기를 자극하고 격려하는 접근전략이 마련되어야 할 것이다.

홍보의 중요성: 청소년보호체계를 구축하고 이를 통해 지속적인 청소년보호활동을 전개하기 위해서 관심을 가져야 할 중요한 사항 중의 하나가 홍보이다. 지역사회대상의 청소년보호활동의 효과적인 추진에 필수적인 요소가 지역주민들의 관심이다. 지역주민들이 관심을 가져야 참여와 후원이 가능하고 청소년보호활동체계가 형성되어 활동을 전개할 수 있다. 참여자들의 관심과 참여동기는 사업에 대한 명확한 이해가 있을 때 유발될 수 있다. 청소년보호체계의 구축과 활동에 대한 인식을 정확히 하지 못한 상태에서는 자신들과는 상관

없는 활동으로 인식하거나 또는 막연한 두려움을 갖기도 하며 부정적인 시각을 갖기 쉽다. 과연 이러한 시도가 어떤 목적을 갖고 있는가에 대해서조차 이해하려는 태도보다는 우선 그런 노력의 효과에 대해 의문시하는 부정적인 태도를 보이기도 한다. 그러므로 이들의 막연한 의구심을 해소시키고 청소년 건전육성을 위한 지역사회 환경 조성과 이를 위한 지역사회의 적극적이고 능동적인 참여와 협력의 필요성을 주지시키기 위해서는 사업취지 및 목적과 필요성을 정확하게 인식시킬 필요가 있다. 홍보는 지역사회에 청소년보호체계의 구축과 활동에 대한 이해를 높이고 공감하고 참여하려는 동기를 제공해주는 가장 중요한 전략이라 할 수 있다. 그러므로 다양한 홍보전략을 활용하기 위한 방안들이 모색될 필요가 있다.

 (2) 대상자 선정에 있어서의 과제

 청소년보호계의 주체는 사람이다. 그러므로 참여자가 없으면 네트워크의 구축은 불가능하다. 네트워크에 참여할 대상자를 선정하는 기준은 일차적으로 네트워크의 성격과 방향에 합당한가의 여부이다. 아무리 좋은 인적 자원이라도 네트워크의 목적에 부합하지 않을 경우 별 효용이 없는 것이다. 일단 네트워크의 성격과 목적에 부합하는 대상자를 선정한 다음 그들이 과연 참여가능한 대상자인가에 대한 사정이 이루어져야 한다. 전혀 참여의사가 없는 대상자에 대한 접촉은 에너지와 시간의 낭비를 가져온다.

 지역사회에는 많은 단체들이 존재한다. 활발한 지역사회활동의 전개는 그 조직이 어떤 성향의 사람들로 구성되어 있는가에 달려 있다. 일반적으로 지역사회조직은 다수의 참여자들이 있다 해도 소수의 활동력 있는 사람들에 의해 움직여지는 경우가 많다. 따라서 활발하게 행동하는 조직을 구성하기 위해서는 많은 인원의 참여도 중요하지만 보다 중요한 것은 소수일지라도 활동력 있는 구성원을 확보하는 것이다. 적극적이고 능동적인 몇 명의 사람들이 앞장서서 청소년보호활동을 계획하고 실천할 때 소극적인 사람들도 자극받아 행동하게 될 것이다. 그러므로 청소년보호체계 형성을 추진하는 초기 단계에서 활동력 있는 사람들을 참여시키려는 노력이 필요하다.

다원적 구조를 갖는 청소년보호체계에서 중요한 핵심은 지원체계와 활동체계이므로 대상자 선정도 이에 맞게 이루어져야 한다.

지원체계의 대상자: 지원체계 구성원의 조건을 살펴보면 공식·비공식 단체나 조직의 대표들이다. 지원체계는 활동체계의 활동을 지지하고 후원하는 역할을 담당하게 된다. 따라서 지원체계에는 보다 광범위하게 다양한 조직들을 참여시키는 것이 바람직하다. 특히 민관 파트너십이라는 측면에서 행정을 비롯한 공공기관의 참여가 필수적이다. 다양한 조직들의 참여는 청소년보호체계에 대한 신뢰성을 높여줄 뿐만 아니라 활동체계의 역량강화라는 차원에서도 매우 중요하다. 그러나 뚜렷한 역할이 주어지지 않을 경우 책임의식이 없이 명목적인 참여만 할 우려도 있다. 그러므로 이들이 참여의의를 찾을 수 있는 프로그램의 개발과 구체적인 역할부여가 중요하다.

추진위원회 대상자: 지원체계의 구성원들로 이루어진 추진위는 일차적으로 활동체계의 청소년보호활동을 지원하기 위한 지원체계로서의 성격과 동시에 활동체계의 구성원으로서 청소년보호활동을 주도하는 중층적 역할을 담당한다. 추진위가 부과된 역할을 효율적으로 수행

하기 위해서는 대상자 선정에 있어 다음과 같은 조건이 충족되어야 할 것이다. 첫째, 추진위가 효과적으로 활동체계를 지원할 수 있기 위해서는 영향력 있는 사람들이 구성원이 될 필요가 있다. 청소년보호체계 구축에 있어 인적 자원을 개발하고 동원하는 능력은 사업 자체의 성공을 판가름하는 중요한 요소이다. 지역사회에 영향력이 있거나 신망을 얻고 있는 사람들의 참여는 주민들에게 추진위활동에 대한 신뢰감을 심어주고 협조를 얻을 수 있는 중요한 통로가 된다는 점에서 이들의 참여를 유도하기 위한 적극적인 노력이 이루어져야 할 것이다. 둘째, 추진위가 명실상부한 범지역적 조직이 되고 본래의 목표와 취지를 달성할 수 있기 위해서는 보다 많은 지역사회단체의 참여가 이루어져야 한다. 이는 추진위가 진정한 지역주민들의 대표 조직이라는 이미지를 심어주기 위해서도 중요하다. 지역사회에는 다양한 조직과 계층의 사람들이 존재한다. 이들은 같은 사안이라 해도 저마다 다른 이해관계를 갖고 있다. 따라서 청소년보호활동이나 지역사회활동에 특정집단이나 소수의 사람들만이 참여할 때에는 지역사회의 다양한 이해관계를 반영할 수 없을 뿐만 아니라 지역주민들로부터 외면당할 수 있다.

활동체계 구성원: 활동체계의 구성원은 교육을 받고 실질적으로 청소년보호활동을 전개하는 사람들이다. 활동체계의 능력을 강화하기 위해서는 다음과 같은 점이 고려되어야 할 것이다. 첫째, 일차적으로는 지역사회활동 경험이 있거나 현재 지역지도자로 활동하고 있는 사람들을 대상으로 하는 것이 노력과 시간의 낭비를 줄일 수 있는 방안이다. 이들은 지역사회활동에 대한 인식을 갖고 있으므로 청소

년보호활동에 대한 이해와 필요성에 대해서도 쉽게 공감하고 협조를 끌어내기도 용이하다. 이러한 조직을 활용하거나 연계해서 활동체계를 구성한다면 보다 쉽게 조직화가 이루어질 수 있을 것이며 자생력 있는 조직이 될 가능성도 크다. 둘째, 그 지역사회에 대해서 잘 알고 주민들과도 어느 정도 관계가 형성되어 있는 사람들을 참여시키는 것이 보다 효과적이다. 셋째, 청소년보호를 위한 지역사회활동을 전개하기 위해서는 지역사회의 토착적인 리더나 잠재적 지도자를 발굴하고 교육훈련시켜 활동할 수 있는 주민조직을 형성할 필요가 있다. 지역사회 내에는 조직의 리더는 아니더라도 지역사회활동을 할 수 있는 주민들이 존재한다. 실제적인 활동을 할 수 있는 사람들은 바로 이러한 사람들이다. 따라서 이러한 활동에 관심을 갖고 참여하고자 하는 욕구를 지닌 주민들을 찾아내어 참여시키려는 노력과 전략이 필요하다. 넷째, 활동체계를 구성하는 성원들은 통장단, 새마을 부녀회가 주축이 되고 있다. 이들은 대부분 여성들로서 여성들이 활동체계의 실제적인 활동을 담당하게 될 것이라는 예측을 가능하게 한다. 청소년보호활동체계로서 여성들의 역할이 보다 큰 비중을 차지할 것이라는 예측은 지역사회 여성지도자 발굴과 양성 과제를 제기한다. 그러므로 복지관에서도 여성들의 활동비중이 클 것이라는 점을 감안하여 여성중심 활동체계 구성과 활동프로그램 개발에 대한 대응책을 강구할 필요가 있다.

(3) 추진위원회 활동의 활성화과제

청소년보호체계의 핵심은 추진위로서 추진위가 얼마나 적극적으로 활동하느냐가 청소년보호 및 '살기 좋은 우리마을 만들기'를 위한 청소년보호체계의 지속과 역할 수행의 토대가 된다. 지역사회에서 추진위가 청소년보호를 위한 지역사회활동의 구심점으로서 지역사회의 지지와 지원하에 활동하기 위해서는 다음과 같은 노력들이 뒤따라야 할 것이다.

첫째, 추진위는 지역사회의 주민조직으로서 주민들의 관심과 참여, 지지를 바탕으로 청소년보호활동을 전개해나간다. 지역주민의 추진위에 대한 참여는 추진위의 존재와 목적, 활동에 대한 인지를 통해서 가능하다. 따라서 적극적인 홍보를 통해 지역주민들에게 추진위 존재와 목적, 활동에 대해 알림으로써 주민들로 하여금 추진위의 목적에 찬동하고 지원하려는 동기를 제공해주어야 할 것이다. 특히 이 과정에서 추진위가 이름뿐인 조직이 아니라 실제적인 청소년보호활동과 더불어 지역주민의 복지를 위한 활동을 활발하게 전개할 것이라는 점을 인식시켜 추진위에 대한 신뢰감을 형성할 수 있도록 해야 한다.

둘째, 추진위의 위상과 정체성이 확립되어야 한다. 추진위가 주체적이고 자발적으로 청소년보호를 위한 '살기 좋은 우리마을 만들기'에 참여하도록 하기 위해서는 청소년보호체계 구축사업이 복지관 사업이 아니라 바로 자신들의 일이라는 점을 강조하여 주체로서의 주인의식과 활동명분을 심어주고 이 사업에 책임감을 가지고 참여할 수 있도록 역할과 위상을 부여해야 한다.

셋째, 복지관은 청소년보호체계 구축사업을 추진해나감에 있어 자생적 주민조직의 능력향상이라는 목표를 명확하게 인식하고 장기적 관점에서 추진위 및 주민조직이 복지관의 도움이나 지원 없이도 자생적이고 주체적으로 청소년보호활동뿐 아니라 지역사회의 발전을 위하여 활동할 수 있는 능력을 키우는 방향에서 접근해야 한다. 이를 위해서는 단계적 접근이 이루어져야 한다. 문제해결능력과 참여

능력을 개발하기 위해서는 먼저 주민들이 쉽게 참여할 수 있는 공동활동을 통하여 성취감을 느낄 수 있도록 의도적 개입이 필요하다. 성공경험은 차기의 활동을 계획하고 실천할 수 있는 동기와 자신감을 갖도록 한다. 따라서 추진위활동의 단계적 목표를 설정하고 점진적으로 추진위가 자체능력을 키워나갈 수 있도록 해야 한다.

다섯째, 추진위 구성원들은 자신들의 본업을 갖고 있기 때문에 추진위가 실제적인 활동을 하는 데는 한계가 있다. 따라서 추진위는 '살기 좋은 우리마을 만들기'의 간판역할과 자원동원자로서의 역할을 하고 실제적인 업무는 복지관에서 하는 역할분담이 명확하게 이루어져야 추진위가 활동에 대한 부담감을 덜 느끼고 역할을 할 수 있을 것이다.

여섯째, 공동의 목적과 가치를 실현하기 위한 하나의 조직체라 해도 구성원들 사이에는 방법론에 있어 다양한 이견이 존재한다. 더구나 다양하고 이질적인 성격의 사람들의 모임일 경우 상호 이해관계를 조정하여 협력과 협동을 유도하기는 어려운 일이다. 어떤 일을 수행하는 데 있어 참석자들의 다양성은 긍정적 측면과 부정적 측면을 갖는다. 부정적인 측면에서는 멤버 층이 다양할 경우 합의를 끌어내고 협력하는 것이 어렵다는 것이다. 그러나 또 한편으로는 참여자 층이 다양할수록 창의적인 의견이 나올 수 있기 때문에 활동에 활력을 불어넣고 지원체계의 폭이 넓어져서 든든한 힘을 받을 수 있다는 장점이 있다. 문제는 어떻게 서로 다른 이해관계를 갖고 있는 참여자들의 의견을 조율하여 합의를 도출하고 협력하게 할 것인가 하는 점이다. 따라서 이들 성원들 간의 관계를 조정하는 매개체 역할이 중요하다. 담당사회복지사는 지역사회단체 간의 관계구조 및 지역주민들의 특성에 대한 정확한 이해를 토대로 이러한 역할을 수행할 수 있는 역량의 구비와 전략의 개발에 노력할 필요가 있다.

7. 지역사회 청소년보호체계 구축사업에 대한 평가

지역사회 청소년보호체계 구축사업은 그동안 개별조직별로 이루어져왔던 청소년보호활동의 효과성을 제고하기 위하여 지역사회의 다양한 청소년관련 조직의 네트워킹과 주민참여에 의한 조직화를 시도하였다. 본 사업의 의도는 청소년보호체계 구축이라는 직접적인 목표뿐 아니라 이를 형성해가는 과정에서 지역사회의 청소년보호를 위한 역량을 강화하고자 하였다. 처음부터 지역사회의 변화를 지향하면서 지역사회가 청소년보호와 청소년들이 밝고 건강하게 성장할 수 있는 '살기 좋은 우리마을 만들기'라는 보편적 가치를 실현하기 위해 협력할 수 있는 기반을 다지고자 하였다. 이를 위해 지역주민을 포함한 지역사회 내외의 다양한 청소년관련 자원들의 참여를 도모하고 이들의 활동의 통합화, 주체적으로 청소년보호활동과 '살기 좋은 우리마을 만들기'를 위한 지역사회활동을 전개할 수 있는 주민조직의 형성 등의 접근을 시도하였다. 이와 같은 시도는 처음이 될 것이다. 그런 점에서 본 사업의 성공여부를 떠나서 그 의의를 찾아볼 수 있다. 본 사업이 갖는 의의 및 특징을 살펴보면 다음과 같다.

첫째, 청소년보호에 대한 책임과 더불어 청소년보호활동의 필요성, 청소년보호를 위한 전 지역사회 차원의 공동노력의 필요성을 인식시키는 계기가 되었다. 대부분 처음에는 청소년보호에 대해 막연한 인식을 갖고 있었으나 점차 청소년보호 및 건전육성에 대한 책임인식이 명확해지고 적극적인 청소년보호활동과 지역사회가 청소년 건전육성에 대한 강한 의지를 갖고 다양한 집단이 참여하여 협력할 필요성을 인식하게 되었다.

둘째, 청소년보호체계의 구조를 다원화하여 광범위한 참여를 유도하였다. 특히 사업대상지역인 장안구 내의 조직만이 아니라 수원시 또는 경기도를 대상으로 활동하는 다양한 조직을 포함시켜 폭넓게 후원체계를 형성하였다. 이는 주민조직의 활동 지원능력을 강화시키는 효과와 더불어 본 사업은 물론 청소년보호체계에 대한 홍보효과를 높이게 하였다.

셋째, 당사자인 청소년을 피동적인 보호대상이 아니라 건강한 성장권과 보호받을 권리를 지닌 권리주체로서 참여시킴으로써 청소년의 건전한 자아정체성을 확립할 수 있도록 하였다. 또한 청소년보호에 있어서 핵심적인 주체인 학교-가정-지역사회를 연계한 청소년보호체계를 구축하였다.

넷째, 청소년보호를 위한 지역사회활동을 통하여 주민들이 주체적으로 지역사회 발전과 주민들의 복리를 위한 지역사회활동을 할 수 있는 역량강화에 초점을 두었다. 청소년보호체계 구축을 위한 조직화과정과 활동을 통해서 참여자들은 지역사회문제에 대한 관심과 지역사회 문제해결을 위한 참여의식 및 책임감 제고, 협력과 협동의 필요성을 깨닫게 되고 연대의식을 강화할 수 있었다.

다섯째, 청소년보호체계의 지속가능성에 대한 확인과 더불어 지역주민의 자발적이고 주체적인 청소년보호를 위한 지역사회활동의 기반을 구축하였다는 점에서 성공적이라 평가할 수 있다.

그러나 본 사업은 추진과정에서 다음과 같은 한계를 노출하였다.

첫째, 장안구 대상 청소년보호체계 구축을 목적으로 했던 사업이 추진주체인 복지관이 위치한 Y동 대상 사업으로 한정되었다는 점이다. 처음에는 Y동 외의 다른 동에서도 참여하였으나 Y동의 참여자들이 많음으로써 다른 동 참여자들은 본 사업이 Y동 사업이라는 인상을 갖게 되고 참여를 포기하였다. 결국 장안구대상의 조직화사업이 Y동대상의 조직화로 축소되는 결과를 초래하였다. 이는 지역주민들의 지역감정이라는 특성에 기인하는 바도 크나 한편으로는 홍보의 부족과 타 지역 주민들에 대한 관리가 잘 이루어지지 않음으로써 나타난 현상이라 할 수 있다. 그 결과 Y동만을 대상으로 청소년보호체계를 구축하는 결과를 가져왔다. 이와 같은 결과는 주민조직화에 있어 소지역생활권을 단위로 하는 조직화전략이 보다 효과적이라는 사실과 더불어 부정적인 영향을 미치는 지역감정을 어떻게 해결할 것인가라는 과제를 제기하였다. 그러므로 동단위를 넘어 구단위의 광범위한 주민조직화를 시도할 경우 일차로 동단위 조직화를 통한 동주민협의회를 구성하고 이를 구단위 협의회로 발전시키는 전략적 접근이 필요할 것이다. 또한 주민조직화는 단기간에 이루어질 수 없으므로 장기적인 계획하에 주민참여를 끌어낼 수 있는 다양한 전략의 개발과 더불어 지역주민의 성향과 욕구를 정확하게 파악하고 이에 토대한 청소년보호프로그램을 개발하여 실시해야 할 것이다.

둘째, 초기에 청소년보호체계 구축에 대한 방향성 및 성공가능성에 대한 확신과 청소년보호체계 구축을 위한 확고한 신념의 부족으로 사업의 착수가 늦어졌다. 이로 인하여 전반적인 사업추진이 지연되고 계획된 프로그램을 제대로 실시하지 못하고 생략되는 결과를 가져왔다. 이는 참여자들의 참여동기를 저하시킴으로써 참여자의 결속력과 청소년보호체계 활동의 활성화를 제약하는 요인이 되었다.

셋째, 청소년보호체계 구축을 위한 사전준비의 부족이다. 즉 청소년 관련기관들에 대한 정보 수집과 특성 분석, 지역사회단체들의 특성 파악 등을 통해 구체적이고 체계적인 대응전략을 수립하고 진행했어야 하나 이러한 노력이 미흡함으로써 효과적인 접근이 이루어지지 못하였다.

넷째, 청소년보호체계 구축과정에서 발생할 수 있는 다양한 변수들을 예측하지 못했을 뿐 아니라 이러한 변수에 대응할 수 있는 대처능력의 부족으로 주도적으로 상황을 이끌기보다는 끌려 다니는 경향을 보였다. 이는 결국 사업추진주체에 대한 참여자들의 신뢰를 저하시키는 결과와 동시에 참여율 저조현상을 가져왔다.

다섯째, 본 사업이 시범사업의 성격을 지니고 있다는 점이다. 다양한 이해관계를 갖고 있는 조직들 간의 파트너십에 토대한 협력체계의 구축은 단기간에 이루어질 수 있는 것이 아니다. 장기적으로 그리고 점진적으로 사업추진주체인 복지관과 다른 기관 간, 참여자 간에 충분한 시간을 갖고 상호이해와 관계를 형성하면서 공동의 비전과 목표를 개발해야 한다. 그 과정을 통해서 상호간 신뢰가 형성되고 협력의 필요성과 공동사업 수행에 대한 합의가 도출될 수 있다. 그리고 이를 통하여 공고한 협력관계의 지속기반이 마련될 수 있다. 그러나 본 사업이 갖는 한시적 성격으로 인해 청소년보호체계의 공고한 기반을 확립하지 못한 채 사업이 완료되었다.

Ⅴ. 지역사회 청소년보호체계 구축을 위한 접근방안

청소년보호체계 구축과정에서 나타난 현상들에 대한 분석결과를 토대로 지역사회에서 다양한 관련조직과 지역주민의 참여를 통한 청소년보호체계를 구축하기 위한 효과적인 접근전략을 제시하면 다음과 같다.

첫째, 전체 지역사회를 대상으로 조직화를 시도함에 있어서는 특정한 하나의 모델에 의존하는 것보다는 조직화 목표와 대상에 따라 다양한 지역사회조직화모델을 융통성 있게 적용하는 것이 보다 효과적이다.

둘째, 지역사회중심 청소년보호체계의 지역범주에 있어서는 처음부터 광범위한 네트워크를 시도하기보다는 동단위의 조직화를 통해 광역화하는 접근이 이루어질 필요가 있다. 지역적 범위가 광범위할 경우 참여자들이 소속감을 가질 수 없을 뿐만 아니라 행정구역이 확연하게 구분되어 있어 지역적 배타성이 작용한다. 그러므로 직접적이고 실질적인 청소년보호활동을 전개할 수 있기 위해서는 지원체계는 구단위로 설정하되 직접적 실천활동은 동단위로 이루어질 수 있도록 동단위 청소년보호활동체계를 형성하고 동단위 조직이 구협의체를 구성하는 방향에서 접근하는 것이 효과적이다.

셋째, 청소년보호체계의 구조에 있어서는 원활하게 정책적 지원이 가능하도록 보다 상위의 관련 행정기관을 중심으로 한 후원체계와 민관 실무자중심의 지원체계, 지역사회에서 실질적으로 청소년보호활동을 전개할 수 있도록 주민참여를 통한 활동체계로 다중구조화하는 것이 현실적이다. 또한 지원체계 내에서는 문제의 공유, 자원의 활용, 활동체계에 대한 지원 등 청소년보호체계 운영에 관한 정책적 합의가 가능한 의사결정구조가 확립되어야 하며 활동체계의 형성 및 유지를 위해서는 지역주민의 참여 유도전략과 문제의 확인 및 해결을 위한 계획의 수립, 활동을 전개하고 평가하는 과정에 대한 구조화가 이루어져야 한다.

넷째, 접근방식에 있어서는 장기적인 안목에 토대하여 단계적 발전전략을 수립하고 점진적으로 청소년보호체계 구축의 가능성을 확대하면서 접근해야 할 것이다. 다양한 이해관계를 갖고 있는 지역사회단체·조직들 간 파트너십에 토대한 협력체계의 구축은 단기간에 이루어질 수 있는 것이 아니다. 이들 조직·단체들의 이해관계를 조정하고 청소년보호라는 목적의 공유하에 협동적 활동을 끌어내기 위해서는 장기간에 걸친 지속적인 노력이 필요하다. 따라서 개별적 접촉을 통해 지도자의 의식을 파악하고 소수일지라도 취지에 찬동하고 참여의사를 갖고 있는 조직을 중심으로 네트워크를 구축하고 점차 확대해나가는 접근방식이 효과적일 것이다.

다섯째, 청소년보호체계의 구성과 운영을 위한 조정·관리체계와 구심점 역할을 할 존재가 있어야 한다. 체계적인 네트워크의 구성과 운영은 참여자들로 하여금 네트워크 활동에 있어서의 역할의 모호성을 극복하고 책임을 명확하게 인식하게 해줄 수 있다. 또한 네트워크 구성과 운영을 위한 절차와 방법 및 구성원들의 역할과 책임이 명확히 제시되어야 한다. 청소년보호체계 참여자들은 소속기관과의 관계, 개인적인 특성 등에 따라 참여정도나 유형이 다를 수 있으므로 이러한 점을 고려하여 유연성 있게 역할부여가 필요하다.

여섯째, 청소년보호에 있어서 민관의 협력이 필수적이므로 행정 등 공공기관의 적극적인 관심과 참여를 유도해야 한다. 현실적으로 이들이 미치는 지역사회에 미치는 영향력은 매우 커서 지역사회지도자들의 참여에 영향을 줄 뿐 아니라 민간의 청소년보호체계가 원활한 활동을 전개해나감에 있어서는 행정의 행·재정적 지원이 필요하다. 그러나 이때 유의해야 할 점은 민과 관이 대등한 관계에서 동반자적 협력이 이루어져야 한다는 점이다. 민간은 지역사회 청소년보호체계를 어떤 방향으로 발전시켜야 할 것인가에 대한 구상을 갖고 행정과 파트너십을 형성하면서 주도적으로 네트워크를 운영해나가야 할 것이다. 한편 행정은 적극적인 행·재정적 지원을 하되 청소년보호체계가 민간 자율적으로 운영될 수 있도록 측면지원자로서의 역할을 해야 할 것이다.

일곱째, 청소년보호체계의 정체성이 명확하게 규정되고 이에 따라 각 체계와 구성원들에게 명확한 역할이 부여되어야 할 것이다. 이는 청소년보호체계 참여자들 간에 가치와 목적의 공유를 가능하게 하고 협력관계를 견실하게 하는 토대가 된다. 이를 위해서는 참여를 통하여 얻을 수 있는 이익과 수행해야 할 역할을 예상할 수 있도록 보다 실현가능한 목표를 설정하고 구체적인 공동활동프로그램을 개발하여야 할 것이다.

여덟째, 활발하게 행동하는 조직을 구성하기 위해서는 많은 인원의 참여도 중요하지만 보다 중요한 것은 소수일지라도 활동력 있는 구성원을 확보하는 것이다. 이러한 관점에서 지역사회 내 잠재적 리더의 발굴 및 육성과 조직화 노력이 이루어져야 한다. 부녀회나 지역사회 내의 주부, 노인, 자유직업 종사자 등 비교적 시간을 많이 할애할 수 있는 조직과 주민으로 자원봉사인력을 확보하고 교육하여 이들을 청소년보호를 위한 준전문가로 활동할 수 있는 구조를 만들어야 한다. 특히 지역사회에서 주로 활동하는 집단이 여성들이라는 점을 감안할 때 여성지도자의 발굴과 교육프로그램 및 활동프로그램이 개발되어야 할 것이다.

아홉째, 지역주민들의 자발적이고 주체적인 참여를 끌어내기 위해서는 지역주민들의 의식변화에 초점을 맞추고 개입하는 것이 필요하다. 권리의 향유와 사회적 책임 및 의무수행의 균형과 조화를 이룰 수 있는 주민으로서의 성숙이 요구된다. 이를 위해서는 지역주민을 대상으로 하는 복지교육 등 의식의 변화를 위한 다양한 프로그램이 마련되어야 한다. 특히 청소년보호활동은 지역주민들의 실천능력이 중요한 관건이 되므로 지역주민들로 하여금 스스로 문제를 인식하고 문제해결방안의 모색과 문제해결을 위해 행동할 수 있는 교육 및 활동프로그램이 개발되어야 할 것이다.

열째, 청소년 관련조직의 대표 및 실무자들 대상으로 협력수준 네트워크 활동의 필요성에 대한 교육이 지속적으로 이루어질 필요가 있다. 또한 청소년보호에 대한 인식의 공유와 상호 이해를 위한 정기적인 포럼 개최 등을 통해 상호간 신뢰관계를 형성하고 정보와 지식을 공유할 수 있는 교류의 장이 마련되어야 할 것이다.

열한번째, 현재 지역사회는 지역사회의 해체현상과 더불어 청소년보호를 위한 사회적 자본이 매우 취약한 상태이다. 그러므로 지역사회 청소년보호체계의 구축은 청소년보호라는 직접적 목적과 더불어 청소년과 지역주민의 성장, 연대의식, 신뢰, 규범 등과 같은 사회적 자본을 형성하여 지역사회 통합에 기여할 수 있어야 한다. 이를 위해서는 청소년 및 지역주민의 참여와 조직화를 통하여 청소년보호활동이 지역주민교육의 장으로 활용될 수 있도록 할 필요가 있다.

열두째, 지역사회에는 지역주민의 복지향상을 위한 민관협력체계로서 지역사회복지협의체와 민간네트워크로 사회복지협의회가 구성되어 있으므로 이들과 연계하여 상시 가동할 수 있는 체제를 형성할 필요가 있다. 그리고 이를 통해 지속적이고 적극적인 청소년보호운동을 전개할 필요가 있다.

열셋째, 지역사회 청소년보호체계 구축을 시도하는 사회복지사는 지역사회단체 리더들의 성향과 단체 간 갈등구조를 명확하게 파악하고 청소년보호체계 구축에 대한 다각적인 전략과 방안을 마련하고 단계적으로 발전전략을 구사하여 추진해 나가야 할 것이다.

이상의 접근전략과 더불어 지역사회에서 청소년보호체계를 구축하고 효과적으로 청소년보호활동을 전개하기 위해서는 민관 파트너십의 형성, 전문가단체의 네트워크, 전문가단체와 지역주민 간의 네트워크가 구축되어야 한다.

이를 위해서는 전문가의 전문적이고 계획적인 개입이 필요하다. 전문가는 청소년보호체계의 형성과 유지를 위한 조건의 정비, 참여자들 간의 상호신뢰 등 긍정적 상호작용을 유도하고 직접적으로 청소년보호활동을 전개하기 위한 실무자 연계 및 주민조직화를 통하여 지역사회에서 지속적이고 상시적인 청소년보호활동이 가능한 구조를 형성하기 위하여 다양한 접근전략을 활용할 수 있어야 한다.

또한 행정의 차원에서는 종래의 government 개념에서 governance 개념으로의 패러다임 전환이 이루어져야 한다. 과거의 통제나 관리차원에서의 접근방식이 아니라 지역사회 내에 존재하는 공식·비공식적 지역사회센터를 상호 협력관계로 지원육성해야 할 파트너로 인식하고 다양한 방식의 공사 협력, 공공 협력을 활용하여 청소년보호체계가 활동할 수 있도록 최대한의 행정적·재정적 지원을 제공해야 한다.

한편 민간차원에서는 청소년관련 조직 및 지역사회지도자의 청소년보호에 대한 책임성 있는 태도가 요구된다. 청소년보호라는 사회적 공동가치의 실현을 위해 자체조직의 이익이나 경쟁을 초월해서 거시적이고 미래지향적인 안목에서 협력하기 위한 개방적이고 적극적인 자세로 임해야 할 것이다.

이와 더불어 지역사회에서 주민참여에 의한 청소년보호체계를 구축하고 효과적인 청소년보호활동을 효과적으로 전개할 수 있도록 정책적·제도적 지원방안이 마련되어야 할 것이다.

참고문헌

강창현(2001). "사회복지서비스 공급네트워크에 관한 연구: 서울시 노인 지역보호서비스의 정부·시장·NGO간 협력을 중심으로", 연세 대학교 박사학위논문.

권일남(2004). "청소년보호정책의 성과와 발전방향", 청소년보호정책의 비 전 및 발전방향. 청소년보호위원회. pp.15 - 34.

구본용·금명자(2005). 위기(가능)청소년 지원모델 개발연구. 청소년위원회.

권장희(2002). "청소년보호정책 5년의 평가와 과제", 청소년보호정책 5 년: 성과와 발전방향 토론회 자료집. 청소년보호위원회. pp.6 - 20.

김동배(1993). "지역사회조직교육", 연세사회복지연구 제1권. pp.219 - 226.

김문조(1987). "연줄망 분석의 논리와 절차", 사회구조와 사회사상. 서 울: 심설당. pp.501 - 504.

김범수(2000). 21세기 지역사회복지론. 서울: 홍익재.

김영호·최종혁·이연(2000). 우리마을지킴이 자원봉사(복지)활동. 경기도 자원봉사단체협의회.

김인숙·신은주·김혜선(1999). "가정폭력 피해자를 위한 서비스네트웍 모 델 개발", 한국가정복지학 제3호. 한국가정복지학회. pp.63 - 89.

김재엽·박수경(2001). "가정폭력 관련 기관들의 서비스연계실태와 관련 요인", 한국사회복지학 47. pp.107 - 147.

김정주 외(2004). 청소년육성 기능강화 및 행정체계 발전방안. 문화체육 관광부·한국청소년개발원.

김주일(2004). "독일의 청소년보호활동에 관한 연구", 사회복지정책 Vol.18.

한국사회복지정책학회. pp.105 - 131.

김진화(2002). "YP활동과 청소년유해환경감시단의 유기적 관계", 청소년
　　　건전육성을 위한 청소년유해환경감시단의 사명과 역할. 청소년보
　　　호위원회. pp.87 - 123.

김현원(2006). "CYS / net(지역사회 청소년통합지원체계 이해)", 2006년도
　　　청소년정책 실무과정 교육교재. 국가청소년위원회. pp.9 - 18.

김희연(2001). "지역사회복지의 네트워크 분석: 대전광역시 사회복지관
　　　을 중심으로", 이화여자대학교 박사학위논문.

남미애(2005). "소년사법처리과정 청소년을 위한 미국 소년사법관련 다
　　　기관간 협력에 대한 연구", 교정연구 26. 한국교정학회. p.33 - 54.

박상주(2001). "청소년범죄예방네트워크에 관한 탐색적 연구", 한국경찰
　　　학회보 제3호. 한국경찰학회. pp.68 - 92.

박정호(2001). "자활지원네트워크 활성화에 관한 연구: 부천시 사례를 중
　　　심으로", 사회복지리뷰 6. 가톨릭대 사회복지연구소. pp.39 - 51.

박태영(2003). 지역사회복지론. 서울: 현학사

신순갑(2006). "지역사회네트워크를 통한 학교폭력예방사업", 청소년폭
　　　력예방교육전문가양성과정 교육교재. 청소년위원회. pp.129 - 149.

심재호(2000). "지역복지네트워크 구축에 관한 연구 - 주민자치센터와 사
　　　회복지관을 중심으로", 한국사회복지행정학 3. pp.15 - 171.

오정수 · 류진석(2004). 지역사회복지론. 서울: 학지사.

우정자 · 최종혁 · 김문섭(2003). 선진 각국의 청소년보호체계 사례조사. 청
　　　소년보호위원회.

유네스코한국위원회(1997). 유네스코 학생활동 30년: 1965 ~ 1995.

유재원(2000). "사회자본과 자발적 결사체", 한국정책학회보 제9권 제3
　　　호. 한국정책학회. pp.234 - 342.

유태균 · 김자옥(2001). "서울시 소재 종합사회복지관간의 네트워크 특성

및 네트워크상에서 중심자적 역할정도 결정요인에 관한 연구", 사회보장연구 제17권 제2호. 한국사회보장학회. pp.20-47.

윤철경 외(2005). 청소년보호정책 실태와 발전방안. 한국청소년개발원.

윤희중(1999). "청소년비행통제를 위한 일본의 지역조직화에 관한 고찰", 한국공안행정학회보 제8호. 한국공안행정학회. pp.299-323.

이경상 외(2004). 청소년육성 전담기구 및 청소년육성 전담공무원제도 구축방안 연구. 문화체육관광부·한국청소년개발원.

이동근(2003). "청소년상담 활성화를 위한 거버넌스에 관한 연구", 동국대학교 박사학위논문.

이민희 외(2003). 지역사회 네트워크를 통한 청소년폭력대책 연구. 한국청소년개발원.

이민희 외(2005). 청소년정책 비전과 주요추진과제. 청소년위원회·한국청소년개발원.

이상일(1999). "인력개발 지역네트워크에 관한 연구", 경제학논집 8(1). 한국국민경제학회. pp.189-214

이성식(2002). "청소년범죄 예방을 위한 지역중심의 종합적 다기관 연계전략", 교정연구 제16호. 한국교정학회. pp.119-153.

이   연(2005). "지역사회복지에 있어서 사회자본의 함의", 복지국가를 향한 과제. 강남대학교 한국사회복지연구소. pp.291-309.

이용표(2005). "지역사회네트워크와 지역복지조직의 활동방향", 사회복지리뷰 제10집. 가톨릭대학교 사회복지연구소. pp.113-132.

이장현(2004). "청소년범죄의 동향에 관한 연구", 평택대학교 논문집 제18집. pp.39-66.

이종복(2001). "청소년비행방지를 위한 경찰의 유해환경 정화방안에 관한 연구", 한독사회과학논총 11(2). 한독사회과학회. pp.81-100.

이창호(2005). 위기청소년 통합지원체제 구축운영방안 연구. 청소년위원회.

이현주(1998). "사회복지조직 구성원의 조직간 관계: 장애인복지 관련조직을 중심으로", 서울대학교 박사학위논문.

이혜연 외(2002). 외국의 소외청소년 정책연구. 한국청소년개발원.

이 호 외(2001). 현장에서 배우는 주민조직방법론. 한국도시연구소.

임영식·오세진(2003). "외국의 청소년폭력 대책: 지역사회 프로그램을 중심으로", 사회과학연구 제16집. 중앙대학교 사회과학연구소. pp.107－147.

전혁희(2004). "청소년유해환경감시단 지정·운영 및 YP활동의 이해", 2004년도 청소년보호정책 실무과정 교육교재. 청소년보호위원회. pp.301－320.

정무성(1997). "지역사회복지 실천모델에 관한 이론적 고찰", 지역사회복지 실현을 위한 이론과 실천적 과제. 한국사회복지학회. pp.21－37.

조용하(1996). "지위비행청소년 문제와 지역사회차원의 선도대책", 동아교육논총 Vol.22. 동아대학교 교육대학원. pp.29－57.

조흥식 외(2000). 청소년보호체계 구축을 위한 지역사회조직 전략. 청소년보호위원회.

주희종(2000). "청소년선도 및 보호정책의 방향과 과제", 보호 11호. 법무부. pp.7－31.

청소년보호위원회(2002). 청소년보호백서.

청소년위원회(2005). 청소년정책자료.

청소년보호단(2005). 청소년유해환경 종합대책. 청소년보호위원회.

최옥채(2001). "지역사회주민 조직화모형에 관한 소고", 한국사회복지학회 추계학술대회 자료집. pp.274－286.

최옥채(2002). "사회복지실천을 위한 연계망 만들기와 활용(Networking)", 2002년 한국사회복지학회 추계학술대회 자료집.

최인섭·진수명(1995). 지역사회 범죄예방활동과 민간인 참여. 서울: 한국형사정책연구원.

최일섭·류진석(1995). 지역사회복지론. 서울대출판부.

최재원(1991). 지역사회개발론. 서울: 백산출판사.

최종혁(2005). 지역사회조직화 실천방법. 서울복지재단.

최종혁·이연(2001). "지역사회복지 증진을 위한 주민조직화에 관한 연구", 2001 춘계 한국사회복지학회 학술대회 자료집. pp.598 – 601.

최종혁·이연(2003). "지역사회중심 통합적 청소년보호체계 구축과정에 관한 연구", 청소년학연구 10(3). 한국청소년학회. pp.261 – 289.

최종혁·이연(2004). "청소년보호 지역네트워크 형성에 대한 지역사회리더의 의식에 관한 연구", 2004년 한국사회복지학회 추계공동학술대회 자료집. pp.155 – 180.

최충옥 외(2003). 청소년 관련 법제 정비방안과 청소년행정조직 통합방안 연구. 국회문화관광위원회.

최해경(2001). "청소년약물남용과 지역사회의 역할", 학생생활연구 Vol.28. 충남대학교. pp.23 – 40.

함세남·김현숙(2000). 지역사회 협력체계망을 활용한 약물남용청소년 관리프로그램 개발연구. 청소년보호위원회

함철호(2003). "지역사회복지실천에 있어서 기관간 연계의 효과성 평가 – 지역사회복지협의체 사업의 참여자와 수혜자의 태도 – ", 한국사회복지학 제55호. pp.309 – 339.

Abramson, Julie. S., & Beth. B. Rosenthal(1995). "Interdisciplinary and interorganizational collaboration" in *Encyclopedia of Social Work*(19th ed.). pp.1479 – 1489.

Bailey, D., & K. M. Coney(1996). "Interorganizational community – based collaboratives: A strategic response to shape the social work agenda", *Social Work* 41(6). pp.602 – 611.

Baley, M.(1989). *Local Health and Welfare: Is Partnership Possible?* A Study of Dimington Project.

Bellah, R., R. Madson, W. Sullivan, & S. Tipton(1985). *Habits of the Heart: Individualism and Community in American Life.* NY: Harper & Row.

Biklen, Douglas P.(1983). *Community Organizing.* Prentice−Hall Inc.

Barton, William H., Marie Watkins, & Roger Jarjoura(1997). "Youths and communities: Toward comprehensive strategies for youth development", *Social Work* 42(5). pp.483−493.

Bazemore, G., & W. Terry(1997). "Developing delinquent youths: A reintegrative model for rehabilitation and a new role for the juvenile justice system", *Child Welfare* Vol.76(5). pp.665−716.

Bowen, Gray L., & Jack M. Richman(2002). "Schools in the context of community", *Children and Schools* 24(2). pp.67−71.

Brager, George, & Harry Specht(1973). *Community Organizing.* NY: Columbia University Press.

Bulmer, M.(1987). *The Social Basis of Community Care.* London: Allen & Unwin.

Coleman, J. S.(1988). "Social capital in the creation of human capital", *American Journal of Sociology* 94. pp.95−120.

Cox, F. M, J. L. Earlich, J. Rothman, & J. E. Tropman(1979). *Strategies of Community Organization.* Illinois: F. E. Peacock Publishers Inc.

Delgado, Melvin(2000). *New Arena for Community Social Work Practice with Urban Youth: Use of the Arts, Humanities, and Sports.* NY: Columbia University Press.

Dosher, A.(1977). *Networks: A Key to Person −Community Development.* Paper presented to Office of youth Development. Department of

Health, Education, and Welfare. Denver Hearings.

Dunham, Arthur(1970). *The New Community Organization*. NY: Thomas Y. Crowell Company.

Elliott E. S., D. Huizinga, & S. Menard(1989). *Multiple Problem Youth: Delinquency, Substance Use and Mental Health Problems*. NY: Springer – Velag.

Fink, A. E.(1959). *The Field of Social Work*. NY: Henry Holt and Co.

Finn, Janet, & Barry Checkoway(1998). "Young people as competent community builders: A challenge to social work", *Social Work* 43(4). pp.335 – 345.

Franklin, Cynthia(2000). "Predicting the future of school social work practice in the new millenium(Editorial)", *Social Work in Education* 22. pp.3 – 7.

Franklin, Cynthia, & Calvin L. Streeter(1995). "School reform: Linking public school with human service", *Social Work* 40(6).

Fukuyama, Fransis(1998) / 구승희 역(1998). 트러스트: 사회도덕과 번영의 창조. 서울: 한국경제신문사.

Gamble, Dorothy N., & Marie Overby Weil(1995). "Citizen participation" in *Encyclopedia of Social Work*(19th ed.). pp.483 – 494.

Gutierrez, L. K., & Edith A. Lewis(2005). "Education, participation, and capacity building in community organizing with women of color" in *Community Organizing and Community Building for Health*(2nd ed.) by Meredith Minkler. NJ: Rutgers University Press. pp.240 – 253.

Hardcastle, D. A., & P. R. Power(2004). *Community Ptactice*. Oxford University Press.

Hardina, Donna(2002). *Analytical Skills for Community Organization Practice*. NY: Columbia University Press.

Hawkins, J. D., & R. F. Katalano(1992). *Communities That Care.* San Fransisco: Jossy—Bass.

Harper, E. B., & A. Dunham(1959). *Community Organization in Action: Basic Literature and Critical Comments.* NY: Association Press.

Hiemstra, R.(1972). *The Educative Community.* Nebraska: Professional Educators Publications.

Homan, Marks(2004). *Community Change.* Thomson Learning Academic Center. Brooks / Cole A Division of Thomson Learning Inc.

Hope, T.(1995). "Community crime prevention" in *Crime and Justice, Building a Safer Society* by M. Tonry, & D. P. Farrington. Chicago: University of Chicago.

Howell, J. C.(1995). *Guide for Implementing the Comprehensive Strategy for Serious, Violent, and Chronic Offenders.* Washington DC: U. S. Department of Justice. Office of Juvenile Justice and Delinquency Prevention.

Jeffries, A.(1996). "Modeling community work: A analytic framework for practice", *Journal of Community Practice* 3(3 / 4).

Jonson, C. A., M. A. Pentz, M. D. Weber, J. H. Dwyer, N. A. Baer, D. P. MacKinnon, W. B. Hansen, & B. R. Flay(1990). "Relative effectiveness of comprehensive community programming for drug abuse prevention with high—risk and low—risk adolescents", *Journal of Clinical Psychology* 58. pp.447—456.

Kahn, Si(1991). *Organizing: A Guide for Grassroots Leaders*(rev. ed.). NASW Press.

Kahn, Si(1995). "Community Organization" in *Encyclopedia of Social Work*(19th ed.). pp.569—576.

Kelling, G. L., A. M. Rocheleau, D. P. Rosenbaum, J. A. Roth, W. G. Skogan, & N. Walsh(1997). *Preliminary Cross − site Analysis of the Bureau of Justice Assistance Comprehensive Communities Program.* Cambridge. MA: Botec Analysis Corporation.

Lane, R. P.(1939). "The field of community organization − Report of discussions. within Section Ⅲ of the National Conference of Social Work", *Journal of Community Practice* 11(1). pp.105 − 119.

Levi, Margaret(1998). "A state of trust" in *Trust and Governance* by Valerie Braithwaite, & Margaret Levi(eds.). NY: Russell Sage Foundation. pp.77 − 101.

Lim, C., & H. S. Adelman(1997). "Establishing school − based collaborative teams to coordinate resources: A case study", *Social Work in Education* Vol.19. pp.266 − 279.

Lipnack, J., & J. Stamps(1982). *Networking*(ネットワーキグン. 社會開發研究所 譯. プレジデント社. 1984).

Lowndes, V., & C. Skelcher(1998). "The dynamics of multi − organizational partnerships: an analysis of changing modes of governance", *Public Administration* 76(Summer). pp.313 − 333.

Minkler, Meredith, & Nina Wallerstein(2005). "Improving health through community organizing and community building: A health education perspective" in *Community Organizing and Community Building for Health*(2nd ed.) by Meredith Minkler. NJ: Rutgers University Press. pp.26 − 50.

Mizrahi, T., & B. Rosenthal(1992). "Managing dynamic tensions in social change coalitions" in *Community Organizing and Social Administration: Advances, Trends, and Emerging Principles* by T. Mizrahi, & J. D.

Morrison(eds.) NY: Howorth Press.

Morley, E., S. B. Rossman, M. Kopczynski, J. Buck, & C. Gouvis(2000). *Comprehensive Responses to Youth at Risk: Interim Findings from the SafeFutures Initiative.* Office of Juvenile Justice and Delinquency Prevention.

Newton, Kenneth(1999). "Social capital and democracy in modern europe" in *Social Capital and European Democracy* by Jan W. van Deth et al.(eds). London: Loutledge.

OECD(1996). *Integrating Services for Children at Risk.* Centre for Educational Research and Innovation.

Office of Juvenile Justice and Delinquency Prevention(1998). *Serious and Violent Juvenile Offenders.* U. S. Department of Justice. Office of Justice Programs.

O'Toole, L. J.(1997). "Treating network seriously: Practical and research based agenda in public administration", *Public Administration Review* 57. pp.45−52.

Payne, M.(1993). *Effective Network in Social Care.* London: Social Care Association. Whiting and Birch Ltd.

Pentz M. A., J. H. Dwyer, D. P. MacKinnon, B. R. Flay, W. B. Hansen, E. Y. I. Wang, & C. A. Johnson(1989). "A multi−community trial got primary prevention of adolscent drug abuse: Effects on drug abuse prevalence", *Journal of the American Medical Association* 261. pp.3256−3266.

Perry, C. L., C. L. Williams, S. Veblen−Mortenson, T. L. Tommy, K. A. Kormo, P. A. Anstin, P. S. Wagner, P. G. McGovern, J. R. Finnegan, K. L. Foster, A. C. Wagnaar, & M. Wolfson, (1996). "Outcomes of a community−wide alcohol use prevention program during early adolescent", *American Journal of Public Health* 86. pp.956–965.

Pittman, K. J., & M. Cahill(1991). *A New Vision: Promoting Youth Development*(Commissioned Paper No.3). Washington DC: Academy for Educational Development. Center for Youth Development and Policy Research.

Popplin, Dennis E./ 홍동식 · 박대식 편역(1985). 지역사회학 –이론과 연구방법–. 서울: 경문사.

Powell, W.(1991). "Neither market nor hierarchy: Network forms of organization, markets, hierarchies, and networks" in *The Coordination of Social Life* by G. J. Thomsom, R. Levacic, & Frances. Mitchell(eds.) London: Sage.

Prior, David(1996). "Working the network: Local authority strategies in the reticulated local stare" in *QUANGOs and Local Government* by Howrd Davis(ed.). London: Frank Cass.

Putnam, Robert. D.(1993). "The prosperous community: Social capital and public life", *American Prospects* 4(13). pp.35–42.

Putnam, Robert. D.(2000). *Bowling Alone: The Collapse and Revival of American Community*. NY: Simon & Schuster.

Richman, Jack M., Lawrence B. Rosenfield, & Gray L. Bowen(1998). "Social support for adolescents at risk of school failure", *Social Work* 43(4). pp.309–323.

Roe, Cathleen M., Kevin Roe, Christina G. Capenter, & Cindy B. Sibley(2005). "Community building through empowering evaluation: A case study of community planning for HIV prevention" in *Community Organizing and Community Building for Health*(2nd ed.) by Meredith Minkler. NJ: Rutgers

University Press. pp.386−402.

Romanyshyn, John M.(1971). *Social Welfare: from Charity to Justice.* NY: Random House.

Ross, Murray G.(1967). *Community Organization: Theory, Principles, and Practice*(2nd ed.). NY: Harper & Row.

Rothman, Jack(1987). "Models of community organization and macro practice perspectives: Their mixing and phasing" in *Strategies of Community Intervention*(4th ed.) by F. M. Cox, J. L. Earlich, J. Rothman, & J. E. Tropman(eds.). Itaca, Illinois: F. E. Peacock Publishers Inc. pp.3−25.

Rothman, Jack(1995). "Approaches to community intervention" in *Strategies of Community Intervention*(5th ed.) by J. Rothman, J. L. Earlich, & J. E. Tropman(eds.). Itaca, Illinois: F. E. Peacock Publishers. Inc. pp.26−63.

Rothman, Jack(2001). "Approaches to community intervention" in *Strategies of Community Intervention*(6th ed.) by J. Rothman, J. L. Earlich, J. E. Tropman(eds.). Itaca, Illinois: F. E. Peacock Publishers. Inc. pp.27−64.

Rothman, Jack, & John S. Sager(1998). *Case Management: Integration Individual and Community Practice.* Boston: Allyn and Bacon.

Rubin, Herbert J., & Irene Rubin(1992). *Community Organizing and Development*(2nd ed.). Boston: Allyn and Bacon.

Rubin, Herbert J., & Irene Rubin((2001). *Community Organizing and Development*(3rd ed.). Boston: Allyn and Bacon.

Schlossman, S., & M. Sedlak(1983). "The Chicago Area Project" revisited. *Crime and Delinquency* 29. pp.398−462.

Seed, Philip(1990). *Intorducing Network Analysis in Social Work*. London: Jessica Kingsiey Publishers.

Small, Stephen, & Marina Memmo(2004). "Contemporary models of youth development and prevention: Toward an integration of terms, concepts, and models", *Family Relations* Vol.53. Mineapolis.

Spergel, Irving A., & Susan F. Grossman(1997). "The little village project: A community approach to the gang problem", *Social Work* 42(5). pp.309–323.

Swan, W. W., & J. L. Morgan(1993). *Collaborating for Comprehensive Services for Young Children and Their Families*. Brookes Publishers.

Tayler S. H., & R. W. Roberts(1985). *Theory and Practice of Community Social Work*. NY: Columbia University Press.

Trevillion, Steve(1999). *Networking and Community Partnership*. Vermont: Arena.

Warren, R.(1978). *The Community in America*(3rd). Chicago: Rand McNally.

Walter, Cheryl(2005). "Community building practice: A conceptual framework" in *Community Organizing and Community Building for Health*(2nd ed.) by Meredith Minkler. NJ: Rutgers University Press. pp.66–78.

Weil, Marie(1996). "Model development in community practice: An historical perspective", *Journal of Community Practice* 11(3 / 4). pp.5–67.

Weil, Marie O., & Dorothy N. Gamble(1995). "Community practice models" in *Encyclopedia of Social Work*(19th ed.). pp.577–594.

Winter, W., & A. Malluccio(1988). "School, family, and community: Working together to promote social competence", *Social Work in Education* Vol.10. pp.207–217.

World Bank(2000). Social Capital for Development. http: //www.worldbank. org.

Zabin, L. S., J. B. Hardy, E. A. Smith, & M. B. Hirsh(1986). "Substance use and its relation to sexual activity among inner－city adolescents", *Journal of Adolescent Health Care* 7. pp.320－331.

今井賢一・金子郁容(1988). ネットワーク組織論. 岩波書店.

衫原紗千子・古田康輔(1989). "犯罪豫防活動における地域社會の組織化: 狹山市の場合", 犯罪と非行 제81호.

東京都(1996). 東京都の青少年.

內閣部(2002). 青少年白書.

永田幹夫(1997). 地域福祉論. 東京: 全國社會福祉協議會.

ブルーグマンス, ウィリアム G, スン・レイ・ブー, 前田美也子(2002). コミュニティソーシャルワークの基礎. 東京: トムソンラーニング.

前田信雄(1990). 保健醫療福祉の統合. 東京: 勁草書房.

· 저자 ·

최종혁　　•약　력•
　　　　　강남대학교 사회사업학과 졸업
　　　　　일본 上智大學大學院 사회복지학 석사
　　　　　일본 上智大學大學院 사회복지학 박사
　　　　　현 강남대학교 사회복지전문대학원 교수

　　　　　•주요논저•
　　　　　『저서』
　　　　　사회복지프로그램의 질적평가방법론
　　　　　지역사회조직화 실천방법

　　　　　「연구논문」
　　　　　학교폭력예방을 위한 볼런티어 소집단조직화 사례연구
　　　　　청소년 보호 지역네트워크 형성에 대한 지역사회리더의 의식에 관한 연구
　　　　　도시영구임대주택지역의 주민조직화 활성화방안: 지역주민대표자의 리더
　　　　　　십 강화 프로그램 사례연구
　　　　　외 다수

이　연　　•약　력•
　　　　　서울대학교 가정관리학과 졸업
　　　　　강남대학교 사회복지대학원 사회복지학 석사
　　　　　강남대학교 대학원 사회복지학 박사
　　　　　현 동아인재대학 복지관광학부 교수

　　　　　•주요논저•
　　　　　『저서』
　　　　　선진국의 케어복지실천(공저)
　　　　　기독교사회복지총론(공저)

　　　　　「연구논문」
　　　　　청소년보호 지역네트워크 형성에 대한 지역사회리더의 의식에 관한 연구
　　　　　지역사회중심 통합적 청소년보호체계 구축과정에 관한 연구
　　　　　지역사회복지 증진을 위한 지역조직화에 관한 연구
　　　　　외 다수

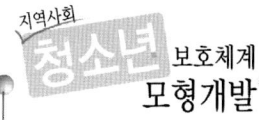

지역사회 청소년 보호체계 모형개발

• 초판 인쇄	2008년 11월 10일
• 초판 발행	2008년 11월 10일
• 지 은 이	최종혁 · 이연
• 펴 낸 이	채종준
• 펴 낸 곳	한국학술정보㈜
	경기도 파주시 교하읍 문발리 513-5
	파주출판문화정보산업단지
	전화 031) 908-3181(대표) · 팩스 031) 908-3189
	홈페이지 http://www.kstudy.com
	e-mail(출판사업부) publish@kstudy.com
• 등 록	제일산-115호(2000. 6. 19)
• 가 격	19,000원

ISBN 978-89-534-9954-6 93330 (Paper Book)
       978-89-534-9955-3 98330 (e-Book)